2003年,12岁,小学五年级,南京市优秀少先队员

1999年,8岁,黄山之行

筑梦者

哈佛女生蒙学记

A Harvard Girl's Record

吴天马 王锦峰 著

河海大学出版社
HOHAI UNIVERSITY PRESS

图书在版编目(CIP)数据

筑梦者：哈佛女生蒙学记 / 吴天马，王锦峰著. -- 南京：河海大学出版社，2019.4
 ISBN 978-7-5630-5877-8

Ⅰ. ①筑… Ⅱ. ①吴… ②王… Ⅲ. ①家庭教育 Ⅳ. ①G78

中国版本图书馆 CIP 数据核字(2019)第 021809 号

书　　名	筑梦者：哈佛女生蒙学记	
书　　号	ISBN 978-7-5630-5877-8	
责任编辑	江　娜　张心怡　卢蓓蓓	
特约校对	张　堃	
封面题字	言恭达	
装帧设计	杭永红　徐娟娟	
出版发行	河海大学出版社	
地　　址	南京市西康路 1 号(邮编:210098)	
电　　话	(025)83737852(总编室)　(025)83787156(编辑室)	
	(025)83722833(营销部)	
经　　销	江苏省新华发行集团有限公司	
排　　版	南京布克文化发展有限公司	
印　　刷	南京工大印务有限公司	
开　　本	780 毫米×960 毫米　1/16	
印　　张	16.5	
插　　页	1	
字　　数	216 千字	
版　　次	2019 年 4 月第 1 版	
印　　次	2019 年 4 月第 1 次印刷	
印　　数	1～5000 册	
定　　价	42.00 元	

序　言

　　这是一本独特的关于一个哈佛女生童年教育的书。作者凭借多年中小学及大学教学经验，依据女儿成长经历，探索令无数家长困惑的儿童教育问题。全书分为两部分：第一部分叙述东西方经典教育对孩子成长的作用，介绍如何有趣有效地进行胎教、早教——舞蹈与诗歌同步，文言文与英文并举，绘画与摄影组合，诗文与生活一体……探讨启蒙教育中"呵护童心""复归于朴""回归自然"等教育热点问题；第二部分是基于"独立之精神、自由之思想"的经典阅读，从屈原到梁启超，从荷马到歌德，采撷世界三千年哲学、文学、数学文化精华，通过父女共同成长学习、经典演绎、教育点滴、生活笔记，实践卢梭、叶圣陶、陶行知等的自然主义教育理念。同时推荐了一些实用的亲子读物及课外读物，对于家长与教育工作者来说，这是本不可多得的实用参考书。

　　家庭教育是孩童健康成长的首要因素。成功的家庭教育其原因有不少是共性的，一般说来，父母做出好的榜样，父母有正确的教育观，有良好的教育方法，是最大的共性。父母不仅是子女的第一任教师，而且是对子女影响最大、影响度最深刻、影响时间最长远的教师。这本书的作者自小受到良好的家庭教育，饱读诗书，博览经典，文学功底深厚，生活阅历丰富，成立家庭有了孩子之后仍在求学读书，与孩子一起读书一起成长。书中展示了孩子与父亲一起读书、讨论的感人场景与经历,展示了天伦之乐之美,更展示了父母作为第一任教师对孩子成长的作用。

父母除了做好榜样之外,要有正确的教育观。作者尊重孩子的个性发展,平等地对待孩子,在孩子面前亦父亦母亦师亦友,回忆起孩子成长的故事感情真挚,感人之处震撼心灵。全书诠释了什么是正确的教育观,闪光点无处不在。比起"狼爸""虎妈"的教育理念与方式,作者对孩子的教育是更成功的范例,其温馨的家庭教育,更符合孩童成长规律,也更符合教育规律。

在正确教育观的支配下,父母还应掌握良好的教育方法。作者的教育方法遵循了孩童成长的规律,循循善诱,激发了孩童内在求知欲望和主动学习的兴趣,又遵循了知识体系的内在逻辑,尤其是作者对语言发展规律,对学习古代汉语、英语、现代汉语之间规律的把握有自己独特的见解和探索,实践证明非常成功。作者对语言科学与社会科学、自然科学的关系的理解也非常独特和深刻,并在孩童学习成长过程中获得了成功的尝试。

在大力提倡素质教育的今天,这本吸收了东西方古典人文教育精华的独特的家庭教育著作,真正融知识性、趣味性、文学性、学术性于一体,很有启发意义。中国的家长们太需要读一读这样的书。

是以为序,与读者共飨。

国家督学、江苏省教育现代化研究院院长

前　言

　　天下大道,教育兴,天下兴;教育亡,天下亡。

　　春秋战国,百家争鸣。天生仲尼,万古长明。文宣兴教,万世师表,老庄诸子,苏秦张仪,合纵连横,遂成秦皇。焚书坑儒,二世而亡。汉兴太学,鸿都门学,学校如林,庠序盈门,两汉盛世,文化统一,科技发达,汉邦成立。唐代科举,天下英雄,入吾彀中,社会风尚,自由开放,科技艺术,气象万千,颜筋柳骨,诗圣诗仙,全唐佳作,四万九千,文治武功,世界之巅。清末民初,西学东渐,大师云集,春秋再现。北大清华,西南联大,星光灿烂,世人惊叹。建国之初,人才济济,教育先行,文化崛起,献策献计,科技前进。十年风云,高考废弃,邓公复出,举国欢呼,高考恢复,伟人首功。百年大计,教育为本。

　　西方亦然。希腊三贤,开创西方教育之先河,引领希腊罗马之辉煌。文艺复兴,启蒙运动,揭开现代文明之序幕,开启欧美革命之风暴。彼美国者,移民之国也！教育创新,立国之本。"先有哈佛,后有美利坚。"赠地学院,世界领先。人才决定社会,大学创造历史。

　　教育强,国家强;教育梦,中国梦。中国梦,天下人之梦也！

　　吾家小女,哈佛求学。哈佛女孩,哈佛男孩,前人之述备矣。曾记否?《哈佛女孩刘亦婷》,一石激起千层浪！一时间,毁誉交加,时至今日,仍然众说纷纭莫衷一是。吾犹东施效颦,诚惶诚恐,抑或有异于前人?吾妻曰,汝教书匠出身,何惧风沙?谨以拙著求教于天下含辛茹苦之父母、中小学教师、在校大学生、教育工作者及所有热爱子女教育之朋友们。

为叙述方便,故事以传统章回体写成,文白相间,汉英相间,深而不浅、曲而未达、偏而不全,掉书袋较多。笔者才疏学浅,切盼读者不吝赐教。

吴天马(爸爸)

王锦峰(妈妈)

二〇一七年十二月　南京

新版出版说明

《筑梦者——哈佛女生蒙学记》初版于2018年9月,受到读者、尤其年轻家长的热烈欢迎。现依据广大读者及专家、学者要求,修订增补重新出版。

第一版读者赞誉摘登

这位从小热爱学习,兴趣广泛,爱好绘画与摄影,喜欢运动与远足的女孩,一路如愿以偿,进入世界顶尖名校,走上自己最喜欢的设计道路。不可思议的是,这位哈佛才女,小学毕业,作为全国年龄最小的考生通过大学英语四级考试;初中二年级,通过大学英语六级考试。初中起,就读于南京外国语学校法语班,将法语作为第一外语。高中毕业,她以法语考生的身份,参加美国高考,SAT分数竟得当年江苏省第一!这是怎么做到的?在这令人艳羡的履历背后,究竟有着怎样与众不同的成长之路?

这个年代的儿童,是幸运的,各种教育资源从未像今天这样丰富;当今的儿童,也是不幸的,教育水准良莠不齐,泥沙俱下。所以,更需要家长不为市场舆论所左右,用心甄别优劣。

"家长的高度,决定孩子的高度。"这位特立独行的父亲,打破了很多约定俗成的教育观念，比如，他坚持，启蒙教育一定要从最经典、最精华的内容开始；在启蒙顺序上，也有自己独特的理解，"语言要站在巨人的肩膀上，先离骚，后李白；先诗经，后杜甫"。他让女儿一开始就读《诗经》，而非《三字经》《弟子规》；先感受"辞赋之祖"屈原的"路漫漫其修远兮，吾将上下而求索"，再学习李白、杜甫的"我欲因之梦吴越，一夜飞度镜湖月""感时花溅泪，恨别鸟惊心"。古典文学启蒙和英语启蒙并非割裂的；"学好文言文，是儿童学习英文的捷径。"一定要同时用最经典的中国古典文学语言与 VOA、BBC 英文语言"磨耳朵"……

《筑梦者》独特的育儿理念，为我们打开了另一扇育儿大门，窥见不一样的成长风景。

——综合外滩教育、今日头条、腾讯网、新浪网、搜狐网等留言

好好看书必有所得。

读书之乐，独乐乐，不如众乐乐。可以把英语、法语说得跟母语一样好，偏偏又可以把古典诗词歌赋熟记于心、化为己用。最后，她学了建筑设计。

有人担心：这孩子学了这么多东西，有时间玩吗？

答案是肯定的，只不过玩的方式可能不太一样……

三岁起，每周随父亲在南农校园里徜徉，听爸爸用英语讲述美国的农业，从小就有"做一个农民是光荣的"这样朴素的认知。

这样的孩子不是天赋异禀，只不过她的父亲有效激发了她学习的热情，让她对于未知领域都充满了好奇和探索的欲望。

对于这个女孩子，我最看重的并不是"哈佛杰出毕业生"这样的身份标签，而是她因为努力而获得的人生可能性的最大化以及健全人格的养成。

我觉得她的案例能够给我们的最好的启发即在于：我们对于孩子的

培养，应该以什么作为目标。

吴老师对于女儿教育的高瞻远瞩。他推行的是通识教育，在注重语言教育的同时，文史哲、数理化、音体美，每一样都得到了发展。因为推崇林徽因，女儿在哈佛选择了建筑学专业，并以杰出毕业生的身份结束了哈佛的学业。而他的女儿却对这一切都不以为然，甚至不允许吴老师在书中出现相关内容和图片。这是一个内心强大且有长远目标的孩子的眼界和胸怀。因为对她来说，人生未完成，她还没有达到她想要的理想高度。

所谓文化自信，必源于了解文化之根本。

既不妄自尊大，也不妄自菲薄。

这样的健全人格的培育，才是吴老师秉持的教育理念最大的成功。

——刘海宁 淮阴师范学院教师、知行空间创始人

与吴老师相识已十年有余，一直以来对其"博学多才"叹为观止，也对其教育孩子的独到理念心存敬佩，而如今更被他"以天下教育为己任"的使命感深深震撼。凝聚他教育经验和方法的《筑梦者》是他以仁爱之心烹饪给天下父母最好的饕餮盛宴。他把对女儿深重的爱幻化成呕心沥血、身体力行的教育，寒来暑往，春去冬来，日复一日从未间断。给孩子筑最美丽的梦，是他心中最执着的信念。父爱之重，重于泰山！每每读来不免让人泪目，也值得我们每一位家长深思。

教育牵动着亿万家庭敏感神经，如何做好子女的教育是亘古不变的永恒话题。市面上各种辅导书籍林林总总，各种专家学者众说纷纭，令无数家长眼花缭乱，无所适从。学习起来常常是管中窥豹，只知皮毛，而无法触及精髓。

在《筑梦者》写作过程中，我有幸跟吴老师多次交流。我一直认为吴老师所倡导的教育方式非一般人所能及，他所倡导的"精英式"的教育，需要父母自我修炼，与孩子一同成长，对家长提出了超乎寻常的要求，很可

能难以推行。但是直到《筑梦者》面世,我仔细拜读后才体会到作者的良苦用心,他毫无保留、倾其所有地向读者呈现了他当年教育女儿的全过程,还将精心选取的推荐书目逐一罗列,给家长提供了可参照执行的范本。教育本不难,只要您肯从点滴做起,从自身做起,一定能开启自我教育和子女教育的新篇章。

  作为本书的虔诚读者,我认为这不仅是追求"精英式"教育的家长必读书目,更是全天下爱子心切的父母应该认真研读的好书,书中精彩之处值得你用心品读。

——曹亚丽 环保工作者 80后家长

  ……读起文中诗歌篇章,想起了我的高中语文老师,也是让人深受启发的教育方式,让你在入门时就被老师的博学深深吸引,然后慢慢向她靠近,许多年过去,仍能感受到老师的教育理念对我现在的影响。这本书中的这位父亲,真的将亦师亦父亦友诠释得淋漓尽致,十分佩服。我们也是从孩子的身份,逐步转变为学生,成长为父母,有朝一日也或许会成为人师,深深感受到育人还得从育己开始,要求孩子做到的先要求自己能做到,共同成长的背后看到的是高度的自律,这也正是榜样力量之所在!(偶然搜到作者的公众号:天马行书,期待更多精彩吧)这年头能有这么一本让人深思的书真不容易……

——单＊＊＊橙/京东读者

  确实不错,书的作者特别用心。从目录就可以看出作者的用心,读了60页。确实对教育子女有很大的作用,特别是初为人父人母的家长,书确实是好,是会珍藏在书房的一本好书。

——九＊＊＊糖/京东读者

此书是家庭教育的一部经典之作，父女共同学习，共同成长，循循善诱，尊重孩子，培养孩子主动学习，主动探索的能力，对每个家长都有很好的启迪作用。

——j＊＊＊c/京东读者

教育是父母的必修课。幸得同事推荐拜读此书，深知孩子学和父母教是相辅相成的。通过此书，我学习到应该如何修炼自己在生活中潜移默化的教育能力，与孩子一同成长，惟愿其能做到"见自己，见他人，见众生"。

——j＊＊＊v/京东读者

每一个孩子背后都有父母的辛勤付出，要培养一个哈佛女生需要父母更多的心思和付出，这本书也让我更深刻体会到了父母对子女成长的重要性，很好的书～

——j＊＊＊s/京东读者

一直很迷茫如何教育小孩，这本书犹如指路明灯。作者将成功的经验传递给读者，非常有用，和爱人人手一本，要好好学习学习～

——孤独的蛇精灵/京东读者

……通过作者的描述让我们认识到在教育方面的欠缺，知道培养哈佛的学生不是侥幸和天资。

——d＊＊＊i/京东读者

很好的一本教育孩子成材的书籍，有很多的方法可以借鉴！

——n＊＊＊8/京东读者

很真实的文字，作者旁征博引加感情浸入，身临其境地体验到一个哈佛学子的成长。

——t＊＊＊n/京东读者

好书，父母的教育对孩子成长很重要，文中父母非常用心，学习了。

——l＊＊＊9/京东读者

书本内容很正能量，是对我自己的鼓励。

——为＊＊＊3/京东读者

对于不懂教育孩子的我们是一本好书。

——j＊＊＊l/京东读者

厚积薄发方可写得此书，信息量巨大，引经据典，可以作为一本子女教育的教科书，若能做到这般教育，距离哈佛的确不远。

——沉＊＊＊6/京东读者

非常棒的书，书详细地记载了孩子的成长。家有儿女正在长的父母可以买来读一读，大有裨益。

——j＊＊＊l/京东读者

是一本好书，作者写得很细腻，理性地思考了当下很多家长需要解决的问题。又买了两本送给孩子的同学家长。感恩！

——匿名用户/当当读者

吴汉光蒙学简历

1. 1991—1993年,零岁至三岁。模式教育。《唐诗三百首》(夏青朗诵)、《古文观止》、《西游记》、《希腊罗马神话》、Bible Stories(《圣经故事》)、Aesop's Fables(《伊索寓言》)、Arabian Nights(《天方夜谭》)、Alice's Adventures in Wonderland(《爱丽丝漫游奇境记》)、The Adventures of Tom Sawyer(《汤姆索亚历险记》)等相伴成长。

2. 1994—1997年,三岁至六岁。启蒙教育。《论语译注》、《孟子译注》(杨伯峻)、《史记选》(王伯祥)、《历代诗歌选》(季镇淮等)、《历代文选》(冯其庸等)、《上下五千年》(林汉达、曹余章)、The Making of a Nation(《美国历程》,VOA Special English)、The Shakespeare Collection(《莎士比亚精选》,BBC)等进入日常生活。

3. 1998年,七岁,南京赤壁路小学一年级,通过剑桥少儿英语三级考试。

4. 2000年,九岁,小学三年级,学习初中数学课程,南京市鼓楼区"三好学生"。

5. 2002年,十一岁,小学四年级,南京市中小学电脑动画制作优秀奖。

6. 2003年,十二岁,小学五年级,通过全国英语等级考试(PETS)二级(相当于高考);南京市优秀少先队员。

7. 2004年,十三岁,小学毕业,通过大学英语四级考试(CET-4),被南京外国语学校法语班录取。初二通过大学英语六级考试(CET-6)。

2008年,公派法国中学交流,为汶川地震巴黎募捐赈灾,受到中国驻法国大使馆表彰;2009年SAT考试江苏省最高分,就读于当年全球排行第三加州大学伯克利分校,2013年优秀毕业生;2014年,美国哈佛大学设计学院硕士研究生,2018年杰出毕业生……其间,火红的岁月、无数激励人心的故事,将详细展开……

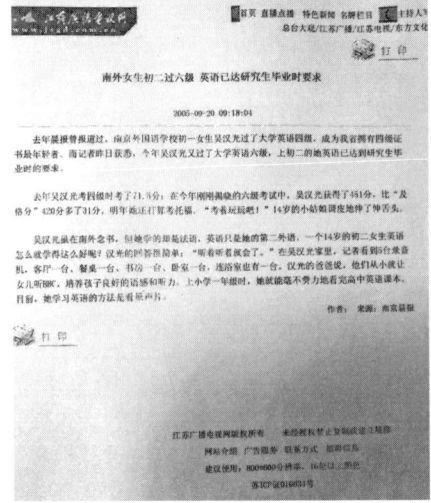

目 录

引　子 001

第一回　独上高楼　望尽天涯路
　　　　——路在何方　路在脚下 004

第二回　春玩其花　秋登其实
　　　　——美国农业与教育故事点滴 008

第三回　家学有渊源　传之于艾轩
　　　　——爷爷奶奶的故事 017

第四回　巧笑倩兮　美目盼兮
　　　　——胎教的故事 027

第五回　修我甲兵　与子偕行
　　　　——父亲是孩子走向世界的引路人 034

第六回　维天有汉　鉴亦有光
　　　　——女儿诞生记 042

第七回　忽如一夜春风来　千树万树梨花开
　　　　——汉字之魔力 049

第八回　举世皆浊我独清　众人皆醉我独醒
　　　　——动画片之精选 055

第九回　阳春召我以烟景　大块假我以文章
　　　　——诗文生活情趣　　　　　　　　　　......065
第十回　人散后　一钩新月天如水
　　　　——绘画之灵感　　　　　　　　　　　......072
第十一回　赤橙黄绿青蓝紫　谁持彩练当空舞
　　　　——舞蹈运动之欢愉　　　　　　　　　......080
第十二回　识时务者为俊杰　通机变者为英豪
　　　　——学堂之抉择　　　　　　　　　　　......087
第十三回　知之者不如好之者　好之者不如乐之者
　　　　——英文阅读之窍门　　　　　　　　　......097
第十四回　此中有真意　欲辨已忘言
　　　　——文言文与英文　　　　　　　　　　......105
第十五回　温故而知新　可以为师矣
　　　　——过度复习之悲哀　　　　　　　　　......114
第十六回　衣带渐宽终不悔　为伊消得人憔悴
　　　　——读书之乐趣　　　　　　　　　　　......118
第十七回　父母之爱子　为之计深远
　　　　——理想之跬步　　　　　　　　　　　......129
第十八回　呵护童心　复归于朴
　　　　——想象之翅膀　　　　　　　　　　　......136
第十九回　学而不思则罔　思而不学则殆
　　　　——浅谈学习《论语》《孟子》　　　　......143
第二十回　析义理于精微之蕴　辨字句于毫发之间
　　　　——散文之风采（上）　　　　　　　　......152
第二十一回　黄河之水天上来　奔流到海不复回
　　　　——散文之风采（中）　　　　　　　　......159

第二十二回　浩浩乎如冯虚御风　不知其所止
　　　　　　飘飘乎如遗世独立　羽化而登仙
　　　　　　　——散文之风采(下)　　　　　　......165

第二十三回　诗言志　歌永言
　　　　　　　——心灵的呼唤(上)　　　　　　......175

第二十四回　童子解吟《长恨》曲　胡儿能唱《琵琶》篇
　　　　　　　——心灵的呼唤(中)　　　　　　......182

第二十五回　山重水复疑无路　柳暗花明又一村
　　　　　　　——心灵的呼唤(下)　　　　　　......189

第二十六回　荷马高歌　迎接曙光之鸟
　　　　　　一个剧本　现在过去未来
　　　　　　　——西方诗歌掠影　　　　　　　......196

第二十七回　是生存还是死亡　英汉世界两重天
　　　　　　　——悲喜剧的力量　　　　　　　......203

第二十八回　泰山不让土壤　故能成其大
　　　　　　河海不择细流　故能就其深
　　　　　　　——多元文化之魅力　　　　　　......211

第二十九回　哪里有数　哪里就有美
　　　　　　　——数学之美丽　　　　　　　　......218

第三十回　　蓦然回首　那人却在灯火阑珊处
　　　　　　　——自然之回归　　　　　　　　......226

尾声　寄语家长　　　　　　　　　　　　　　　......241
致　谢　　　　　　　　　　　　　　　　　　　......242
后　记　　　　　　　　　　　　　　　　　　　......244

引　子

2015年4月14日,清晨6时许,打开手机,女儿短信,一则英文,一则汉语,跳入眼帘。常言道:男儿有泪不轻弹。岂知瞬间,不觉泪下如雨。

英文短信:

The following is an email from the past, composed on April 13, 2011. It is being delivered from the past through futureme.org(futureme网站:"向未来的我发电邮"网站):

It's been 5 years now…How are you now? I know I won't have the chance to hear back from you. This is how I imagine you to be. A new master graduate at Harvard. Here's my calculation: now I am a Berkeley Sophomore. 1st year: Junior Year, study abroad; 2nd year: Senior Year at Berkeley, Internship, apply for Harvard; 3rd, 4th, 5th year: Harvard. What is your vision for the future? How's your health? Are you supporting yourself?

汉语短信:"爸爸,神奇吧! 生日快乐。"

我知之矣! 女儿有意而为之矣! 孝悌如此,此情何极。盈盈一水,咫尺千里。望风怀想,能不依依。为人之父,能不慨然。电邮落款:美国时间2011年4月13日。当是时也,女儿为加州伯克利分校二年级学生。

女儿的短信

2015年4月13日,即中国时间4月14日清晨,哈佛大学,通过FutureMe网站("向未来的我发电邮"网站:未来某一天收到一封过去的自己发来的电子邮件),女儿收到电邮,恰逢爸爸生日,甚至算好时差。此为奇一。

此电邮为女儿大二(sophomore)时给自己设计的五年规划(2011—2015年)。五年人生轨迹,竟完全按女儿设计(calculation),理想版、现实版不差毫厘,如此完美契合,精彩运行:2011—2015年,加州大学伯克利分校二年级、三年级、四年级、实习,申请哈佛,哈佛大学设计学院研究生至今。此为奇二。

转发此电邮前,女儿只字未提。可怜天下父母心,爸爸妈妈"蒙在鼓里,毫不知情"!女儿云:妈妈赋予肉体,爸爸赋予灵魂,"我就以我的灵肉来探索人生"。感恩这份世间最快乐、最具有情义之生日礼物,多年搁笔的我,理想之火焰重新被"燃"起。"五十而知天命"(孔子语),"生活从五十开始"(林肯语)。回忆与女儿风风雨雨之读书岁月,不忘初心。"笔在手里，句在心里"，开始于女儿朦胧童年，探索于成长点滴之间……

2015年冬，母校南农，一片星空，记忆却已不再朦胧……

三岁之魂，百岁之魄。三岁看小，七岁看老。话说二十二年前……

1993年12月，隆冬岁月，南京农业大学，银装素裹，主楼万物蓄势待发洪荒之力。女儿告余曰："Daddy，俨然国立中央大学矣！If winter comes, can spring be far behind?（冬将至兮春将还?）"默默登主楼："不敢高声语，恐惊天上人"，"独上高楼，望尽天涯路"，"无言独上西楼，月如钩"。常言："哀南夷之莫吾知兮！""天生我材必有用。""我本楚狂人，凤歌笑孔丘"，吾乃"常山赵子龙"也！吾"有席卷天下、包举宇内、囊括四海之意，并吞八荒之心"，给我"一粒种子"，即可撬动地球矣！还"有山川草木，纵横纸上；虫鱼鸟兽，飞动毫端"，云里雾里随妈妈舞步人生。尝叹曰：吾乃上帝派遣下凡飞舞人间，无妈妈授之以渔，吾不知身处何处矣！携奶奶拜谒中山陵，曰：Granny！诲汝知之乎？Abraham Lincoln's "government of the people, by the people and for the people"是为"民有、民治、民享"也，中山先生三民主义者也。吾辈不以物喜，不以己悲，居京城之高则忧其民，处金陵之远则忧其君矣！千年范文正公天上有知，其必曰：噫！微斯人，吾谁与归？

众曰：善。必是聪慧过人，或中国式填鸭式虎爸爸虎妈妈又一范例？果真如此，则无故事矣！

各位看官，个中经历，且容我慢慢从头道来。

第一回　独上高楼　望尽天涯路
——路在何方　路在脚下

农业,生存之本,立国之本。唯有人类文明之源——农业与生命科学,方能诞生一切自然奇迹。吾妻曰:上帝佑汝！求学于南农,研习神奇之农学,探微生态之奥妙,求教于大方之家,得治学之道,得育女之路。善哉此言！南农三年(女儿3—6岁),改变吾人生轨迹之三年,与女儿风雨同舟、求天下学问之三年矣。

岁月难忘。1993年至1996年,女儿三岁到六岁,吾南农研究生三年,与女儿风雨同舟,求天下之学问三年。人民教育家陶行知有言:"幼儿教育实为人生之基础","凡人生所需要之重要习惯、倾向、态度,多半可以在六岁以前培养成功。换句话说,六岁以前是人格陶冶最重要的时期,这个时期培养得好,以后只需顺势培养下去,自然成为社会优良分子;倘使培养不好,那么习惯成了不易改,倾向定了不易移,态度决了不易变。这些儿童升到学校里来,教师需费九牛二虎之力去纠正他们已成的坏习惯、坏倾向、坏态度,真是事倍功半"(《创设乡村幼稚园宣言书》)。

时至今日,天真烂漫小女常问:此真乎？梦乎？抑或戏言乎？噫！农业乃人类社会衣食之源、生存之本、立国之本,唯有人类文明之源——农业、生态与生命科学,方能诞生一切自然奇迹,不是吗?学农,改变爸爸坎坷人生,指引女儿似锦前程。

话说诞生于民国时期之南农,中国高等教育百年之缩影。1902 年,三江师范学堂设农业博物科。1906 年,两江师范学堂,"手脑并用,智识兼修",注重动手,不尚空谈。1914 年,农业传教士(agricultural missionary)裴义理(Joseph Bailie,1860—1935)创办金陵大学农科,为中华四年制高等农业教育之开端。1917 年,农业传教士、作物育种学家芮思娄(John H. Reisner,康奈尔大学农学硕士)执掌金大农林科,于是享誉全球之美国大学教学、科研、推广三位一体办学模式进入金大,开中国与康奈尔大学合作之先河。1921 年设立农业经济学系,由农业经济学家卜凯(John L. Buck,1890—1975,毕业于康奈尔大学农学院)主持。卜凯被尊为"世界上关于中国农业经济最优秀、最权威学者",他的夫人赛珍珠(Pearl S. Buck)因出版反映中国农村生活的小说《大地》获 1938 年诺贝尔文学奖,她亦是第一个翻译《水浒传》且为最准确、最有影响力的英文版本 *All Men Are Brothers*(《四海之内皆兄弟》)的译者。20 世纪 20 年代中后期,金大农林科已蜚声海内外。1930 年,农林科改为农学院,跻身世界一流大学行列。1949 年,改建为公立金陵大学农学院。1952 年,全国高校院系调整,合并成立南京农学院。1972 年,撤销南农,搬迁扬州。1979 年回归本土,复我南农,恢复建制,可喜可贺;然"江山依旧,风光不再",无限惆怅,可悲可叹。1984 年更名为南京农业大学。

南农三年,改变吾人生轨迹之三年,吾得以倾心教育女儿之三年,是为女儿黄金岁月之三年矣!

何以言之?

来到百年南农第一日,吾便进入更高之境界,心情惆怅与欢乐并举,唯《庄子·秋水》可表达心境焉:"于是焉,河伯始旋其面目,望洋向若而叹曰'野语有之曰:闻道百,以为莫己若'者,我之谓也。且夫我尝闻少仲尼

南京农业大学主楼,古朴典雅的标志性建筑。平视宛如一艘正在航行的轮船,俯视恰如一架翱翔蓝天的飞机。启迪了多少飞扬的思绪,凝结了多少睿智的思考,放飞了多少纯洁的梦想。这座仿民国时期的新民族形式风格的大作,是 1954 年由我国著名建筑大师——有"南杨北梁"之称的杨廷宝亲自操刀设计的。正是女儿"独上高楼,望尽天涯路——路在何方?路在脚下"之处。(摄影:秦禾屹)

之闻而轻伯夷之义者,始吾弗信,今我睹子之难穷也,吾非至于子之门则殆矣,吾长见笑于大方之家。"

惆怅焉。恨青春光阴所剩无几(吾为当年学校研究生中年龄最长者),唯有加倍疯狂读书,"亦余心之所善兮,虽九死其犹未悔"(屈原《离骚》)。

欢乐焉。之前,吾常以为:自幼饱读经书,"以天下之美为尽在己",可以风行天下矣!孰知百年名校,果然藏龙卧虎,名不虚传。踏进南农图书馆,便知"方寸之间,自有天地",知识海洋,如此神奇!恐贻笑大方,故战战兢兢,如履薄冰,每日"三省吾身",争分夺秒,如渴如饥。阅读中国文明(农业文明)经典著作,研习闻所未闻之美国农业、教育经典之作,与女儿共同认识美国,乐在其中矣!

"古今之成大事业、大学问者,必经过三种之境界:'昨夜西风凋碧树,独上高楼,望尽天涯路。'此第一境也。'衣带渐宽终不悔,为伊消得人憔悴。'此第二境也。'众里寻他千百度,蓦然回首,那人却在灯火阑珊处。'此第三境也。"(王国维《人间词话》)与女儿共同成长、共同学习,方开始第一境界。父与女漫漫求学征途从此开始矣!

经典推荐

1.《人间词话》,王国维著,徐调孚校注,中华书局,1982年。
2.《寄小读者》,冰心著,江苏少年儿童出版社,2008年。

第二回　春玩其花　秋登其实
——美国农业与教育故事点滴

美国儿童常以"my father is a farmer"为自豪,中国儿童何时能以"我父亲是个农民"为光荣?当今世界一流高等教育起源于农业教育。美国伟大农业,诞生举世闻名赠地学院,成就举世无双教育体系。称霸世界一百年,重视农业、重视教育为主要原因。

自古道,靠山吃山,靠水吃水。吾研究生学习期间,有幸研习美国农业之发展,故事便从美国农业与教育说起。

众所周知,美国教育、科技、工业、军事领先世界。殊不知,美国农业更是全球第一。本以为,美国之所以强大,如同其他帝国,英、法、德、苏联,必行牺牲农业成就工业之捷径也。阅读美国农业年鉴、农业史、经济史、边疆史、教育史、科技史,以及浩瀚如海之农业文献,如同打开百科全书,方知:美国建国后,在美国人称之为"伟大西进运动"中,在向大自然探索奥秘之中,在寻求新财富征途中,其独一无二之土地政策、教育政策及令世界折服之农业补贴政策,促进工业化发展,促成近代农业革命与工业革命,尤其是知识革命、教育革命,培育国民拓荒精神,不畏艰苦、不怕牺牲、意气风发之牛仔精神、边疆精神,皆成美国人一往无前、豪迈乐观、勇于开拓、生命不息、探索不止之民族精神矣！今日美国儿童常以"my father is a farmer"为自豪，中国儿童何时能以"我父亲是个农民"为光荣？更为神奇者，当今最伟大、最先进、世界一流之高等教育起源于农业教育也！当年女儿好奇，今日身居其中，仍赞叹不已。

17世纪初，首批英国清教徒到达北美，在苍茫大地、人迹罕至之新大陆，在他们面临生存困境之时，似乎上帝安排，印第安人招待他们鹿、野火鸡、鹅、鸭、蛤肉、牡蛎、杨梅点心、蔬菜、南瓜，甚至爆玉米花、水果派！这分明是现代农业之曙光，何必称之为原始落后之文明。（印第安人培育玉米，传播全世界。印第安人培植世界50%以上植物、瓜果蔬菜类农作物，使今日之餐桌丰富多彩。当人们喝可乐、吸香烟，贪婪各种辣味美食时，切不可忘却印第安人矣。）

欧洲人大开眼界，虚心学习，开拓自己的"伊甸园"——新英格兰。翌年春天，印第安人赐予谷物种子，教之狩猎、种植、捕鱼，当年即获丰收，旋即庆祝基督世界首个感恩节，载歌载舞，为欢三日。一些接受过牛津、剑桥古典高等教育虔诚清教徒们深感教育之迫切，于是乎，在他们来到北美仅仅十六年后（第一批人乘"五月花号"来新大陆为1620年），按清教思想，确定追求真理理念，1636年，在马萨诸塞州查尔斯河畔建立殖民地第一所高等学府——哈佛学院，即今日举世闻名高等学府王中之王——哈佛大学。

到1775年，英属十三个殖民地人口不过260万，但已仿效英国牛津、剑桥等大学创办哈佛、耶鲁等九所学院。

与古老中华文明一样，建国之初，百年大计，教育为先。

1819年，第三任总统、独立宣言主要起草者托马斯·杰斐逊创建美国历史上首个独立于教会之高校——弗吉尼亚大学，为享誉全球之美国公立教育奠定基础。

1862年赠地学院，开创美国高等农业教育乃至世界高等教育之新纪

1767年保罗·列维尔笔下的哈佛学院

元。1862年,尚在南北战争战火纷飞之中的平民总统林肯,高瞻远瞩,批准《莫雷尔法案》(Morrill Act,亦称《赠地法案》)。规定各州凡有国会议员一名,拨联邦土地三万英亩,土地收益建立至少一所学院。凡接受赠地院校教育的学生,无论哪个专业,都必须接受农业教育,学生们只有学习农业知识方可领到毕业证书。1890年国会颁布第二次《赠地法案》,向各州赠地学院提供资助。

两个《赠地法案》,一个赠地、一个拨款,掀起大规模赠地学院运动。法案颁布十八年间,美国高校由法规颁布当年的九所猛增至五百多所,曾一度被欧洲人讥为"放牛娃学院"遍及全国。于是乎,赫赫有名的康奈尔大学、加州大学(系列学校,如伯克利分校……)、麻省理工学院、威斯康星大学等由此诞生。《赠地法案》不仅开创了政府调控高等教育发展之先河,亦为全球树立光辉典范——以法律形式优先发展高等农业教育。赠地学院兴办公立高等教育,且教学、科研、推广"三位一体",对整个世界教育行政管理与全球农业科技发展皆产生极其深远之影响。

至此,女儿童言无忌:吾国不应自大,原来蛮夷之地、化外之民,皆有先进理念,吾好农业,可去康奈尔学习乎?十五年后女儿申请本科及二十年后申请研究生时,康奈尔皆为首选,不足为怪矣!此是后话,按下不提。

赠地学院提出"校园边界即是州边界"口号,大学、社会融为一体,培养了大批技术人才,直接为社会服务。经济合作与发展组织(OECD)教育研究与革新中心报告指出:"从历史上看,大学为社区服务观念源自赠地学院创办时代。"

美国人崇尚进取、追求创新。恩格斯写道:"美国是一个新世界,'新'不仅是就发现它的时间而言,而且是就它的一切制度而言;这个新世界由于藐视一切继承的和传统的东西而远远超过了我们这些旧式的、沉睡的欧洲……在美国,一切都应该是新的,一切都应该是合理的,一切都应该是实际的。"正是这种勇于创新之传统,使得美国高等教育在短时间内迅速超越了其他各国,探索出赠地学院这种独具美国特色的高等教育模式。1900年,美国高等学校数量增加20倍,大学生人数增加47倍。每万人中接受高等教育者为31.4人,而欧洲高等教育最发达的德国,当时每万人中接受高等教育者仅8.3人。在《莫雷尔法案》影响与赠地学院开拓之下,美国一跃成为世界高等教育最发达的国家。

农业教育促进农业迅速发展。亦是1862年,林肯先后颁布了《宅地法》《联邦农业贷款法》等系列法律,逐年加大农业投入,实行农业巨额补贴、休耕补贴政策,至20世纪80年代,每年农业财政投资为350亿美元,是政府对工业投资的1.2倍;20世纪90年代,每年农业投资增至500多亿美元,在联邦政府预算中仅次于国防开支,位居第二位。

美国政府真正重视"三农",令世界赞叹不已!美国建国前后重视教育，重视农业教育，成就农业强国，然后成就其他，绝非解散农业大学，牺牲农业、农村、农民，发展工业、城市，甚至逼迫农民流离失所，沦为二等、三等公民。曾经世界性霸主葡萄牙、西班牙、荷兰、英国、法国、德国、苏联等，皆昙花一现、转瞬即逝，独有美国雄踞世界之首百年而不衰，重视农业、重视教育为主因乎？

女儿着迷吾波澜壮阔之叙述，遂约定俗成：每周末父女游乐于南农主楼古老学习室之日，便是爸爸英文讲述美国及其欧洲之源故事之时。一年五十二周，从未间断，日积月累，不知不觉，三年女儿竟咿呀学语了一百六十多个美国故事，与中华文明、儒家文化同步，聆听美国之音"Special English"（特别英语），周四晚上"The Making of a Nation"（美国历程）专题节目则成为女儿精神主要食粮之一。*The Declaration of Independence*（《独立宣言》）、*Gettysburg Address*（《葛底斯堡演说》）、*Fireside Chats*（《炉边谈话》）、*I have a dream*（《我有一个梦想》）、*Whereby We Thrive：A History of American Farming*，1607—1972（《美国农业史：1607—1972年 我们是怎样兴旺起来的》，John T. Schlebeker），以及华盛顿（Washington）、托马斯·杰斐逊（Thomas Jefferson）、汉密尔顿（Hamilton）、安德鲁·杰克逊（Andrew Jackson）、亚伯拉罕·林肯（Abraham Lincoln）、西奥多·罗斯福（Theodore Roosevelt）、富兰克林·罗斯福（Franklin D. Roosevelt）、沃尔特·惠特曼（Walt Whitman）、马克·吐温（Mark Twain），这些如雷贯耳之名及动听故事，与孔子、孟子、老子、庄子、屈原、司马迁、苏格拉底、柏拉图、亚里士多德、但丁、诸葛孔明、陶渊明、李世民、李白、杜甫、苏东坡、成吉思汗、岳飞、李清照、朱熹、王阳明、莎士比亚、歌德等同步。于是，小学四年级学生与大学生讨论美国农业、美国教育、英美文史时，一如中华文史，亦能略知一二，娓娓道来矣！

经典推荐

1. *Special English*

The Making of a Nation(《建国史话》): VOA(美国之音, Voice of America)"Special English"(特别英语)最受欢迎的专题节目。用浅易英语向听众介绍美利坚合众国从十三个殖民地区域到现代工业国的孕育、诞生以及形成超级大国的历史过程,是集趣味性、故事性、知识性于一体的不可多得的美语听力材料。此为女儿三岁开始最主要的睡前"催眠曲",既可不知不觉中学习纯正美式英语,又能享受乐趣无穷的美国历史文化之旅,至今仍然受益匪浅。众所周知,听力、口语是困扰非母语英语初学者的最大学习障碍。建议幼儿园、小学、中学,甚至在校大学生、研究生,闲暇时间坚持每天听半小时,两到三年时间,奇迹必定出现。*The Making of a Nation* 每逢星期四播出,如今网上可下载完整版本。

附:"Special English"介绍

学习英文从"Special English"开始。"Special English"又叫"慢速英语",是 VOA 专为全世界非英语国家初学英语的听众安排的一种简易、规范的英语广播节目。该节目创始于20世纪50年代末期,是 VOA 的专家们研究如何与世界各地的英语学习者进行交际的产物。它正式开播于1959年10月,当时只面向欧洲和中东,但由于这个节目适合许多国家英语学习者的需要,所以它的广播对象不久就扩大到世界其他地区,并很快在全世界范围内产生了广泛的影响。

美国著名词汇学家 S. B. Flexmer 指明了"Special English"的三条标准,也就是它所"特别"的地方:它是一种由美国人最常用的 1500 个基本单词为主体构成的美国英语;它用简短、明晰的句子写作和广播;它以每分钟 90 个单词的速度,即 2/3 的 Standard English(标准英语)速度进行广播。窃以为,"Special English"为儿童学习美式英语首选。

2. *Gettysburg Address*(《葛底斯堡演说》)

美国历史上最伟大的演说之一。葛底斯堡战役是美国南北战争(又称美国内战,American Civil War,1861—1865)中的决定性战役,北方军队经过浴血奋战,大获全胜。为纪念在战争中牺牲的勇士们,修建了葛底斯堡公墓。在落成典礼上,亚伯拉罕·林肯的演说只有短短三分钟(10个句子、272个词),却充满着真挚的感情,哀痛而振奋,沉重而自豪,堪称演讲中的经典之作,也是当今美国中小学生的必读之篇。

这场演说名垂青史,声震寰宇。名言"民有、民治、民享之政府"即来源于此——…that the goverment of the people by the people and for the people shall not perish from the earth. (……我们要使这个民有、民治、民享的政府永世长存。)

从这里可以看到,英文的原文非常精练,含义也比中文译文更深刻。

of:表归属,说明政府属于人民所有;

by:表执行者,说明政府行事,是由人民来执行的;

for:表目的,这个政府以人民的目的为目的。

显然,by 和 for 两个词,都比中文的"治"和"享"含义更丰富,更深刻。

附:《葛底斯堡演说》演讲中英文版

The Gettysburg Address

Gettysburg,Pennsylvania

November 19,1863

Four score and seven years ago our fathers brought forth upon this continent, a new nation, conceived in Liberty, and dedicated to the proposition that all men are created equal.

Now we are engaged in a great civil war, testing whether that nation, or any nation so conceived and so dedicated, can long endure. We are met on a great battle-field of that war. We have come to dedicate a portion of that field, as a final resting place for those who here gave their lives that that nation might live. It is altogether fitting and proper that we should do this.

But, in a larger sense, we can not dedicate—we can not consecrate—we can not hallow—this ground. The brave men, living and dead, who struggled here, have consecrated it, far above our poor power to add or detract. The world will little note, nor long remember what we say here, but it can never forget what they did here. It is for us the living, rather, to be dedicated here to the unfinished work which they who fought here have thus far so nobly advanced. It is rather for us to be here dedicated to the great task remaining before us—that from these honored dead we take increased devotion to that cause for which they gave the last full measure of devotion—that we here highly resolve that these dead shall not have died in vain—that this nation, under God, shall have a new birth of freedom—and that goverment of the people, by the people, for the people, shall not perish from the earth.

葛底斯堡演说

八十七年前，我们的先辈们在这个大陆上给我们带来了一个新的共和国，她受孕于自由的理念，并献身于一切人生来平等的理想。

如今我们卷入了一场巨大的内战，以考验我们或任何一个受孕于自由和献身于上述理想的共和国是否能够长久生存下去。我们聚集在这场战争中的一个重要战场上，我们来到这里，是要把这个战场土地的一部分奉献给那些为使这个共和国能够生存下去而献出了自己生命的烈士们作为最后安息之所。我们这样做是完全应该而且是非常恰当的。

但是，从更广泛的意义上来说，不是我们奉献、圣化或神化了这块土地,而是那些活着的或者已经死去的、曾经在这里战斗过的英雄们使得这块土地成为神圣之土,其神圣远非我们的渺小之力可增减。世人不会注意,也不会记住我们在这里说什么,但是他们永远无法忘记那些英雄们的行为。这更要求我们这些活着的人去继续那些英雄们为之战斗的未竟事业。我们应该在这里把自己奉献于仍然摆在我们面前的伟大任务——要从这些光荣的死者身上汲取更多的献身精神,来完成他们已经彻底为之献身的事业;我们要在这里下定最大的决心,不让这些死者白白牺牲——要使这个国家在上帝保佑下得到新生,要使这个民有、民治、民享的政府永世长存。

第三回　家学有渊源　传之于艾轩
——爷爷奶奶的故事

经过历次运动,吾父以教育子女为事业。在那风云变幻年代,父亲循循善诱之教导,无与伦比之经典美文,儿女如醉如痴之记诵,便是时代最好之避风港。女儿出国求学,与时代同呼吸、共命运,旅行世界,《论语》《庄子》《西游记》随身带,得益于爷爷耳提面命谆谆教诲矣!

当"读书无用论"成为社会时尚之时,吾母执着甚至顽固坚守"两耳不闻窗外事,一心只教小学书"之慈爱与美德永远激励儿女孙女矣!

谁言寸草心,报得三春晖?

吾父母求学于民国时期,新中国第二届第三届师范毕业生,终生从事教育事业。

父亲,出自商贾之家。

祖父,五年私塾,读过很多书,乡村号称学富五车"大先生",有机智,善计算。抗日战争以降,兵荒马乱,国无太平,民不聊生,家道开始衰落,加上天灾人祸,经常入不敷出,近乎赤贫。

父亲,吴正风。少时聪慧,称著乡邻。小学毕业成绩优异,考入淮阴中学,家境原因,回乡务农一年。1947年至1949年间,身无分文,沿途讨饭,躲避枪林弹雨,历尽艰辛,从泗阳至镇江、上海,辗转至苏州,适逢苏州解放,得以参加并通过东吴大学附属中学(后并入苏高中)考试,以大户人家小姐伴读生身份读书,解决生活困境,完成初级中学学习。旋以第一名考入高中,终因家贫辍学返乡重新考入运河师范(师范读书不花钱且国家补助生活费),他以优异成绩完成学业,成为新中国第二届师范毕业生。

父亲一生波折,命途多舛,历经苦难岁月。如今近九十高龄,不断耕耘写作。女儿尝以爷爷为样板,激励自己积极向上。

父亲多才多艺,喜爱音乐,擅长二胡。常登台演唱或排练学生京剧、越剧、黄梅戏、淮海戏等。游泳、篮球、乒乓球,颇为精通。文理兼修,手不释卷,通读众多历史典籍及文学名著,批阅司马迁《史记》、司马光《资治通鉴》、蔡东藩《历朝通俗演义》及《红楼梦》(《脂砚斋重评石头记》)、《三国演义》等。他勤于思考,恃才自傲,刚正不阿。先执教于高级中学,后降至初级中学,再下放至中心小学、乡村小学。担任数学、语文、历史、地理、音乐、体育等课程教学。恢复名誉后,为淮阴师范学校(学院)语文教师。

20世纪60年代,父亲听从母亲劝告,遵循儒家"穷则独善其身,达则兼济天下"传统之路。70年代末,逐渐闭门谢客,以教育子女为事业。父亲擅长数学,选用民国时期算术、几何、代数等教材,如老课本《平面几何》《范氏大代数》,教授吾姊弟。吾至今犹记《平面几何》之经典:"最著之点厥为无理数理论之采取。盖初等几何学与无理数有关之部分,如以弧度圆心角、比例基本定理、面积基本定理等十余命题,历来为数学之难关……"

最为神奇的是自编《文学选读》(九册),以王力主编《古代汉语》为主要蓝本,依据《史记》、《资治通鉴》、朱熹《论语集注》、《古文观止》、郑振铎《插图本中国文学史》(作家出版社,1957年)、《中华活页文选》(上海古籍出版社,1962年)及民国期间、新中国成立初期中学课本、高校文科教材等,博采众家之长,加上自己注解。每日一诗一文,亲自授课。三年(1967—1970,吾小学三年级至五年级)间约三百篇古文、一千多首古诗词及《毛泽东诗词三十六首》,吾姊弟皆能记诵。在那个时代,可谓独树一帜,即使现在,选文亦独具慧眼。譬如第一册第一篇便是《岳阳楼记》,第七篇便是《为徐敬业讨武曌檄》,第二册选入《触龙说赵太后》《廉颇蔺相如列传》《吊古战场文》《项脊轩志》《指南录后序》等传诵经典,第六册有奇文《李陵答苏武书》。

父亲道:司马迁《报任安书》与李陵《答苏武书》,汉代两封书信,感人至深,流传千古。

李陵《答苏武书》,语言为女儿极喜欢之传统骈文。文字运用,驾轻就熟,如入无人之境。

描述亲人遭遇:"上念老母,临年被戮,妻子无辜,并为鲸鲵;身负国恩,为世所悲。子归受荣,我留受辱,命也如何!"凄楚委婉,催人泪下。

描述战争惨烈:"然陵振臂一呼,创病皆起,举刀指虏,胡马奔走,兵尽矢穷,人无尺铁,犹复徒手奋呼,争为先登,当此时也,天地为陵震怒,战士为陵饮血!"语言提炼,炉火纯青境界矣。

烈火狂燃于胸,表面平静似水:"胡地玄冰,边土惨裂,但闻悲风萧条之声。凉秋九月,塞外草衰,夜不能寐,侧耳远听,牧马悲鸣,呼啸成群,边声四起,晨坐听之,不觉泪下。"

父亲评述:通篇文章,文情并茂。节奏流畅自然,语气顿挫有力,用词准确精练。笔笔飞舞,字字血泪,令人荡气回肠。情感表达深刻而强烈,真挚而复杂。

吴氏(《古文观止》作者吴楚材、吴调侯)云:"文情感愤壮烈,几于动风雨而泣鬼神,除子卿自己,更无余人可以代作。"然哉斯言!为文者至此可以观止矣!

司马迁遭遇"李陵之祸"。前有李少卿(李陵),后有任少卿(任安),太

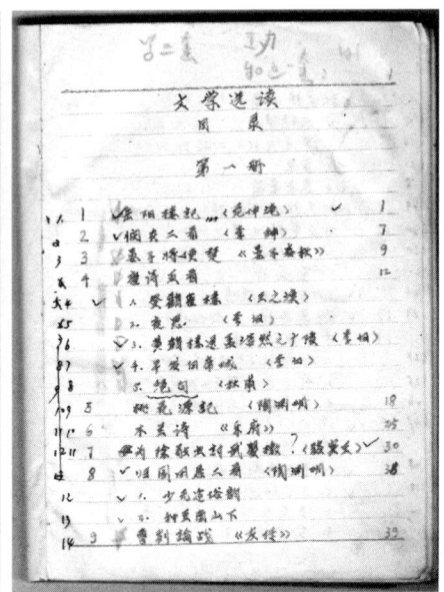

父亲编《文学选读》(第一册,1967—1970年)封面及目录

史公生命中激起震撼涟漪。前者狂风暴雨,后者前者余波矣,平静清澈见底,让人沉思不已。

数十年后,爷爷授意,吾传授,女儿玩味,不禁感慨:汉武帝刚愎自用,利令智昏,甚不若匈奴单于之宽容矣!

在那风云变幻年代,父亲循循善诱之教导,无与伦比之中华经典美文,吾姊弟如醉如痴之记诵,便是时代最好之避风港。女儿三岁伊始,吾亦基本按父亲选文体例传授之,仅增英语美文而已。故有"先爷爷(天下)之忧而忧,后奶奶(天下)之乐而乐"之语。

父亲天生乐观派。"文革"初期,父亲由中心小学再次被下放至乡下小学,每次回来,便向吾姊弟讲述史上吴姓刚正不阿、不为五斗米折腰故事,并语重心长告吾以吴姓家族为荣。父亲常言:忠义孝悌传统美德,基础则是国、家。无国则无家、无家亦无国矣！父亲退休后编著《吴氏名人作品选》（包括吴氏名人传记）。女儿出国前，父亲曾系统讲述史上吴姓发奋图强、留名青史之故事。此处按下不表。

父亲对吾姊弟及孙女影响极深。吾姊弟幸运成为恢复高考第一届大学毕业生(77级)，且继承父母，走上人民教师工作岗位，得父亲忠孝节义之大义，感恩父亲矣！女儿出国求学，时刻关注祖国发展，与时代同呼吸、共命运（并非说说而已，以后详述），周游世界，《论语》《庄子》《西游记》随身带，得益于爷爷耳提面命谆谆教诲矣！

母亲，开明绅士家庭出身。其父（外祖父），精通武术，二十二岁时即为国民革命军最年轻团长之一，1942年抗日战争一场遭遇战不幸牺牲（二十六岁）。其母（外祖母），知书达理，二十七岁守寡，于兵荒马乱时代，含辛茹苦抚育三个子女成长，其坚忍不拔且富于牺牲之人格魅力直接塑造第三代儿女（我姊弟出生岁月及学龄期寒暑假皆在其身边度过），亦惠及曾孙女（女儿出生岁月得益于吾外婆精心抚育）矣。

母亲，熊化玲。大家闺秀，娴淑典雅，新中国第三届师范毕业生。四十余年苏北乡下小学教师，波澜不惊。"文革"期间因出身问题差点挨批斗，幸人缘好，常常被校长、同事们"暗中保护"，得以逃离。

母亲品德高尚，极有爱心。方圆数十里，黄发垂髫，无不赞誉之。即使"读书越多越反动""读书无用论"成为社会时尚之时，母亲执着甚至顽固坚守"两耳不闻窗外事，一心只教小学书"矣。

吾小学五年与母亲朝夕相伴，学堂里则是母亲学生。"文革"高潮，小学亦停课闹革命，批判父亲的大字报铺天盖地，贴满校园，甚至家中。父亲戴高帽，母亲自然"靠边站"。即便如此，母亲亦常常带着课本及自制小黑板，到学生家，或至田头（乡村孩子随父母下田干活），无怨无悔地为孩子们上课、补课。她几十年如一日，年年先进，岁岁模范，有"泗阳县斯霞"（斯霞，20世纪中国最著名的优秀小学教师，"字不离词、词不离句、句不离文"小学语文随课文分散识字教学法创造者,南京师范大学附属小学又名斯霞小学)之美称。其平凡而伟大人格对吾辈及孙女产生不可磨灭影响矣!

母亲种田。也许迫于生计,也许爱好,母亲精心经营房前屋后一小片"田地"。吾常"夜深忽梦少年事",母亲带我们幼小姐弟"种瓜得瓜、种豆得豆",历历在目,一一浮现。冬瓜、南瓜、丝瓜、黄瓜、大青豆、蚕豆、扁豆、山药、葡萄架,应有尽有,枣树、石榴、香椿等植于庭中。粮票不够,粮食不足,子女面黄肌瘦,母亲心疼,遂种植玉米套种辣椒,居然年年丰收。周边农夫亦称奇,常来唠家常,"把酒话桑麻"。多年后吾南农大求学时方知母亲承继祖训,擅长田家农事也。

玉米套种辣椒:病虫害少,辣椒害虫与玉米害虫互为天敌;两种作物共生时期需水特性基本相同,按照辣椒需水特性浇水亦能满足玉米需求,节约用水,节约用地;玉米与辣椒套种对土壤营养需求可互补,按辣椒需肥特性施肥亦能满足玉米需求;玉米为高秆作物,亦是高光效作物,生长过程需要强光照射才能发育良好,辣椒套种玉米,高矮不一,玉米能充分受光,同时给辣椒遮阴,有效抑制辣椒"日灼病"(Pepper sunscald)。

若干年后,吾再以此传授女儿时,女儿亦啧啧称奇,拍案叫绝!对奶奶崇拜孝顺,对中华优秀传统农业精耕细作、间作套种等喜爱有加矣!对中国农业文明顶礼膜拜矣!

母亲善客。左邻右舍,农夫为上,杀鸡宰羊招待。故吾不足十岁时,不仅会种田,亦随母亲热爱大自然,热爱农民,精通许多养殖技术。似乎上帝早已安排吾日后研习农业科技,从事环境保护,女儿亦潜移默化矣!

母亲天性喜爱动物。养鹅养鸡养鸭,养羊养兔子,无有不成功者。虽家贫,有鸡蛋、鸭蛋,偶有鹅蛋可食。母亲信佛,以食素为主,胆小,不喜狗,喜清静,故喜鹅。尝言:养鹅,护家,避邪也。是矣!家鹅祖先雁,鹅类中素食主义者,食青草,谚语"青草换肥鹅"也。且鹅警惕性高,听觉敏锐,风吹草动即发声。鹅,勇敢著称,陌生人进家门定会张开翅膀发起攻击。女儿幼时,奶奶尝携之与鹅戏耍,模仿其叫声及游泳姿势。于是乎,两岁便得骆宾王"鹅,鹅,鹅,曲项向天歌。白毛浮绿水,红掌拨清波"之真谛矣!

母亲养猫。吾记得有一胎多达七只,皆善养之。尝语重心长:猫可承受苦难、伤害与困扰,善于爬高下低、飞墙走壁,往往逢凶化吉。母亲常道,佛爷说"猫有九命"也!(《佛经》:"佛正集诸弟子讲经,有一猫蹲佛座下,屏息静听。弟子有询佛缘故,问此猫是否亦通经典?佛曰:猫有灵性,其命有九,人只得其一。故猫之灵性,殊非人类可及耳。"佛经《上语录》:"猫命有九,系通、灵、静、正、觉、光、精、气、神。")吾少多疾病(20 世纪 60 年代),母亲畏惧,遂应允吾夜晚拥猫而卧,吾喜不自胜,精心护理数只小花猫成为吾少时最大乐趣矣。渐知猫狗皆通人性,与人类皆为动物。母亲言传身教,吾爱动物之心从此产生并伴吾一生矣!女儿亦然。感恩母亲!

三十年后,吾则进一步告知女儿,东西方文化相通也。西方谚语"猫有九命"(A cat has nine lives),尚因"忧虑伤身",或译"忧伤足以致命"(Care killed the cat. —William Shakespeare, *Much Ado About Nothing* [莎士比亚《捕风捉影》])。科学研究表明,猫科动物可借自己发出的声波——打呼噜疗伤,"九命怪猫"并非荒诞不经也。

女儿亦秉承祖母志,常言:猫为老虎师傅,教之十八般武艺成为山林之王,留下保命一招半式(爬树),吾亦会矣!记得赤壁路小学对面一大户人家,自一年级起,女儿放学后即至,完成作业等候父母一起回家(即所谓"小饭桌",学校附近居民提供放学后托管孩子处)。其家院附近有一棵大树,其主人经常告吾女儿状:只要女儿到,头等大事便是,放下书包,一溜烟,蹿上大树,得意扬扬坐在树上,犹如童话中小猫俯视下面同学,口内念念有词。然未及一周,小饭桌同学皆得其道,尾随其后,树上树下乐哉乐哉矣。女儿道,此所谓"独乐乐不如众乐乐"矣。善哉,此言!

母亲养鸟。母亲养鸟,有别于他人。二十世纪六七十年代,常常携我姊弟游戏于附近树林中,观有受伤之小鸟(那时常有打鸟者)或受风雨等影响跌落鸟巢之幼鸟,抱回家养护,痊愈后,放回树林,颇有今日"自然之友"之风范也。吾亦以此行动带动女儿,女儿则长年乐此不疲。

母亲养花。拥有花草情怀,几十年如一日,如同打扮自己、打扮孙女一样,精心护理形态各异之花花草草。院子里,花开四季,清香满院,各种颜色,绚丽多姿。女儿常常揶揄奶奶:"'长恨春归无觅处,不知转入此中来'(白居易《大林寺桃花》),奶奶,花草仙子也。"左邻右舍称之为花草之家,母亲工作、家务之余,携儿女、孙女沉醉其间:剪剪枝、拔拔草、插插条、分分盆、浇浇水、施施肥矣!近百只花盆,随母亲迁徙而迁徙。春季占据院内、阳台、窗台,冬季则霸占所有房间及可以摆放之任何地方。母亲逢花必养,女儿记得名字的就有:仙人掌、龙爪、海棠、月季、九月菊、紫罗兰、芦荟、仙人球、木菊、马蹄莲、君子兰、灯笼花、栀子花……

真是:花草无语人有意,花草情怀总是诗。花,让我们童年丰富多彩,让女儿幼时充满好奇。女儿引用元代诗人王冕《白梅》缅怀祖母:"冰雪林中著此身,不同桃李混芳尘。忽然一夜清香发,散作乾坤万里春。"

母亲善花鸟画。中国花鸟画为中国绘画之独特艺术形式,起源于唐代山水画,一千三百多年发展,为我国绘画史一枝奇葩。母亲课堂教学语言:花鸟画,"心"与"神"之契合,托物寓情,因物喻志,墨中有色,色中有墨。画之对象传神意会,情趣盎然,画中有诗,诗中有画矣!真正浪漫主义与现实主义结合也。20世纪60年代及70年代,母亲不辞辛劳,耗尽心血辅导小学生花鸟画曾无数次在地方教育系统登台表演、获奖。四十年光阴似箭,许多学生至今回忆往事,未有不感慨万分、感恩母亲者!女儿出生后不久,即秉承奶奶天性,于是乎绘画便成为其人生成功之起点矣

(爷爷语)。此是后话,按下不表。

经典推荐

1.《古代汉语》(共四册),王力主编,中华书局第 1 版,1962—1964 年。

2.《莎士比亚喜剧五种》(《仲夏夜之梦》《威尼斯商人》《捕风捉影》《温莎的风流娘儿们》《暴风雨》),方平译,上海译文出版社,1979 年。

附:"中国百年来最卓越的语言学家"王力先生与《古代汉语》

王力(1900—1986),字了一,著名语言学家,中国现代语言学奠基人之一。曾就读于清华大学国学研究院,师从梁启超、王国维、赵元任。后留学法国,获巴黎大学文学博士学位。回国历任清华大学、燕京大学、广西大学、西南联合大学、中山大学、岭南大学、北京大学教授。王力先生也是杰出的诗人、散文家和翻译家。抗战时期,与梁实秋、钱锺书并称为"战时学者散文三大家"。

王力先生勤奋好学、龙虫并雕、中西贯函,忠诚教育事业。"我国学者大都重雕龙而轻雕虫,重研究而轻普及,重过去而轻将来。王先生纠正这种重古轻今的传统偏向,正是现代化的思想解放。"(周有光)

王力先生以治学严谨著称,既能高屋建瓴,大气磅礴,又能睿智缜密,周到细致,令人叹为观止。

王力先生是罕见鲜有的全面的汉语语言学大师,先生的论断是令人钦佩的不刊之论,著作都是传世的学术精品,为中国现代语言学的发展做出了重要贡献。但若论其惠及人数之众,知名度之高,发行量之大,影响之广,则莫过于他所主编的《古代汉语》(1962—1964,共 4 册,1980 年修订),问世半个世纪以来,在众多的古代汉语教材中,还没有任何一部可以与之媲美,窃以为是中国父母辅导子女培养文言文阅读能力最权威的教材。《古代汉语》全书共四册,凡 126 万多字。《古代汉语》首创了文选、通论和常用词三结合的体例。文选是感性认识,通论是理性认识,常用词则兼有感性认识和理性认识。文选的编排,以时代顺序为纲,同时兼顾体裁。这种崭新的体例、科学的编排,体现了王力先生一贯的创新精神,对其后问世的同类教材产生了重要影响。《古代汉语》内容丰富,是一部传统文化的小型百科全书,但所讲又都围绕着一个主题,即提高读者阅读古书的能力。其中常用词部分,选择了古书当中常用而古今又有明显差异的单音节词1086个,介绍其常用义,尤其注意同义词的辨析,对初学者掌握同义词之间的细微差别,真正读懂古书,帮助甚大,同时也体现了王力先生的辞书学思想,对后来古代汉语字典、词典的编纂,产生了一定影响。

第四回　巧笑倩兮　美目盼兮
——胎教的故事

　　胎教,源于中国,始于西周。营养胎教,情绪胎教,运动胎教,音乐胎教,语言胎教。梳妆打扮,亦是胎教。随天地之阴晴雨雪、母子之喜怒哀乐而配之以经典音乐,或诵明月之诗,或歌窈窕之章,女儿气质原动力来源于胎教音乐。胎教歌舞,恩赐女儿坚强体魄、健康体质。

　　吾妻,毕业于南京师范大学学前教育专业。胎教之语,得吾妻之教诲矣!

　　胎教,源于我华夏大地也,始于西周。《大戴礼记·保傅》:"古者胎教,王后腹之七月,而就宴室(王后怀孕七个月以后,就要迁居到安逸、清静的别宫,以修养身心)。"

　　又云:"周后妃任(孕)成王于身,立而不跛(不踮脚尖),坐而不差(身子歪斜),独处而不倨(傲慢),虽怒而不詈(骂),胎教之谓也。"刘向《列女传》记载,周文王之母太任妊娠间,"目不视恶色,耳不听淫声,口不出敖言,能以胎教"。"文王生而明圣,太任教之以一而识百,君子谓太任为能胎教。"文王"教之以一而识百"。"古者妇人妊子寝不侧,坐不边,立不跛,不食邪味,割不正不食,席不正不坐,目不视于邪色,耳不听于淫声,夜则令瞽诵诗书,道正色。如此则生子形容端正,才德必过人矣!"

孟母曾曰:"吾怀孕是子,席不正不坐,割不正不食,胎教之也。"《医心方·求子》:"凡女子怀孕之后,须行善事,勿视恶声,勿听恶语,省淫语,勿咒诅,勿骂詈,勿惊恐,勿劳倦,勿妄语,勿忧愁,勿食生冷醋滑热食,勿乘车马,勿登高,勿临深,勿下坂(山坡、斜坡),勿急行,勿服饵(服食丹药),勿针灸,皆须端心正念,常听经书,遂令男女,如是聪明、智慧、忠真、贞良,所谓胎教是也。"

"子在腹中,随母听闻","外象内感"。隋巢原方《诸病源候论》:"欲子美好,宜佩白玉;欲子贤能,宜看诗书,是谓外象而内感者也。"《源经训诂》:"目不视恶色,耳不听淫声,口不出乱言,不食邪味,常行忠孝友爱、兹良之事,则生子聪明,才智德贤过人也。"

唐孙思邈《备急千金要方·养胎》:"调心神,和惰性,节嗜欲,庶事清静",阐明逐月养胎之法。宋陈自明《妇人大全良方·总论》:"立胎教,能令人生良善、长寿、忠效、仁义、聪明、无疾,盍须十月好景象","欲子美好,玩白璧,观孔雀"。

近代康有为《大同书》创建"人本院"即"胎教院"也。《蔡元培选集·美育实施的方法》中提设立"胎教院"。

进入现代,受"文革"及其他运动之影响,本应传承之优秀传统,长期搁置,与其他命运相同,其学科水平竟远远落后西方,几无人问津! 20世纪80年代,发明创造层出不穷,人才竞争异常激烈,胎教之探索进入崭新时期。

《0岁方案》写道:胎儿是宇宙间迄今为止所发现最具生命力的小精灵,他从精卵细胞结合的单细胞合子开始,一个肉眼完全看不见的小生命,仅仅九个月就成长为宇宙间最高级的脑和躯体完备的人,九个多月就走完了自然界从单细胞进化为人脑的38.6亿年的路程,这是何等伟大的壮举！婴幼儿呢？初生时的智能还不如小动物，但短短的六七年，完成了从动物祖先到现代人数百万年的进化，一跃而具备现代人的所有高级心理，人之初能量的提升真正是苍茫宇宙的奇迹！然也！

现代医学认为，胎教即从怀孕开始，调节和控制母体内外环境，避免不良刺激对胎儿产生影响，根据胎儿各时期发育成长的实际情况，提供优良信息，促使胎儿健康发育，以利于出生后的智力发育与健康成长。

按《0岁方案》之建议，稍稍变更，吾与吾妻尝试之。

营养胎教、情绪胎教、运动胎教、音乐胎教、语言胎教综合进行矣。

如前所言，吾家境贫寒，温饱而已，无大户人家山珍海味之类，然全家省吃俭用，每日鸡鱼肉蛋，吾妻必不可少矣！上帝赐吾妻好身体，不生病，好心态，不挑食，吃得饱，睡得香。未尝见其怨天尤人也！怀孕时，工作照旧，除定期检查，至预兆生产前三天，从未请假，甚至歌舞不停。吾尝戏言：吾妻乃"运动胎教"之典范也！吾至今犹记，吾妻怀孕时最喜欢边歌边舞周璇之《四季歌》：

"春季到来绿满窗，大姑娘窗下绣鸳鸯，忽然一阵无情棒，打得鸳鸯各一方。夏季到来柳丝长，大姑娘漂泊到长江，江南江北风光好，怎比青纱起高粱。秋季到来荷花香，大姑娘夜夜梦家乡，醒来不见爹娘面，只见床前明月光。冬季到来雪茫茫，寒衣做好送情郎，血肉筑出长城长，奴愿做当年小孟姜。"

吾笑谓：日日歌舞升平，颠覆"贫贱夫妻百事哀"之论矣！我等《马路天使》，享受小人物之生活快乐，此生足矣！此亦我底层百姓之"情绪胎教"耶？一切按吾妻之人生目标——歌舞人生——迈进，此乐何极！

吾赞赏此言：孕妇梳妆打扮亦是胎教。爱美之心，人皆有之，孕妇尤甚。吾妻本"巧笑倩兮、美目盼兮"，文静典雅，气质非凡。孕期不忘精心打扮，素颜素装（不可浓妆也），自娱自乐，自信乐观，天上人间，堪称一绝。无怪乎当时淮阴师范学生齐声惊呼："美丽的王老师领导服装新潮流"矣！

噫！此时此景，妊娠所有不良反应，忘却矣！

中华民族自古母仪天下。情绪胎教者，保障孕期母体及婴儿后天心理素质、心理健康之重要途径也。吾妻自怀孕起，或曰准备怀孕时起，每日清晨迎着初升之太阳，怀着美好之期盼，憧憬理想之未来，徜徉于"风景这边独好"之淮阴师范——20世纪90年代初远离尘嚣，周边小桥流水人家，一望无际之田野，成群之牛羊，清鲜之空气，优雅之校园，花草之幽香，繁荫之佳木，欢快之鸟语，琅琅之书声，美丽之歌声，优雅之琴声，无一不沁人心扉，使之身心愉悦，亦令将初为父母之感情升华矣！感谢上帝，佑吾小天使下凡，欢乐人间矣！亦恍然大悟"孟母三迁"之大义矣！二十年后，女儿亦如此赞美，心有灵犀一点通矣！

吾妻高尚之修养，美丽之气质，贪玩童心向母仪胎儿品质之转变，决定女儿未来之基础矣！

吾身居穷乡僻壤，所谓音乐、语言胎教之主要依靠者，一部小小录音机、几盘磁带而已，然无其他世俗之噪音，虽谈笑无鸿儒，往来尽白丁，一家教书匠，倒也贫且静。

吾妻曰：怀孕四月，胎儿便有听力；六月后，听力与成人接近，此时音乐、语言胎教可矣！

怀胎六月伊始，吾伏于吾妻旁，手持录音机，声音控制在六十分贝以下、两千赫兹以内，问吾妻欲听何物？而后则天马行空，独往独来，随意乱点矣。

于是，按轻音乐、西洋音乐、中国古典音乐、英文歌曲序列，伴随莫扎特之轻音乐，贝多芬之《英雄》《命运》《田园》《合唱》交叉并用。吾本音乐盲，亦附庸风雅，竟如圣人，闻《二泉映月》《春江花月夜》、贝多芬、李斯特、舒曼等，亦三月不知肉味，"不图为乐之至于斯也！"音乐之魅力如此，吾竟未知也。每每长叹，此曲只应天上有，人间哪得几回闻？道是：尽美矣，又尽善也。真正意外收获。原本只对诗词之魅力略知一二，却不知音乐之魅力竟亦如此。诗、歌原本一家也,与胎儿同步学习,同步前进,最大心得矣!吾尝言,"一墙之隔"腹中胎儿,同为造物主之赏赐,借范文正公语:览古今音乐诗词歌赋之情,得无异乎?

若夫霪雨霏霏,连月不开,阴风怒号,或母子生气、继而大发雷霆时,吾则选贝多芬《英雄》(胎教选用贝多芬,无先例可循,看官慎用之)等或《离骚》之类古典作品朗读,供天之骄"子"听之,宣泄之,以助天威。

至若春和景明,波澜不惊,上下天光,一碧万顷,或母子快乐、心情舒畅时,吾亦按天帝旨意,选天使之音舒伯特《小夜曲》等供母子欣赏之,玩乐之,或王摩诘山水田园之作朗诵之,享受太平盛世之美好时光也。随天地之阴晴雨雪,母子之喜怒哀乐而配之经典音乐,或诵明月之诗,歌窈窕之章,天人合一兮,算吾心得乎?

此情此景,天之骄女出生后,音乐诗歌舞蹈,从未断焉。故女儿气质(disposition)之原动力来源于胎教音乐乎?未可知也。

吾妻身高162厘米,孕前104斤(52公斤),生产时竟达169斤(84.5公斤)!众人皆曰双胞胎也,吾妻每每笑而不答,乐在其中矣!

女儿出生时,体重7.8斤(3.9公斤)。啼哭声音洪亮,人道健康之表现也,或曰健康之体魄为成长成功之第一要素也!十八年后女儿首次赴美国留学,在崇尚"体育精神"之世界名校中竞争,过五关斩六将,运动上、学业上皆能崭露头角,真真感谢吾妻十月怀胎打下坚实基础,恩赐女儿坚强体魄、健康体质矣!

吾妻亦好有毅力,母女同步茁壮成长,女儿一岁半时,她便基本恢复常态(110斤),恢复健美身材,长期成为学生们及亲朋好友崇拜之偶像矣。榜样力量真乃无穷也!女儿一岁时,肢体动作协调便超越其他同龄婴儿,于是三岁开始随妈妈舞步世界矣!

贤哉!吾妻。雨果有言:"人生是花,爱是花之蜜。"人生是航行之船,爱是船之桨乎?吾人生并非绚丽,吾妻处处在,于是吾人生之船,有惊无

初为人母

险,免于搁浅。(何似今日,爱情小船说翻就翻。)女儿更是如此!怀孕期间母亲宁静、淡定、典雅之状态,诚如二十年后女儿所言,妈妈"淡泊以明志,宁静以致远"乎!然哉!直接传授女儿矣!

经典推荐

贝多芬:《致爱丽丝》、《月光》奏鸣曲、《田园》交响曲;

舒曼:《梦幻曲》《摇篮曲》《幸福的预感》《手舞足蹈》《亲亲小宝贝》《睡美人》《小进行曲》;

小约翰·施特劳斯:《蓝色多瑙河》;

柴可夫斯基:《天鹅湖》《胡桃夹子》;

克莱斯勒:《爱的悲伤》《十四行诗》《幻想曲》;

莫扎特:《小夜曲》;

德沃夏克:《诙谐曲》;

勃拉姆斯:《第五号匈牙利舞曲》《圆舞曲》(作品39之15);

阿尔贝尼斯:《探戈》;

巴赫:《d小调管风琴托卡塔与赋格曲》《管弦乐组曲》;

肖邦:《军队波兰舞曲》《离别曲》《雨点前奏曲》《即兴幻想曲》《第七号圆舞曲》;

舒伯特:《摇篮曲》《圣母颂》《野玫瑰》;

德彪西:《月光》;

夏农:《爱尔兰摇篮曲》;

约纳森:《杜鹃圆舞曲》。

第五回　修我甲兵　与子偕行
——父亲是孩子走向世界的引路人

"广阔天地,大有作为。"处处留心皆学问。"世事洞明皆学问,人情练达即文章。""读书之乐何处寻?数点梅花天地心。"附庸以风雅,愤世以嫉俗,发古人今人之幽思,废寝以忘食,甘之若饴,乐以忘忧。既为人父,必为人师。父母自信,是子女成就与幸福之基础。

"文起八代之衰"之"百代文宗"韩愈有云:"爱其子,择师而教之;于其身也,则耻师焉,惑矣。"又道:"句读之不知,惑之不解,或师焉,或不焉,小学而大遗,吾未见其明也。"叹世风日下,"彼与彼年相若也,道相似也。位卑则足羞,官盛则近谀。"(《师说》)今日又何尝不是!为子女,不惜千金择师也,于自身,则耻师焉。殊不知,自古以来,身教重于言传。若父母自己不爱学习,不愿不耻下问,欲子女之优秀,难矣!故当下流行语曰:"爸爸的素质有多高,孩子就能飞多高。""提高自身素质是教育孩子的关键。"

三千年前,中国诗人写下:"父兮生我,母兮鞠(养)我。拊(抚)我畜(喜爱)我,长我育我。顾(顾念)我复(返回,指不忍离去)我,出入腹(怀抱)我。"(《诗经·小雅·蓼莪》)"一日为师,终身为父。"(罗振玉《鸣沙石室佚书·太公家教》)是为"师父",既为人父,必为人师矣。

列夫·托尔斯泰说:"教育孩子的实质在于教育自己,而自我教育则是父母影响孩子的最有力的方法。"

吾最欣赏任公(梁启超)之言:"我虽不愿你们学我那泛滥无归的短处,但最少也想你们参采我那烂漫向荣的长处。"

吾崇尚之信条:"天下事有难易乎?为之,则难者亦易矣;不为,则易者亦难矣。"(彭端淑《为学》)"业精于勤,荒于嬉;行成于思,毁于随。"(韩愈《进学解》)

激情岁月。20世纪70年代、80年代,吾青年时代。那是文艺青年之狂飙时代;那是国门初期打开之时代;那是崇尚知识、崇拜学问之时代;那是科学文化之渴望达到极致之时代;"万类霜天竞自由",那也是自由之幻想达到巅峰之时代。千万青年,"风华正茂,书生意气,挥斥方遒。指点江山,激扬文字"(毛泽东语)。时代弄潮儿们嗜书如命,狂读古今中外经典,以史为鉴,针砭时弊,蔚然成风,大都表达赤子之心、拳拳爱国情怀,吾人亦不例外矣!

1976年6月,吾高中毕业,适逢周恩来(1月8日)、朱德(7月6日)、毛泽东(9月9日)三位伟人相继去世,举国上下沉浸在痛苦和紧张之中,远在乡下中学就读的我也深深感知前程一片迷茫。当时苏北,高中毕业、初中毕业,若没有"关系""走后门",无论上大学、参军、找工作,都是"没门",没有高考,没有工作,何去何从?诸位看官,且听吾简单唠叨1976年6月至1977年11月恢复高考前那些岁月、那些经历,勿烦矣!

吾姊(1975年高中毕业)响应"知识青年到农村去,接受贫下中农的再教育,很有必要"的号召,已赴知青农场,"广阔天地,大有作为"。依据当时国家政策,吾留在父母身边,成为不折不扣"待业青年"。兴许《左传》《战国策》《史记》《三国志》《三国演义》《水浒传》《东周列国志》《封神演义》《说岳全传》《七侠五义》等"中毒太深"及时局之影响,最慕班超之叹:"大丈夫无它志略,犹当效傅介子、张骞立功异域,以取封侯,安能久事笔砚间乎？"其时吾愿望莫过于投笔从戎，欲应征入伍，然每次报名，体检合格，可政审难过！于是，"黑五类"子女、"不安分"的我，按照父亲指引，处处留心皆学问，"知识并非万能，没有知识万万不能"（那个时代父亲口头禅），先是回乡务农（回到外婆身边）七八个月，依据少得可怜的物理知识，啃透课本"三机一泵"（柴油机、电动机、拖拉机与水泵），掌握原理并熟练操作，短短时间，小小年纪，竟成为生产队一名合格农机手。"知识就是力量"首次让吾产生自豪感，并终生难忘。后回到母亲身边，靠母亲人缘好，做了五个月（一个学期）小学语文代课老师，亲身感受教学相长矣！后又通过"后门"，成为县蔬菜公司一名职员，第一次进县城"拿工资"（记得每月十三元），三个月吃尽"三班倒"苦头，仍然不忘初心，期间一套王力《古代汉语》啃烂矣！许多年后，告知女儿，亦唏嘘不已。尔后参加当时轰动一时（因是粉碎"四人帮"后第一次"考试"）之招工文化课考试（语政数理化），全县大概九十多个高中毕业生参加，录取五名，有幸录用，分配在计划生育办公室，从事神圣之基本国策工作。若干年后，吾告知女儿，参军（政审不合格）除外，"工农兵学商"（考察百年中国，工—农—兵—学—商，社会地位演变，皆因时代需要，可理解为最流行之五大行业或各行各业），不到两年，皆从事矣！且一生主要从事国家大事——计划生育，为人师表，环境保护。

春雷一声震天响。1977年冬天，中断十一年之高考重启。当年报考人数570万人，最终录取27万人，录取率不到5％。吾姊弟双双成为5％之成员，并分别以文科第一名、理科第二名而轰动小小县城。虽因家庭成分等原因（还是政审不合格，当时思想领域拨乱反正尚未破冰），被全国顶尖高校拒之门外，却也因此继承父母，幸运地正式成为"光荣的人民教师"，不再"到处流浪"矣！

当是时也（吾年二十参加工作），仅有大学英语文凭之我，惧文化底蕴之不深、科学知识之不足、语言功底之不厚，遂于工作之余，牺牲娱乐时间,晚上及周末参加那个时代的夜大、电大、函授及自学考试等各种专业专科、本科学习,诸如哲学、历史、数学、物理、化学、心理、中文等,美其名曰充电矣。个中艰辛,那个时代之人及参加自学考试者皆有体验矣!

那个时代,每周工作六天。作为新时代首届师范生,奉献敬业精神为永恒之主题。由于严重缺乏外语教师,吾每周18~20课时(不含早自习、晚自习),甚至超过20课时。十年"超负荷工作"如一日。每日,自清晨七时至晚间九时,埋头于备课、激情于教学之中,且取得不凡之成就。晚上,"雷打不动"坚持学习三小时(晚九时至十二时)。周末及节假日,寒来暑往,从早到晚,出没于课堂、讲堂,沉迷于各类学术报告及学术沙龙之中,用时代之语,"痛苦并快乐着"。学问虽不达"寻坠绪之茫茫,独旁搜而远绍。障百川而东之,回狂澜于既倒"(韩愈《进学解》),或"独立之精神,自由之思想"(陈寅恪《王观堂先生纪念碑铭》),或读书以致用——"世事洞明皆学问,人情练达即文章"(曹雪芹《红楼梦》),然数年之后,不仅少时《史记》《资治通鉴》《诗经》《楚辞》及先秦散文、汉赋、唐诗、宋词、元曲、明清小说昨日重现,且世界哲学名著、世界史学名著、世界文学名著、先进科学技术文献扑面而来,哲学之思辨、数理之趣味、历史之情怀、文学之眷恋,及后来农业之崇拜、生态之研习、土壤之探微,遂令吾附庸以风雅,愤世以嫉俗,发仁人之忧思,探未来之奥秘,废寝以忘食,甘之若饴,乐以忘忧矣。

法国伟大启蒙思想家、哲学家、教育家卢梭(Rousseau,1712—1778)教育经典《爱弥儿》最后篇章写道:"有一天早晨,爱弥儿走进我的房间,拥抱着我说:'我的老师,祝贺你的学生吧,我不久就要做父亲了。啊,我们即将担负多么艰巨的责任,我们是多么地需要你呀!不过,我决不要你在抚养了父亲之后再抚养他的儿子!除了我以外,我决不让另外一个人来承担这样一个如此神圣和如此可贵的责任;即使我能够像我的父母为我选择老师那样地为他选择一个老师,我也不愿意把这个任务交给别人!'"

超乎寻常之理性光辉,照耀千万父亲思索之路。为人父者读至此处,未有不潸然泪下者。

　　自女儿诞生起,父亲便是吾终身职业。常言道:"养不教,父之过。"吾在长期从事教育科学研究中发现,母与子、父与女,特殊而强大之心灵感应(mind link)与生俱来:儿子成功之关键在于母亲生命中留下印记;父亲言行举止则为女儿幸福必不可少之催化剂。古今中外实例亦证明如此。孟母为子三迁,"低能儿"爱迪生被逐出校门,母自执教,博览群书,过目成诵。中学物理教师居里夫人父亲之事业心、责任心无时无刻不熏陶着小玛丽,其孩提时便喜爱父亲之实验室仪器,使之充满幻想,急切渴望在科学世界中探索。"中国居里夫人"吴健雄忆"美好快乐"童年,动情叙述父亲之勇武、进步开朗,给予她不畏艰险、不断追求新知之品质,亦给予她最初科学启蒙。父爱无疑为巨大力量,注入孩子生命,必然滋养自信花朵。自信,一切成就与幸福之基础也!

　　当时,吾而立之年,为人师表,已十有一年。"吾爱吾事业,吾爱吾学生",犹如吾父母,亦小有名气矣!自1981年起,吾在一所普通中学(现淮阴师范学院附属中学)任高中三年级毕业班英语教师,曾创造一个班(大约45个学生)英语高考平均90分以上(满分100分)之奇迹,由此附中外语第一(淮阴市)远近闻名。那一年(1985年)有了新中国第一个教师节,吾亦感到无上光荣。奇迹背后之艰辛,诸君若非亲历中国中学初三、高三毕业班魔鬼式教学(吾曾历三年初三、七年高三英语教学),实难以想象矣!吾人衷心感谢淮安市(淮阴专区、淮阴地区、淮阴市)教育部门,使吾得以全面掌握中小学教学博大而精深之奥秘矣!

　　虽几经风波与挫折,常有怀才不遇之憾,然献身于教育之赤胆忠心从未减弱也。

　　小女出生,更觉有用武之地矣。与千万"望子成龙、望女成凤"父母一样,吾与吾妻欲尽平生之所悟、平生之所学、平生之所教毫无保留奉献于

淮阴师范学院附属中学（摄影：于扬书）

独生子女一代也。

话说 20 世纪 80 年代末期，重商主义、拜金主义已甚嚣尘上，中华大地喜读书者渐居下风，或表面好之实则叶公好龙者多矣，学术界云游四方摇唇鼓舌讲学大仙者多矣，潜心读书著书立说出经典作品大师者鲜矣！吾平生喜爱淘书读书，攀附圣人，学习朱子，"思来想去，世事浮沉，春夏秋冬，风雨云雪，只要书卷在手，则快乐永藏于心"。更是几十年如一日，每周末逛书店半日已成癖，即使出差亦不例外。偶得振聋发聩、发人深省之上等书籍或某学者之旧作，每每喜不自胜，享受"四时之乐"矣！"读书之乐乐何如？绿满窗前草不除；读书之乐乐无穷，瑶琴一曲来熏风；读书之

乐乐陶陶,起弄明月霜天高;读书之乐何处寻?数点梅花天地心。"(翁森《四时读书乐》)

　　1990年,吾妻十月怀胎之际,吾到处寻觅育儿书籍(当时此类书籍少之又少)。一日读报,邮购一内部教材,名《0岁方案》(冯德全著),欣喜若狂,见贤思齐焉!诚如其言:"本书的内容却如天宇般广阔,海洋般深邃,雪花般美丽,甘露般清甜,还像小鸟般欢快飞舞,以便去叩开爷爷奶奶、外公外婆、年轻父母的心灵之窗……"此书三十年再版不衰,可见其魅力之所在。虽自出版日起便有争议,吾辈则择其善者而从之,其不善者而改之焉。女儿降生初期及随后岁月之实践,证明《0岁方案》许多观点行之有效。此书出版,对吾而言,可谓"及时雨"矣。诸君若有意,亦可试行之也。今者早教书籍名目繁多,鱼目混珠,许多东拼西凑,谬误百出,骗不识真才实学之年轻父母钱财,贻误下一代矣。

　　难忘1993年。是年,吾工作十四年有余。在与妻女共享天伦之乐、共同成长期间,倍感岁月之蹉跎、知识之贫乏也,感悟"实迷途其未远,觉今是而昨非"矣,亦为圆青春之梦也!遂不顾世俗之偏见,毅然决然采取那时代少数人之决策,抛弃已拥有的事业(职称、工资、住房),赴省城苦行僧读研矣。道是"知我者谓我心忧,不知我者谓我何求"。无论如何,与女儿共同成长、求学、充实自己,乃吾其时崇高目标矣!

　　至今犹忆:教涯十五载,为求学,壮士断臂,约法三章,退出住房。结婚七载,再与年迈父母相挤,于心何忍?与母女告别时,"执手相看泪眼,竟无语凝噎。念去去,千里烟波,暮霭沉沉楚天阔"(柳永《雨霖铃》)。有道是:女儿有泪不轻弹,风萧萧兮易水寒!"爸爸"一去兮还复来(化用《战国策·燕策三》荆轲语)。唯一欣慰,女儿挥挥小手,似在说:挥手自兹去,萧萧班马鸣(李白)。吾转身泪如雨下,令人长号不自禁(归有光《项脊轩志》)。遂有开篇漫漫求学路矣!

经典推荐

1.《梁启超家书》,梁启超著,中国青年出版社,2009年。
2.《0岁方案》,冯德全著,陕西师范大学出版社,1994年。

附:《0岁方案》部分摘要(供有兴趣者参考)

婴幼儿处在智能发展的最佳期,这个时期孩子无须外在力量强化而最容易接受教育。错过这一时期就事倍功半,甚至徒劳无功,这是我们应当高度重视的。

婴儿从抱起来"看世界"的时候起,就要教他观察环境,认识事物,逐步引导他提问。这对发展认识兴趣、丰富知识和词汇、促进思维有极大的好处。方法是孩子看见什么、听见什么、触摸什么便及时告诉他什么,用简短、清晰的语言说那事物的名称。只要能引起孩子的注意都应当教,如衣食住行、鸟兽虫鱼、花草树木、日月星辰、砖瓦沙石,等等。使他们认识的事物越来越多,使表象越来越丰富,好奇心和求知欲越来越强。

孩子出生以后就听音乐,每天听高格调的优美乐曲、世界名曲,不要间断。这样孩子由陌生到喜爱,由喜爱到领悟,能感受乐曲和歌曲美,将来还能进入创造美的音乐形象。

音乐发展的过程,充分说明了孩子的学习是先接触、记忆,后逐步理解、领悟的,学习语言如此,学习音乐也是如此。一味强调"理解记忆"者很值得深思这个问题,有谁是先听解释乐句,再欣赏音乐的呢?

第六回　维天有汉　鉴亦有光
——女儿诞生记

出生，命名。"天下之事，莫不有其初，家之立教，在生子之初。"0岁至3岁"模式教育"。"不顾深浅、不求甚解"。对于初生婴儿，"彼采葛兮，一日不见，如三月兮"与"那个采葛的姑娘啊，一日不见她，好像三个整月长啊"毫无区别，更容易接受。文言文与英文并举。"模式教育"，内容是关键。《诗经》远胜于《弟子规》《千字文》。

盖闻我中华大地，人杰地灵，才杰以类聚，名士以群分。木不可独支而立天地，士不可独行而傲风尘。故成就一代英才，非海市蜃楼，非江湖传奇，亦非鬼斧神工也。譬如吾辈祖先，生我养我之农耕文化，阳光雨露、气候土壤、精耕细作、天公作美，缺一不可。

古城淮阴，古山阳县也。"运河之都"自古"居天下之中"。自秦汉以降，多为朝廷犯人流放之地，随文人墨客聚集，迁客骚人，文臣武将，多诞生于此。有史为证：淮阴侯韩信点兵"多多益善"，辞赋家枚乘作文"倚马可待"，"建安七子"陈琳"饮马长城窟"，南朝鲍照"对案不能食，拔剑击柱长叹息"，南宋梁红玉"一心只怀男儿志，无限家国往来愁"，甲骨"雪堂"罗振玉开甲骨学研究之先河，《西游记》吴承恩更是翻手为云，覆手为雨。周恩来一曲"大江歌罢掉头东,邃密群科济世穷。面壁十年图破壁,难酬蹈海亦英雄",则道出千万古城少年之心声矣!

20世纪90年代初苏北淮阴,犹如中世纪,一派萧条,万物待苏,百废待兴。隆冬季节,"风悲日曛,蓬断草枯,凛若霜晨"(唐·李华《吊古战场文》)。其时城乡差别尚微。1990年农历十二月二十六日夜晚,万家灯火,繁星点点。23时30分左右,市第一人民医院(淮阴地区医院),吾妻,十月怀胎,临盆之际,若隐若现,忽然天地间陷入一片黑暗!偏此时停电,上帝真正考验吾妻矣。嘶喊惨烈,动天地、泣鬼神矣!吾在门外吓得手足无措,冷汗涔涔,却亦无可奈何。所幸医院名医乃吾家亲戚,临危不乱。说时迟那时快,一声号令,一分钟未毕,备用电即发,大地迎来曙光!23时36分,一声长啼,呱呱坠地,"旧时王谢堂前燕,飞入寻常百姓家",颇多磨难之女儿诞生矣。正是"天将降大任于斯人也,必先苦其心志,劳其筋骨,饿其体肤,空乏其身,行拂乱其所为"也。吾寻思,未免早尔。吾外祖母则另有论断:此幸运儿也,腊月(十二月)二十六,六六大顺,何等吉祥。全年之顺、轮回之顺、天下之顺将伴吾曾孙女一生矣!

命名。女儿出生首当其冲者,名,以名言志也。

孟浩然,"吾善养吾浩然之气"(《孟子·公孙丑》)。李世民,"龙凤之姿,天日之表,其年将二十,必能济世安民矣"(《旧唐书·太宗本纪上》),取济世安民之意。钱玄同,"和其光,同其尘,是谓玄同"(《老子》),"玄同"即"与天地万物混同为一"。吴承恩,上承皇恩,下泽黎民。胡适,"物竞天择,适者生存"(《天演论》)。朱自清,"宁廉洁正直以自清乎"(《楚辞·卜居》)。陈省身,"吾日三省吾身"(《论语·学而》)。赵九章,源自古代数学名著《九章算术》。谢冰心,"一片冰心在玉壶"(唐·王昌龄《芙蓉楼送辛渐》)。拿破仑(Napoleon),希腊语"森林中狮子"。"撬动地球"科学巨匠阿基米德之父希冀儿子振兴希腊文化,遂命名阿基米德,希腊语"杰出思想家"之意。苏洵为二子起名,苏轼、苏辙,写下寄寓深重《名二子说》,可谓古今命名之集大成者矣！

"轮辐盖轸，皆有职乎车，而轼独若无所为者。虽然，去轼则吾未见其为完车也。轼乎，吾惧汝之不外饰也。天下之车，莫不由辙，而言车之功者，辙不与焉。虽然，车仆马毙，而患亦不及辙，是辙者，善处乎祸福之间也。辙乎，吾知免矣。"说来很巧，苏轼旷达不羁、锋芒外露，苏辙冲和淡泊、含蓄深沉，兄弟二人，各自性格，与《名二子说》紧相契合。观苏轼、苏辙二人生平，种种情形，竟与苏洵当初所预料者相同！知子莫若父矣。

名字，父母爱意之浓缩，一生之嘱托，心有千千结，爱有千千结。与诸位一样，命名，乃出生后第一大事也。女儿，取名吴汉光。吴姓，始祖太伯，三让天下成就中华第一王朝——周朝，谦让、尚义、友悌、仁爱，四德俱全。汉光，源有三：一、"汉"，汉族；云汉，天河、银河，《诗经·小雅·大东》："维天有汉，监亦有光。"（看那天上的银河，河水粼粼在放光。"监"，鉴，镜子，以镜照形也叫作鉴。古人以水为鉴。）"天河之光"之意，银河里一颗小星星（汉族先民们认为天上一颗星星对应着地上一个人，汉民族早已把自己整个民族命运与那美丽银河牢牢地绑在了一起）。二、汉光，汉代光武帝简称。"光武中兴"乃史上唯一与文景、贞观、开元治世并驾齐驱之中兴。后世史家推崇为中国历史上"风化最美、儒学最盛"之时代。李白《上云乐》："赤眉立盆子，白水兴汉光。"杜甫《述古》诗之三："汉光得天下，祚永固有开。"三、吾平生喜读司马迁《史记》及司马光《资治通鉴》，史界两司马（司马迁、司马光并称）之司马光，7岁背诵《左氏春秋》，沉着冷静、机智勇敢，"砸缸救友"，女儿属相为马，希冀其有司马迁之才、司马光之能矣！并在成长中得到帮助之时更能乐于助人焉。

大年三十（出生后三日），母女归家。自此，早教正式开始矣。

中国自古便有早教之传统。《礼记·王制》："有虞氏养国老于上庠，养庶老于下庠。"《孟子·梁惠王上》："谨庠序之教，申之以孝悌之义。"庠序即学校或教育也！所谓"天下之事，莫不有其初，家之立教，在生子之初"（明·丘浚《大学衍义补》），明确提出教育应在"生子之初"，距今约二千五百年矣。

西方早教之理念。古希腊哲学家、思想家、教育家柏拉图（Plato，公元前427—前347，苏格拉底学生。苏格拉底（Socrates，前469—前399），他和他的学生柏拉图及柏拉图的学生亚里士多德（Aristotle）被并称为"希腊三贤"）为西方历史系统阐述早期教育之开拓者。《理想国》设想早期教育至高等教育完整学校制度，哲学根基始于0—6岁儿童教育。

近代西方有一美丽传说：英国一女望子成龙，请教于达尔文：您为世界科学家，吾何时开始教子为宜？问曰：年几何矣？答曰：方两岁半。达尔文叹曰：噫！夫人，汝教育已晚两年半矣！

俄国生理学家、心理学家、诺贝尔奖获得者巴甫洛夫名言："婴儿降生三日始教育，则迟两日矣！"名闻全球之"才能递减法则"：婴儿降生时，多方潜能与生俱来，若不及时开拓、训练、巩固、提高……潜能随时光流逝而递减，甚至全无。日本早期教育专家木村久一："儿童的潜在能力是有着递减法则的。比如说，生来具备一百度能力的孩子，从其一生下来就对他进行科学的早期教育，那么他成人后，就能成为具有一百度能力的成人。如果从五岁才开始对他教育，教育得非常出色，也仅能成长为具有八九十度能力的成人。如果拖延到十岁开始对他教育，即使教育得再好，也只能达到具有六七十度能力的成人。就是说：对幼儿的教育，开始得越晚，儿童的潜在能力就实现得越少，这就是儿童能力的递减法则。"苏联一位心理学家说：任何孩子，两岁之后，很快就会成为一位任何大人都望尘莫及的天才语言学家。

"三岁看大，七岁看老。"据报道："美国著名心理学家布鲁姆曾对近千名儿童做过从出生一直到成年的追踪研究，结果表明：5岁前为智力发展最为迅速的时期，如果把17岁的智力水平看作100%，那么孩子在4岁前就已经获得了50%的智力，其余的30%是在4—7岁间获得的，剩余的20%则在7—17岁间获得。"故曰,七岁前为孩子一生关键期,大脑发育关键期,学习关键期,性格塑造关键期。教育界公认,七岁前存在语言爆发现象。

　　人生最初三年,是此后一生之预演。现代儿童教育家认为:0—3岁为"模式期",期间教育为"模式教育"。婴幼儿与生俱来的语音识别能力、视觉识别能力、记忆力极强,他们会把感知到事物之印象原封不动做一个"模式"印进大脑之中,多次重复事物不会厌烦。"模式教育",三岁之前为"硬灌",换言之,是"望子成龙、望女成凤"可怜天下父母们最得心应手之教育"黄金阶段"!语言教育亦证明此点。

　　吾提倡语言(含英汉双语诗歌散文)、音乐、绘画(涂鸦),反复听说、模仿,知其然足矣,何必知其所以然?故女儿0—3岁,"双卡录音机"用坏近二十台(反复听),"硬灌"《诗经》(窃以为远胜于《三字经》《弟子规》《千字文》等)、《唐诗三百首》(夏青朗诵)、《古文观止》(自己选读录音)、《西游记》(原著,不用所谓名家编著之简化版)、《山海经》(原文)、《希腊罗马神话》、《安徒生童话》、《格林童话》、*Bible Stories*(《圣经故事》)、*Aesop's Fables*(《伊索寓言》)、*Arabian Nights*(《一千零一夜》)等,切记拒绝低俗不登大雅之堂之所谓儿童读物。

　　众所周知,对于初生之婴儿,"彼采葛兮,一日不见,如三月兮。彼采萧兮,一日不见,如三秋兮。彼采艾兮,一日不见,如三岁兮"(《诗经·王风·采葛》),与"那个采葛的姑娘啊,一日不见她,好像三个整月长啊。那个采萧的姑娘啊,一日不见她,好像三个秋季长啊。那个采艾的姑娘啊,一日不见她,好像三个周年长啊"毫无区别,甚至更容易接受,原因简单,字数少也!吾"模式"两岁女儿以"一日不见,如三秋兮"时期,妈妈回家稍迟,其便说:一日不见妈妈,如三秋兮!他日又道:二日不见爸爸,如三岁兮!或:三日不见奶奶,如三月兮!惧他人视而不见也,往往牵手妈妈,手舞之足蹈之,且口中念念有词:"咏歌之不足,不知手之舞之,足之蹈之也。"(《诗经·周南·关雎·序》)语言功底之效果,自然不言而喻!两岁儿童若此，诸位同仁，是为人间父母第一开心事矣！

于是乎出现女儿三岁时，开口语言便有文言文与英文夹带其中，且妙语连珠，稚趣横生。若一时语塞、面红耳赤之时，英文便脱口而出，及时补上，解救燃眉之急！亦从此开启"语不惊人死不休"之精彩历程矣。左邻右舍，莫不惊诧，常称道为"神童"，每至于此，吾则哭笑不得，汗颜无地！只能连连道谢：女儿真真乃一平凡女孩，仅仅我等有良知小知识分子用心学习，方法得当，抵制现代虚假电视、垃圾动画片不良引导而已！（详见以后篇章。）

教育家认为：4—7岁幼儿处于"蒙稚期"，亦是大脑、智力和人格高速发展期，启蒙教育随之展开。（详见以后篇章。）

人生四季。婴、幼、儿童、少年为"春天"，"春天"不播种，怎能期待"夏天"葱绿、"秋天"收获、"冬天"享用？种瓜得瓜，种豆得豆。播种草籽（垃圾少儿版书籍、电视、动画片），怎能期待长成参天大树，成为栋梁之材？

故曰，"模式教育"（"硬灌模式"）、启蒙教育之内容十分重要！将正确模式，经常生动反复灌入幼儿尚未具备自主分辨好坏能力之大脑，则形成美好素质、气质矣。好奇心、求知欲、想象力、自信心、意志力、独立人格、超强学习力与创造力于是产生矣！

东西方传统教育皆认可早教乃"根系教育""基础素质教育"。早教应"不顾深浅、不求甚解"，早教并非"传道、授业、解惑"者。

我辈遂以此为己任，自女儿降生起，依据我中华传统之教，博采诸国众家之长也！

经典推荐

《唐诗三百首》（夏青朗读版）。

夏青（1927—2004），新中国第一代播音艺术家、中央人民广播电台播音指导。在中国可以说30岁以上的人大多都听到过夏青、葛兰（妻子，与丈夫齐名）的声音，他们为中国广播事业立下了卓越功勋。他的播音代表了国家的形象，他忠诚于新闻和播音事业，是我国播音员、主持人的楷模。他是唯一从未读错过一个字的播音员，他那黄钟大吕般的声音含有丰厚的文化底蕴，与葛兰被全国听众誉为"祖国的声音"与"母亲的声音"。他的古典文学播音造诣很深，有"活字典"（walking dictionary）和"字音政府"的美称，且语音纯正、庄重朴实。强烈推荐诸位同仁为子女选用夏青先生朗诵版《唐诗三百首》。网上可以下载。

附：夏青、葛兰轶事——三分文章七分读

1954年11月的北京，风和日丽，瑞雪沐城。在中南海的怀仁堂，中华人民共和国全国人大一届一次会议上，这里正在通过建国后的第一部《宪法》。此时此刻，年仅27岁的播音员夏青身穿中山装，站在主席台前方，逐句逐段地宣读着。《宪法》草案有一万多字，宣读近两个小时，中间没有停顿，一气呵成，一字不错，堪称奇迹。郭沫若先生当时赞誉道："真是三分文章七分读！"电台的实况转播，让六亿中国人通过他的声音见证了这一伟大的历史时刻。

夏青、葛兰，这两个响亮的名字，对于老一辈或者共和国同龄人来说，是再熟悉不过的了。他们是中华人民共和国第一代播音员，夏青的声音浑厚、质朴、别具一格，葛兰的声音则亲切、悦耳、独树一帜。那个年代，没有电视，家家户户有的是有线广播小喇叭或者是半导体收音机。每当国家有重大新闻，大多都是夏青、葛兰两个人进行播音。他们的声音高亢激昂，催人奋进，是多年人们心中的偶像。渐渐地，大家知道了他们不仅是同事，还是夫妻。他们的声音有磁性，让人忘乎所以；他们的声音是火炬，照亮前进的路；他们的声音是没有乐谱的音乐，让人们精神焕发。听他们的广播是一种精神上享受、一种心灵上陶冶，多少人听他们的播音，为祖国建设激情燃烧，多少人听他们的播音，奋不顾身，流汗洒血，他们是共和国的功臣，是最可爱的人。（郑旭东）

第七回　忽如一夜春风来　千树万树梨花开
　　——汉字之魔力

　　　　汉字,世界仅存古老表意文字。今人阅读近三千年前《左传》没有问题,英语专业毕业大学生读三百年前莎士比亚原著仍困难重重。汉字是二维"音形意"一体信息,阅读方便。使用优秀汉语说话、思考、阅读、书写,较之其他语言,重感觉重联想,提高儿童想象力。汉字适宜早期开发利用,望文生义,望文生情。

　　婴幼儿潜能巨大,是因为处在"右脑优势"发展期,亦即最佳期。最佳期"右脑教育",事半功百倍,错过最佳期则事倍功甚微,大部分潜能将被埋没。目前常人智力潜能仅仅开发出 3%～10%,这是人类资源最大的浪费。(摘自《0 岁方案》)

　　无数经验证明,婴幼儿学习汉字有利于右脑开发,现代人体科学研究结果表明,右脑开发对儿童智力发展具有决定性意义。

　　汉字之魔力——明确简短,启发联想。一旦开窍,忽如一夜春风来,千树万树梨花开,犹如滔滔江水,绵绵不绝,势不可挡矣!

　　汉字乃世界硕果仅存之古老表意文字。自甲骨文构成文字体系(甲骨文—小篆—隶书)以来,五千年形体无太大变化。世界文字丰富多彩,可分为两大类,即表意文字与表音文字。最古老之文字为表意文字。

史上曾有四种表意文字:美索不达米亚两河流域(底格里斯河、幼发拉底河)苏美尔人楔形文字、古埃及圣书字、中美洲印第安人玛雅文字及中国汉字。前三者已从人类文明进程中黯然退出,唯有汉字,犹如她永不间断、光辉灿烂之历史,成为今日地球焕发生机、硕果仅存之表意文字。

表意文字大都产生于象形,能超越空间与时间之限制。今人仍能阅读近三千年前上流社会通用语言写成之《左传》《离骚》《史记》,英语专业毕业生读三百年前莎士比亚原著仍困难重重。三千年语言之传承,字形之稳定,音形意三者完美结合,汉字是二维"音形意"一体信息,阅读方便,一瞥即可捕捉其特点,映射其含义。二维性决定其输入方式多样性与灵活性,较之一维枯燥密码式英文更能激发开拓精神,施展智慧空间,是真正文字之高级形式。汉字作为记录汉语文字之系统,亦是审美与实用结合体,鲁迅说:"我国文字有三美,意美以感心,音美以感耳,形美以感目。"汉字是"东方的明珠瑰宝。它不是诗,却有诗的韵味;它不是画,却有画的美感;它不是舞,却有舞的节奏;它不是歌,却有歌的旋律"。(本段综述学术界研究成果。)

汉字为中华民族智慧之结晶、鲜活生命之物体,蕴藏审美情绪及诗情画意,想象力丰富,魅力持久永恒,汉字字形为抽象性与形象性、哲理性与艺术性完美统一。

象形谓之"文"("依类象形,故谓之文。其后形声相益,即谓之字。"——《说文解字·序》)。如"日、月、木、水、火、手、口、刀",通过图像,直接描绘事物。象形字合成谓之"会意",刀口加点,为"刃";牛关在圈里,为"牢"。日月为"明",山高为"嵩",人言为"信"。会意不够,加上声音,成为"形声"。"形声者,以事为名,取譬相成,'江''河'是也。"(《说文解字》)顾名思义,指字由"形""声"合成,形旁有关意义,声旁有关读音。再如由形旁"氵(水)"和声旁"胡"合成"湖"。《说文解字》收录汉字9 353个,据清人朱俊声分析统计:象形字 364 个,占 3.89%;会意字 1 167 个,占 12.48%;形声字 7 697 个,占 82.29%。这些数据表明,三类表意文字占 98% 以上。基础汉字主要分此三类,基础都是形。因此,用汉语说话、思考、阅读、书写,较之其他语言,具有很多特征——重感觉,重联想。"字"本身亦是"会意兼形声","从'宀'(mián)从子,子亦声",在屋内生孩子,本义生孩子,"字,乳也"(《说文解字》)。

中国书法之精致,诗歌声律之魅力,世间唯有单音节汉字才能具备!以象形为基础之汉字,史上从未中断,延续到现在,对我们乃至整个东亚之思维、阅读与书写,影响甚大,形成所谓"汉字文化圈"矣。

据此,窃以为,汉字适宜早期开发利用也。中国传承五千年文化,涌现全球无与伦比众多文学家、诗人、学者,与汉字笔画、发音、字意纷繁复杂、寓意深刻不无关系乎? 或如袁晓园教授(汉字现代方案提出者,创立"袁氏拼音方案")所言"启发联想",即提高儿童想象力乎?吾尝为"一字"而大动干戈,依据儿童特点,配合小学课本,参阅《词源》《辞海》,联想经典诗文,动手编纂非系统且实用之方法,略举二三字,供诸位看官玩味。

图像表意。譬如"日、月",太阳、月亮之象形字。见古文"明"字如见日月,望文生义,望文生情,与女儿共同涂鸦作之,进而引之:如月之恒,如日之升。邻居有圈养鸡也!女儿听之,则曰:鸡鸣日出,"雄鸡一声天下白"(李贺)。联想:"半壁见海日,空中闻天鸡"(李白),"飞来峰上千寻塔,闻说鸡鸣见日升"(王安石)。春日观日出:"日出江花红胜火,春来江水绿如蓝"(白居易);夏日:"东边日出西边雨,道是无晴却有晴"(刘禹锡);秋日:"寒山转苍翠,秋水日潺湲"(王维);冬日:"日暮苍山远,天寒白屋贫"(刘长卿)。赏月:"举杯邀明月,对影成三人"(李白)。海边:"海上生明月,天涯共此时"(张九龄)。江边:"野旷天低树,江清月近人"(孟浩然)。山中:"月出惊山鸟,时鸣春涧中"(王维)。引申:"人有悲欢离合,月有阴晴圆缺"(苏轼)。联想:"秦时明月汉时关,万里长征人未还"(王昌龄),

"露从今夜白,月是故乡明"(杜甫)。登楼:"无言独上西楼,月如钩"(李煜)。"可怜九月初三夜,露似珍珠月似弓"(白居易),便达"小时不识月,呼作白玉盘"(李白)之特效。辞高堂,则诵"与天地兮比寿,与日月兮齐光"(屈原)矣!

再如"马(馬)"字,动物园观之,或配之以图,如影如现,见字如见形。

| 早期甲骨文 | 晚期甲骨文 | 大篆 | 金文 | 小篆 | 隶书 | 楷书 |

联想:诲汝知之乎?"世有伯乐,然后有千里马。千里马常有,而伯乐不常有"(韩愈)。得意之时:"春风得意马蹄疾,一日看尽长安花"(孟郊)。出门演绎:"葡萄美酒夜光杯,欲饮琵琶马上催"(王翰)。公园观光:"乱花渐欲迷人眼,浅草才能没马蹄"(白居易)。冬至雪山:"山回路转不见君,雪上空留马行处"(岑参)。哲理:"又要马儿跑,又要马儿不吃草","好马配好鞍","路遥知马力,日久见人心","射人先射马,擒贼先擒王"(杜甫),"老马识途","马到成功","切不可单枪匹马也"!讲故事:"指鹿为马","塞翁失马,安知非福","郎骑竹马来,绕床弄青梅,同居长干里,两小无嫌猜"(李白),"但使龙城飞将在,不教胡马度阴山"(王昌龄)。话《西游》:"邪魔侵正法,意马忆心猿",心猿意马也。立志:"愿效犬马之劳","兵荒马乱"之际,"招兵买马","秣马厉兵","一马当先","万马奔腾","瞻予马首可也"(马首是瞻);如今立下"汗马功劳",奉劝"原班人马","悬崖勒马","老骥伏枥,志在千里"矣!

再如"鱼"。

| 甲骨文 | 金文 | 小篆 | 楷体 |

第七回　忽如一夜春风来　千树万树梨花开 | 053

买活鱼,置于甲骨文旁,观其形,轻敲之,发其声。河水边,寻其踪:"鱼戏莲叶间,鱼戏莲叶东,鱼戏莲叶西,鱼戏莲叶南,鱼戏莲叶北"(《江南曲》)。豪情满怀:"鹰击长空,鱼翔浅底,万类霜天竞自由"(《沁园春·长沙》)。……如此,儿童早期之想象力如脱缰之马发挥得淋漓尽致矣!

据此,依据儿童之想象力、创造力优先原则,遂决定先隶书(部分甲骨文、金文、小篆),后楷书、宋体;先繁体,后简体;与优秀传统文化无缝接轨,自选秦汉以降优秀文言文试听之,并有意于日常生活中应用之,试说之,结合英文口语、现代汉语,终身受益矣。同时依表意文字特点,自制古诗文拼木,顺便想象(或曰认识)许多汉字矣。女儿今日研习建筑学,抑或与此相关?被誉为"美国历史上前所未有的最优秀的建筑家"的美籍华人建筑师贝聿铭曾说:"用凝练的几个字(汉字)表达广阔的含义","一笔能解决的问题,为什么要费两笔呢"?贝聿铭建筑艺术之风格与孩提时掌握传统汉字表达方式异曲同工矣。如是,表音文字则不可!譬如英文字(单词),与汉字相比,则无法连接想象力(imagination)。英文,一维密码信息也,无表意能力,无直观性,仅声音符号而已,毋庸讳言,文字之低级形式也。窃以为不宜过早涉及,否则如专家所言,过早涉及数字、英文单词,扼杀创造力、想象力矣!甚至被"美国妈妈"所控告矣!

1968年,美国一妈妈状告幼儿园,何故?幼儿园教三岁女儿二十六个字母(非具想象力之汉字)!孩子失去最最纯真之想象力(imagination)矣,再无联想如"O"即苹果、太阳、足球、鸟蛋之类矣!幼儿园应为其扼杀孩子想象力、创造力之后果负责。那场轰轰烈烈官司,妈妈完胜!且导致内华达州修改《公民教育保护法》。其中,幼儿在校拥有权利:一、玩耍权利;二、想象力权利。

各位看官,吾非论述汉英之优劣,英文单词之优势为不需要单个认识也!吾与多数语言教育家观点不同,女儿不须"背单词",小学毕业即轻松过大学英语四级矣!以后详述。

经典推荐

1.《西游记》，人民文学出版社。（请读吴承恩原著，拒绝儿童版、青少版、简化版、缩写版、白话文版、半白话文版等。）

2.《千家诗》，张立敏注，中华书局，2009年。

《中国古典文学作品选读》系列

3.《唐宋词一百首》，胡云翼选注，上海古籍出版社，1978年。

4.《唐诗一百首》，上海古籍出版社，1986年。

5.《宋诗一百首》，上海古籍出版社，1978年。

6.《汉魏六朝诗一百首》，王守华、赵山、吴进仁选注，上海古籍出版社，1981年。

7.《元明清诗一百首》，陈友琴选编，上海古籍出版社，1982年。

8.《绝句三百首》，葛杰、仓阳卿选注，上海古籍出版社，1980年。

9.《古代山水诗一百首》，金启华、臧维熙选编，上海古籍出版社，1980年。

10.《古代民歌一百首》，商礼群选注，上海古籍出版社，1979年。

《中国古典文学作品选读》系列丛书

上海古籍出版社近六十年来形成了出版普及读物的优良传统。20世纪，上海古籍出版社及其前身中华书局上海编辑所策划、并历时三十余年陆续出版的《中国古典文学作品选读》系列丛书，不少品种印数达数十万甚至逾百万。不仅今天五六十岁的古典文学研究者回忆起他们的初学历程，会深情地称之为"温馨的乳汁"；而且更多的其他行业的人们在涵养气度上，也得其熏陶。那个时代的名家、大家撰写的普及读物，并不因其属普及读物而掉以轻心，而是以"狮子搏兔"的气力，深入浅出，在资料考辨和理论阐释上都狠下功夫。因此这套书不仅符合出版社的要求，而且有很多自己的独特之见，且学术上有开拓创新之意义，是上海古籍出版社出版的最有影响的中国古典文学普及读物。

第八回　举世皆浊我独清　众人皆醉我独醒
——动画片之精选

　　动画教育,市场繁荣,学派凋零。传统教育观念束缚儿童思维空间,优秀动画片缺乏难辞其咎。中国丰碑中国学派美术片《大闹天宫》后继无人。"我们不能左右风的方向,但我们可以调整风帆。"(《狮子王》)在莫扎特《安魂曲》音乐伴奏之中,讲述生命之轮回、万物之盛衰。一千个人眼中有一千个哈姆雷特,一千个孩子心中有同一个狮子王。《喜羊羊与灰太狼》:幸福就是每天吃饱了撑着睡觉。"童趣但不幼稚,启智却不教条"?

　　优秀影视为视、听、说语言文化之载体,亦为想象力与创造力之体现。对于儿童,无疑动画为上,作为幻想艺术,更易直观表现抒发感情,将不可能转为现实,扩展想象力与创造力。然面世作品,良莠不齐,须大浪淘沙,精选精品也。

　　中国动画"黄金时期",1950年至1964年。新中国新气象,此时漫画注重写实,大量改编传统经典童话,采用剪纸动画、皮影动画、木偶动画等具有浓郁民族特色之表现形式,引起世界瞩目。

　　代表中国丰碑的中国学派美术片《大闹天宫》(万籁鸣,1964),"神采奕奕,勇猛矫健",鸡心面孔、鹅黄上衣、豹皮短裙、红裤黑靴经典美猴王深入人心——"孩儿们,操练起来!"呼之欲出,色彩浓重,造型奇异,场面雄伟壮丽,形象特征鲜明,情节跌宕有致,中国《幻想曲》不朽之作也。2011年,3D版动画片《大闹天宫》在美国放映。美联社报道:美国最感兴趣《大闹天宫》,影片惟妙惟肖,比迪士尼作品更精彩。美国绝无可能拍出这样的动画片!可惜时至今日,半个世纪,《大闹天宫》之下,《铁扇公主》《小蝌蚪找妈妈》《宝莲灯》《阿凡提》《神笔马良》《哪吒闹海》等寥若晨星,屈指可数,国产动画鲜有超越者,可悲可叹!

2009年,教育进展国际评估组织对全球21个国家进行调查显示:中国孩子计算能力排名世界第一,想象力排名世界倒数第一,创造力排名世界倒数第五(据2010年11月24日《重庆晚报》)。"中国孩子丰富想象力与强大创造力被当今传统教育扼杀了。"教育家、武汉大学前校长刘道玉如是说。传统教育观念如同紧箍咒一般束缚儿童思维空间,而优秀动画片之严重缺乏亦难辞其咎。

"中国学派"于20世纪写下动画史上辉煌一页,但国产动画发展如此尴尬:一边是高居世界首位的动画产量,另一边却是动画大师与大作严重缺位,作品能称经典者凤毛麟角。动画教育源头出现问题:成批机械化复制,大规模依赖电脑绘制,市场繁荣,学派凋零。祖辈写出充满想象力之《西游记》,而后代却拍不出像样动画片教育儿童,真是民族之悲哀。充斥暴力、血腥甚至色情情节之外国垃圾动画片诸如《奥特曼》(日本本土黄金时间不可播)则大行其道!连续多年,《奥特曼》为所有儿童必看动画片(几乎所有媒体:"没有一个小朋友不喜欢奥特曼","不仅仅要看奥特曼,还要穿像奥特曼的衣服,小朋友对奥特曼的追捧已到了近乎疯狂的地步"),甚至产生奥特曼系列商品专卖店。有识之士惊呼"文化侵略","色情游戏入侵青少年是日本新的鸦片战争,打倒的不是我们,而是我们的下一代",百害而无一利矣!2006年,广电总局一道禁令:9月1日起晚上五时至八时之间禁播外国动画片。呜呼！若国产动画有强大之生命力,何惧外哉！

约翰·D.洛克菲勒曾忠告其子:"我们不能左右风的方向,但我们可以调整风帆——选择我们的态度。"(《洛克菲勒留给儿子的38封信》)然矣！"态度起到了决定性作用。"

1997年(女儿一年级),某周末,上午十一时许,吾携女儿逛外文书店,正欲离开时,忽然一声洪亮震撼心灵非洲原始男声划破书店之寂静,随之缓和且富有节奏感大自然前进之旋律与浑厚歌声,使女儿驻足而立。惊回首,宏大雄伟动画片《狮子王》(The Lion King)扑面而来！九十分钟飞逝,回到家妈妈心疼不已,饿坏矣！女儿连连说道:值得(Worth watching)！值得！于是乎,因势利导,始自《狮子王》,众多一流经典动画随之跟进:《哪吒闹海》《铁扇公主》《小蝌蚪找妈妈》《宝莲灯》《阿凡提》《神笔马良》,以及《白雪公主》(Snow White and the Seven Dwarfs)、《匹诺曹》(Pinocchio)、《幻想曲》(Fantasia)、《灰姑娘》(Cinderella)、《爱丽斯梦游仙境》(Alice in Wonderland)、《泰山》(Tarzan)、《恐龙》(Dinosaur)、《花木兰》(Mulan)、《玩具总动员》(Toy Story)……《奥特曼》之流自然消失得无影无踪！此乃我等应对动画片之态度也！

许多年后女儿感言:不从众乎？屈原曰:"举世皆浊我独清,众人皆醉我独醒。"是也！

换言之,欲抵制不良诱惑,必以精良疏导之,而非一道禁令堵之。大禹治水,疏而不堵,妇孺皆知,况大国肉食者乎？

"史诗般的气势,幽默的对白,优美的音乐,纯正的语言。"《狮子王》(The Lion King)经典欣赏回忆。

《狮子王》号称动物界"哈姆雷特",华特迪士尼公司巅峰之作,被誉为"历史上最受欢迎的动画片"。语言纯真(儿童英文学习之典范,此处按下不表),画面精致,唯美多彩,故事情节动人心弦。在莫扎特《安魂曲》音乐伴奏之中，讲述生命之轮回、万物之盛衰：

The Circle of Life(生生不息)

From the day we arrive on the planet

自从那一天我们来到那个星球

and blinking, step into the sun

眨着眼走入阳光中

There's more to see than can ever be seen

想要知道的事物永远认识不够

More to do than can ever be done

想要做的事情永远做不完

There's far too much to take in here

想要学习的却永远无止境

More to find than can ever be found

那儿有你永远寻不完的宝藏

But the sun rolling high through the sapphire sky

但日出日落，穿过湛蓝的天空

Keeps great and small on the endless round

把伟大和渺小融入这无尽的轮回之中

It's the Circle of Life

这是生命之轮回

And it moves us all through despair and hope

它让所有人都能亲身体验绝望和希望

through faith and love

也能体验忠诚和爱情

Till we find our place on the path unwinding in the Circle

直到找到一条只有一个方向的轮回之路
The Circle of Life
生命之轮回
It's the Circle of Life
这是生命之轮回

融哲理与想象于一体。父爱如山矣！简约形象之语言解释"The Circle of Life"生命轮回之真相：When we die, our bodies become the grass and the antelope eat the grass, and so we are all connected in the great circle of life.（我们死后，尸体成为草，羚羊吃草，在这个生命圈里我们互相关联。）因而，Everything you see exists together in a delicate balance.（世界上所有的生命都在微妙的平衡中生存。）You must take your place in the circle of life … Remember who you are.（你必须在生命轮回中找到自己……记住自己是谁。）吾等国民常叹："父母之爱子则为其计深远"，"爸爸的高度决定孩子的起点"。今日观之，西方亦如此矣！

《狮子王》脱胎于哈姆雷特，且得以简单化，增加幽默趣味：

When the world turns its back on you, you turn your back on the world.（如果这个世界对你不理不睬，你也可以这样对待它。）

保留深刻而正直内涵：

You can't change the past.（过去的事是不可以改变的。）

Yes, the past can hurt. But I think you can either run from it or learn from it.（对，过去是痛楚的，但我认为你要么可以逃避，要么可以向它学习。）

This is my kingdom. If I don't fight for it, who will?（这是我的国土，我不为她而战斗，谁为呢？）

温馨而典雅，犹如聆听古典诗词，值得诸君授子女玩味与模仿也。

Everything the light touches is our kingdom.（阳光所照到的一切都是我们的国度。）

女儿笑道：此非"普天之下，莫非王土；率土之滨，莫非王臣"（《诗经·小雅·谷风之什·北山》）之翻版乎？

Mufasa：I'm only brave when I have to be.（我只是在必要的时候才会勇敢。）Simba, being brave doesn't mean you go looking for trouble.（勇敢并不代表你要到处闯祸。）

女儿领悟：此所谓"匹夫见辱，拔剑而起，挺身而斗，此不足为勇也。天下有大勇者，卒然临之而不惊，无故加之而不怒；此其所挟持者甚大，而其志甚远也"（苏轼《留侯论》）。

"小不忍则乱大谋"，狮王之勇、狮王之怒应是"文王一怒而安天下之民"，"而武王亦一怒而安天下之民"（《孟子·梁惠王下》）乎？吾知《哈姆雷特》之苦衷矣！

Hamlet：
To be, or not to be: that is the question,
Whether it's nobler in the mind to suffer
The slings and arrows of outrageous fortune,
Or to take arms against a sea of troubles,
And by opposing, end them.
哈姆雷特：
生存还是毁灭，这是一个值得考虑的问题；
默然忍受命运暴虐的毒箭，
或是挺身反抗人世无涯的苦难，通过斗争把它们扫清，
这两种行为，哪一种更高贵？（朱生豪译）

第八回　举世皆浊我独清　众人皆醉我独醒

故事结尾,大地重燃生机。只有经历过生活磨难,只有勇敢承担责任,只有正面迎接困难(I laugh in the face of danger),我们才能真正学会成长。

一千个人眼中有一千个哈姆雷特,一千个孩子心中有同一个狮子王。《狮子王》传递乐观向上人生态度:不管生活多么艰难,只要心中有希望,一切就都还有机会。《狮子王》不仅仅是一部电影,它打动每一个人心,融入我们生活,成为我们记忆一部分,在我们最困难最绝望之时,总会有那样一个熟悉的旋律回荡在耳畔——HAKUNAMATATA(让我们无忧无虑)。

试比较荣获国家动画片最高奖——"优秀国产动画片一等奖"《喜羊羊与灰太狼》(收视率高达17.3%,称为最受欢迎国产动画片)一些所谓经典台词幽默名句:

红太狼:老公,下辈子我们还要在一起。

红太狼:你用全家的电器,做成这块废铁,还是抓不到羊。坑爹呀!

懒羊羊说:幸福就是每天吃饱了撑着睡觉。

潇洒哥:你们可以崇拜我,但是不可以爱上我。

灰太狼:思想极度空虚,精神非常无聊!

潇洒哥:作为先知的我,是不能和你们这些凡人相提并论的!

经理……叫我老板!!!!

大帅……叫我领导!!!!

领导……叫我董事长!!!!

董事长……叫我经理!!!!

灰太狼:老婆,我又失败了……

潇洒哥:喜羊羊在我这个先知的熏陶下,越来越聪明了!

红太狼:抓不着羊你就别回来了!

红太狼：当初还不如嫁给小白狼呢！

再看看"多次打破国产动画片收视纪录，屡获国家、国际级大奖，如'白玉兰奖'最佳国产动画片金奖、十佳收视奖、十大卡通形象奖、'五个一工程'奖、年度最具产业价值动画奖等"的《猪猪侠》中一些经典台词：

生命是用来浪费在路上的，才华是用来挥霍的。
想想人都会死的，骂人都觉得没意思了。
思想有多远，你就给我滚多远！
恋爱就像弹钢琴，开始尚有规律可循，接下来便完全发自真心。
虽然我长得帅，但你也不能对帅哥有这么大的偏见呀！
小时候我总有梦想，长大了想嫁给唐僧，想着生气了，可以拿来吃一口，美一下容；现在我想嫁的是猪猪，不管怎样自家产的肉总得让自家吃几口……

如此这般庸俗不堪！却处处冠之以"童趣但不幼稚，启智却不教条"？殊不知，早已沦为天下笑柄矣！

经典推荐

1. 图书

《洛克菲勒留给儿子的38封信》，〔美〕洛克菲勒著，严硕译，中国妇女出版社，2004年。

约翰·D·洛克菲勒(1839—1937)，地球上第一个亿万富翁，人类历史上最富有的美国人，是"窥见上帝秘密的人"，全球最伟大的慈善家和现代慈善业最大的组织者。洛克菲勒是一位虔诚的基督教徒，他彻底摒弃了骄傲与纵欲之心，无私地将辛勤赚得的财富惠泽他的同胞与人类，这个世界也因他的无私与慷慨而变得越发美好。洛克菲勒家族绵延七代,依然是当今最富有的家族之一,仍未出现颓废与没落的迹象。是什么造就了这个传奇呢?答案是:洛克菲勒不仅是一位成功的商人,还是一位赫赫有名教子有方的父亲。他把事业和个人成长的价值观,通过家训的形式传承给后代。古人云:"富贵传家,不过三代;道德传家,十代以上。"这句话,我们从洛克菲勒家族身上找到了最好的注脚。

2. 动画作品(主要依据女儿观赏过的优秀中外动画片)

国产动画片:《铁扇公主》,1941年;《小蝌蚪找妈妈》,1960年;《大闹天宫》,1964年;《哪吒闹海》,1979年;《阿凡提的故事》,1980年;《西游记》,1998年;《宝莲灯》,1999年。

重点推荐:《大闹天宫》。1961—1964年万籁鸣与唐澄在上海美术电影制片厂合作导演的动画片《大闹天宫》(上下集)。把握原著精髓,同时根据儿童的欣赏心理来进行情节的编排和形象的刻画。整部影片色彩浓重,造型奇异,场面雄伟壮丽,形象特征鲜明,情节跌宕有致,具有独特的艺术色彩,这也是《大闹天宫》堪称中国动画片不朽之作的主要缘由。作为中国动画片的经典影响了几代人,是中国动画史上的丰碑。(张钧评)

万籁鸣曾经说:世界上第一个上天的"中国人"是谁呢?孙悟空。

1997年10月7日,97岁高龄的万籁鸣安静地离开人世。在老人的墓碑上没有墓志铭,墓碑设计成一卷展开的电影胶片,一座云遮雾绕的花果山,跃出了人见人爱的孙大圣,大圣手搭凉棚,四处眺望。这位中国动画事业的创始人在走过将近一个世纪的岁月后长眠,在他的身边还有那个能够上天入地、神通广大的孙悟空的陪伴。

迪士尼系列:《白雪公主》(Snow White and the Seven Dwarfs),1937年;《匹诺曹》,又称《木偶奇遇记》(Pinocchio),1940年;《幻想曲》(Fantasia),1940年;《南方之歌》(Song of the South),1946年;《仙履奇缘》(Cinderella),1950年;《爱丽斯梦游仙境》(Alice in Wonderland),1951

年;《小飞侠》(Peter Pan),1953 年;《小姐与流氓》(Lady and the Tramp),1955 年;《睡美人》(Sleeping Beauty),1959 年;《101 忠狗》(One Hundred and One Dalmatians),1961 年;《石中剑》(Sword in the Stone),1963 年;《罗宾汉》(Robin Hood),1973 年;《小美人鱼》(The Little Mermaid),1989 年;《美女与野兽》(Beauty and the Beast),1991 年;《阿拉丁》(Aladdin),1992 年;《狮子王》(The Lion King),1994 年;《风中奇缘》(Pocahontas),1995 年;《玩具总动员》(Toy Story),1995 年;《花木兰》(Mulan),1998 年;《人猿泰山》(Tarzan),1999 年;《恐龙》(Dinosaur)2000 年。

梦工厂:《怪物史莱克》(Shrek),2001 年。

哥伦比亚公司:《精灵鼠小弟》(Stuart Little),1999 年。

福克斯公司:《真假公主》(Anastasia),1997 年;《冰河世纪》(Ice Age),2002 年。

第九回　阳春召我以烟景　大块假我以文章
——诗文生活情趣

"诗可以兴,可以观,可以群,可以怨。"诗中有画,诗中有音乐,诗中有哲理,诗中有人生。古诗文锻炼幼儿口齿清晰伶俐,吐音准确流畅,创造典雅意境。女儿叹曰:吾爱吾国,诗之国也! 流水光阴,更感悟《诗经》之美。诗,时代之鉴,天人合一,诗人合一。初生牛犊不畏虎,圣人之语为我用,"天生我材必有用"。勇而善谋,将还玩经典于股掌之上,以得其志。

岂不闻孔子云:"小子何莫学夫诗? 诗可以兴,可以观,可以群,可以怨,迩之事父,远之事君,多识于鸟兽草木之名。"(《论语·阳货》)圣人快人快语矣! 小子们为何不学《诗经》呢? 诗可以抒发情志,可以观察社会与自然,可以结交朋友,有不平之事,亦可以借诗讽刺也! 诗,近可以侍奉父母,远可以侍奉君王,还可以知道许多鸟兽草木之名也。原来诗可以让生活充满激情,洞悉生活百态,更善于与人交流,且让你明白事理,爱憎分明!"兴观群怨",女儿快快读诗也! 苏轼也说:"粗缯大布裹生涯,腹有诗书气自华。"(《和董传留别》)清人孙洙曰"熟读唐诗三百首,不会作诗也会吟"(《唐诗三百首·序》)矣。

诗中有画,诗中有音乐,诗中有哲理,诗中有人生。女儿品味诗中之意、诗中之情、诗中之景、诗中之义,谓诗中有情趣,诗中有生活矣。窃以为,古诗文较现代文,更易锻炼幼儿口齿清楚伶俐,吐音准确流畅,又能创造奇妙典雅意境,熏陶情怀,启迪智慧,"最是书香能致远"也!何乐而不为?吾尝试之,以求教于同仁。

　　20世纪90年代初,淮阴市(今淮安市)仍为农村包围城市,吾家——淮阴师范学校(今淮阴师院)得天独厚,校园美景如画,且位于城乡接合部,周边更是一派田园风光,苏北农民除少数出外打工谋生,大都为生计终年劳作田中,是为女儿幼时诗文生活情趣之主要内容。从诗之根"三百篇"说起。

　　夏日鸟语蝉鸣、万木葱茏,吾尝携女沿乡间潺潺溪流,处处可见"关关雎鸠,在河之洲"(《诗经·国风·周南·关雎》)。清清河水,萋萋绿洲,鱼鹰"关关"对鸣,时而顺水漂游。乡土气息扑面而来矣!"窈窕淑女,君子好逑。"文静美好姑娘,君子理想配偶。"参差荇菜,左右流之。"长短不齐荇菜(别名莲叶荇菜、驴蹄菜、水荷叶),女孩左右采撷。女儿问道,可食乎?然也!

　　风和日丽,阳光明媚,鸟语花香,陪女儿结伴学采桑。"七月流火,九月授衣。春日载阳,有鸣仓庚。女执懿筐,遵彼微行,爰求柔桑。"(《诗经·豳风·七月》)欢乐和谐,其乐泄泄。

　　中秋佳节,玉兔东升,皎洁清辉,撒满大地,携妻女于月光之下。女儿吟唱:"月出皎兮,佼人僚兮,舒窈纠兮,劳心悄兮!"(《诗经·国风·陈风·月出》)妈妈如花,"螓首蛾眉,巧笑倩兮,美目盼兮"(《诗经·卫风·硕人》)。缓缓起舞,若有所思,若有所忆。唯美画面,惹人心醉。

　　观察人间真情,品尝喜怒哀乐。"昔我往矣,杨柳依依。今我来思,雨雪霏霏。"(《诗经·小雅·采薇》)"桃之夭夭,灼灼其华。之子于归,宜其室家。"(《国风·周南·桃夭》)烟花三月,桃花盛开。待嫁姑娘,宜室宜家。女儿悄然问曰:谁家女儿又出嫁?答曰:"燕燕于飞,差池其羽。之子于归,远送于野。瞻望弗及,泣涕如雨。"(《国风·邶风·燕燕》)姑娘出嫁兮,远送至郊野。遥望不见影,父母泪如雨!情感至真:"青青子衿,悠悠我心。纵我不往,子宁不嗣音?"(《诗经·郑风·子衿》)青青君之衣领,悠悠我之心境。纵然我不曾去,难道你就此断音信?山盟海誓:"死生契阔,与子成说。执子之手,与子偕老。"(《诗经·邶风·击鼓》)真挚祝福:"如月之恒,如日之升。如南山之寿,不骞不崩。如松柏之茂,无不尔或承。"(《诗经·小雅·天保》)如上弦之月,如初升之日,恰似南山之寿,不会崩坍陷落,犹如松柏之茂盛,长青不衰相继承。此情此景,女儿耳濡目染,身临其境矣。《诗经》之美,更美感情。看官设身处地,常与妻子儿女欢聚,勿以他事逃避,会是怎样一番美景?

女儿喜事农桑,伫立田间,知农夫终日之辛劳。"式微,式微,胡不归?微君之故,胡为乎中露!式微,式微,胡不归?微君之躬,胡为乎泥中!"(《国风·邶风·式微》)天黑矣,天黑矣,为何有家不归?若非为君,何以还在露水中!天黑矣,天黑矣,为何有家不归?若非为君,何以还在泥浆中!

观我苏北乡村,千年未变。黄发垂髫,留守田间。黄昏之际,不禁喟然:"君子于役,不知其期,曷至哉?鸡栖于埘,日之夕矣,羊牛下来。"(《王风·君子于役》)

时至今日,身处大洋彼岸的女儿仍然叹曰:吾爱吾国,诗之国也!

流水光阴,更感悟《诗经》之美。诗,时代之鉴也!诗风可知民风,无都市纸醉金迷、浮华喧嚣,无人情淡薄、世态炎凉,唯有静谧安然、真情实感。且歌且吟,果真"思无邪"(《论语·为政第二》)矣!天人合一矣!诗人合一矣!

《诗经》描述草根平民之日常生活,皆是女儿身边事。五千年农耕文明延续至今,何来"托物言志""微言大义"?

1994年8月某一日（女儿三岁），淮安动物园（老动物园）游玩。

入园稍许，忽见孔雀开屏。吾轻轻耳语："孔雀东南飞，五里一徘徊。十三能织素，十四学裁衣……"意犹未尽，亦惧未尽其意也，进而吟诵许渊冲之英文译文，算是释义矣：

孔雀东南飞，五里一徘徊。
A pair of peacocks southeast fly;
At each mile they look back and cry.
十三能织素，十四学裁衣。
十五弹箜篌，十六诵诗书。
"I could weave," said Lan-zhi, "at thirteen
And learned to cut clothes at fourteen;
At fifteen to play music light;
At sixteen to read and to write."
（许渊冲译，译文之妙在于通俗易懂，朗朗上口。）

小女忽开口：Tell me why the peacock flies southeast and looks back five li? And why she could weave at thirteen and learned to cut clothes at fourteen? ……于是，女一言父一语，呈上下接龙之势，一发不可收拾矣。游园毕，《孔雀东南飞》及英汉双语思维尽在童趣矣，记诵亦全在其中矣。

春游玄武湖，中秋夜游江水，《春夜宴桃李园序》《春江花月夜》则尽入囊中矣！十年后异国他乡游学。周末或假日，良辰美景夜晚，不同肤色同学相聚，仿效童年时所习太白之"春夜宴桃李园"，"开琼筵以坐花，飞羽觞而醉月"，言"天地者，万物之逆旅；光阴者，百代之过客"，"古人秉烛夜游，良有以也"，纵论天下大事，座谈"阳春召我以烟景，大块假我以文章。会

周末玄武湖

桃花之芳园,序天伦之乐事"。同学聚少离多,"多情自古伤离别,更那堪,冷落清秋节"!道是:"此去经年,应是良辰好景虚设。便纵有千种风情,更与何人说?"(柳永《雨霖铃·寒蝉凄切》)于是乎,《琵琶行》《长恨歌》《吊古战场文》等众多经典抒情诗歌、散文皆不经意留在女儿心中矣!并勾起其对幼年最甜蜜之回忆矣!

一日,寻找丢失心爱之物(顽皮儿童常有之事),口中念念有词:Paradise Lost, Paradise Lost(《失乐园》,英·弥尔顿)!"上穷碧落下黄泉,两处茫茫皆不见。"(白居易)若失而复得(更是常常发生),喜不自禁,脱口而出:Paradise Regained(《复乐园》)!"踏破铁鞋无觅处,得来全不费工夫。"明日则曰:众里寻他千百度,蓦然回首,"玩具"却在灯火阑珊处。

学习何尝不是如此!"书山有路勤为径,学海无涯苦作舟。"于是乎许渊冲之《李白诗选》,《唐宋词一百五十首》,杨宪益、戴乃迭之《汉魏六朝诗文选》,《史记选》,《红楼梦》等大家译作,一不小心,成为女儿启蒙听书、日常用语矣!

另一日,兴尽而返,进门见奶奶端坐,似有所思。遂嚷道,奶奶,奶奶,granny! 吾欲先爷爷(天下)之忧而忧,后奶奶(天下)之乐而乐,奶奶乐乎? 奶奶似不悦,遂灵机一动,改口道:然吾欲先奶奶之忧而忧,后爷爷之乐而乐,奶奶乐乎? 皆大欢喜矣! 然后命吾挪一太师椅,坐北向南,曰:吾辈不以物喜,不以己悲;居太师椅(庙堂)之高则忧父母(其民)。然后挪移一小凳坐南向北曰:处小凳(江湖)之远则忧爷奶(其君)矣! 看官,若千年范文正公天上有知,三岁儿童竟能如此活学活用其穷尽一生精力所倾注之《岳阳楼记》,其必曰:孺子可教也,噫! 微斯人,吾谁与归? 含笑九泉乎? 英汉合璧,惟妙惟肖,令人忍俊不禁也。

又一日,家宴,全家(爷爷、奶奶、爸爸、妈妈、女儿)团坐,正欲举箸,女儿手指爸爸妈妈及自己,忽道:Granny, there are three of us here , one of us is your teacher! 奶奶无语,女儿遂道:奶奶笨哉! 子曰,三人行,必有奶奶(我)师焉。择妈妈(其)善者而从之,爸爸(其)不善者而改之也,何其难也! 其时奶奶已明白,心中不服,欲辩之,女儿何其快哉! 不等奶奶张口,便自答曰:Granny! 诲汝知之乎! 食不语,寝不言,知之为知之,不知为不知,是知也! 奶奶大乐,爷爷遂轻轻吟诵:不敢高声语,恐惊天上人(李白《题峰顶寺》)。此中有真意,欲辨已忘言(陶渊明《饮酒·其五》)。女儿抢答云:我本楚狂人,凤歌笑孔丘。手持绿玉杖,朝别黄鹤楼。五岳寻仙不辞远,一生好入名山游(李白《庐山谣寄卢侍御虚舟》)。真是嬉笑怒骂,皆成文章。寓教于乐乎? 其乐也融融,其乐也泄泄(《左传·隐公元年》),小女幼时顽皮精灵略见一斑。初生牛犊不畏虎也,其时每每篡改圣人之语为我用,故作惊天之语,并常常自我解嘲:天生我材必有用也! 真是"勇而善谋,将还玩经典于股掌之上,以得其志"("大夫种勇而善谋,将还玩吴国于股掌之上,以得其志。"——《国语·申胥谏许越成》)乎?"语不惊人死不休"矣!

经典推荐

1.《古代散文选》(上、中、下),隋树森、李光家、张中行等编,人民教育出版社,1962年第1版。

2.《唐诗选》(上、下),中国科学院文学研究所编,人民文学出版社,1978年。

3.《李白诗选》,许渊冲译,河北人民出版社,2005年。

4.《唐宋词一百五十首》,许渊冲译,北京大学出版社,1997年。

5. *A Dream of Red Mansions*(《红楼梦》),杨宪益、戴乃迭译,中国外文出版社,1978年。

第十回　人散后　一钩新月天如水
——绘画之灵感

剪纸,以刀代笔,剪刻女儿内心深处真实情感与艺术魅力。绘画,与文学艺术同步。用眼睛、用心灵、用双手,去观察、去感受、去体验、去发现、去表现自然之美、生活之美、文学之美、数学之美……童心、童真、童趣,童年那些事。绘画与摄影,画笔与相机,想象与现实,交锋与融合。"我拍摄不想绘制的东西,绘制我拍摄不出来的东西。"

众所周知,创造力与生俱来,绘画为儿童创造力发展之有效途径。纵观今日各大中小城市,名目繁多之少儿美术培训机构,绘画班、泥塑班、手工班、天才班、精英班,更有各式各样大师级"某某某"儿童画室,铺天盖地而来,令爱子女心切之父母眼花缭乱,以为"素质教育"时代到来矣!

吾亦难免于俗也!怀着美好希冀,孩提时即为女儿编织无数充满希望之未来,最美之梦便是绘画人生。具体做法抑或有异于常人?

艺术家说,孩子画画之过程,便是用心灵重新建构世界之过程。女儿诞生于20世纪90年代初苏北农村,那时,生活艰辛,文化生活单调。然而,恰恰正因如此,在一望无际苏北平原,一派田园风光中,爷爷奶奶、爸爸妈妈携手并进大自然画卷。蓝天、白云、阳光、月光、繁星、清风、雨露、雪花、浪花、稻田、麦田、水渠、飞鸟、走兽、河滩、树林、花朵、鸟巢、鸡窝、狗窝、兔笼、猪圈、牛栏、羊栏……处处留下奶奶与孙女点点滴滴之画迹。如前叙述，吾母亲心灵手巧，精于绘画，擅长剪纸，教会女儿观察生活、认识事物，给予女儿自然之美且丰富细节之享受，女儿永久记忆矣！

兴许命中注定，剪纸、绘画、摄影、设计，幼时相伴女儿，如影随形。

从剪纸说起。女儿幼时，逢年过节，家族中无论"年年有余""飞雪迎春""恭贺新春"，还是新婚喜庆之"囍"，吉祥之"二龙戏珠""喜鹊闹梅"，皆出自奶奶手下。剪纸是中国母亲之艺术，剪刀里有两千年民间文化精髓，有日积月累人文情怀和民风民俗，有千锤百炼、炉火纯青之语言体系。剪纸，以刀代笔，剪刻内心深处真实情感与艺术魅力。故当奶奶与两岁孙女吟诵《木兰辞》"当窗理云鬓，对镜贴花黄"时，女儿便迷上这一看似简单实则博大精深之中华民族艺术瑰宝矣！

爱美之心，人皆有之，幼儿尤甚。曾记得，母亲常买些白纸、红纸，白纸贴窗，红纸剪花，贴在窗上。轻灵精巧，形态各异，流动自然，该密则密，当疏则疏，可谓"疏可走马、密不容针"矣！不一会，一朵朵花儿绽放，一只只鸟儿飞翔，中间一个美丽团花图案，窗户焕然一新。幼小女儿目不转睛，好奇，膜拜，不哭不闹矣。

或一日，当女儿偎在奶奶身边，祖孙一起声情并茂朗诵陶渊明《归去来兮辞》时，一张张普普通通彩纸，一把普普通通剪刀，奶奶引领孙女，霎时变成一幅幅多姿多彩诗意盎然美丽图案："……舟遥遥以轻飏，风飘飘而吹衣。问征夫以前路，恨晨光之熹微。"舟之轻飏，风之吹衣，晨光熹微，恨不见路，归心似箭，跃然纸间。"三径就荒，松菊犹存"，另一幅诗人傲然荒径松菊，"采菊东篱下，悠然见南山"矣！"云无心以出岫，鸟倦飞而知还。景翳翳以将入，抚孤松而盘桓。"情景交融，女儿似乎心领神会矣！"怀良辰以孤往，或植杖而耘耔。登东皋以舒啸，临清流而赋诗。"良辰出游，农忙耕耘，登高长啸，临水赋诗。祖孙同剪，再现诗人伟大生命矣！

吾母亲那把略带泥土味儿的剪刀,灵性、韵味、气质、情趣、美感,给女儿以强烈视觉震撼与心灵触动。女儿亦步亦趋,继承奶奶"衣钵",不管在家中,或出外游玩,手边常带小剪刀、纸张、书本,甚至随风卷起之落叶,随时随地剪之矣!

曾记得,三岁左右。妈妈新买一顶粉红色蚊帐(那时生活艰苦,一年四季挂蚊帐,冬日防风,夏日防蚊,亦是美丽装饰),白天刚悬挂,爸爸妈妈晚上回家,女儿已魔术般将其变为"芳草鲜美,落英缤纷"(陶渊明《桃花源记》)矣!满屋桃花盛开。哇!吾笑道:"百叶双桃晚更红,窥窗映竹见玲珑。"(韩愈《题百叶桃花》)"满树和娇烂漫红,万枝丹彩灼春融。何当结作千年实,将示人间造化工。"(吴融《桃花》)妈妈哭笑不得,正欲发怒,女儿口内念念有词,一边牵妈妈手,一边指向院内桃花(其时吾家小院内母亲栽有一棵桃树):妈妈美,"人面桃花相映红"(崔护《题都城南庄》)。如此这般这般,妈妈一腔怒火顿时灰飞烟灭矣!

从此,花草树木、鱼虫鸟兽,小小剪刀之下,想象之翅膀自由飞翔矣!因"梁祝化蝶"之凄美、"破茧成蝶"之执着,女儿对剪蝴蝶钟爱有加,一次次一只只美丽蝴蝶振翅欲飞,达"剪画聪明胜剪书,飞翔花鸟泳濒鱼;任他二月春风好,剪出垂杨恐不如"(陈云伯《画林新咏》)之入迷境界耶?其幼时对剪纸如痴如醉,大自然为"取之不尽用之不竭"之源泉,更为日后设计增添想象、无穷魅力矣!亦未可知耶?

绘画又何尝不是如此!《宣和画谱》中评王维"落花寂寂啼山鸟,杨柳青青渡水人""行到水穷处,坐看云起时""白云回望合,青霭入看无"言"皆所画也"。苏轼云:"味摩诘之诗,诗中有画;观摩诘之画,画中有诗。"绘画之才,女儿与生俱来。记得一位画家说过:"几乎每个孩子在幼儿时都爱画画,都是天才的小画家,只不过有的孩子因为没有得到大人的重视和培养,天才的火焰很快就被熄灭了,而正确的引导方法就能使创造的火焰熊熊燃烧起来。"善哉!斯言。女儿绘画秉性,在奶奶细心呵护下,与文学艺术同步。在大自然中用眼睛、用心灵、用双手,去观察、去感受、去体验、去发现、去表现自然之美、生活之美、文学之美、数学之美……画出自己心中世界。亦如剪纸,不受所谓绘画传统观念、法则、创作方法等束缚,女儿之稚拙、想象与创造得以无拘无束淋漓尽致发挥矣!

女儿绘画,虚与实,真与幻,大胆与幼稚,灵气与率真。当夜幕降临,"诵明月之诗,歌窈窕之章"之时,则涂鸦嫦娥奔月也!吟"月出惊山鸟,时鸣春涧中"(王维《鸟鸣涧》),则笔下山鸟齐鸣矣。诵"大漠孤烟直,长河落日圆"(王维《使至塞上》)、"两个黄鹂鸣翠柳,一行白鹭上青天"(杜甫《绝句》),诗歌意境雄浑,宁静致远,千古壮观,女儿喜作自然鸟鸣、视野开阔之画面,妙笔生乐,趣不可言矣。阅读绘画本《西游记》(上海人民美术出版社,1993年)于花果山,归来则如饥似渴,一面狂听原著(听爸爸朗读也!如今有著名艺术家曹灿《西游记》原著朗读版 MP3),一面信手拈来,天马行空任我行矣!一时间,满屋牛鬼蛇神,遍地群魔乱舞矣。

于是日光下,月光下,临摹天地,言"寄蜉蝣于天地,渺沧海之一粟"(苏轼《前赤壁赋》)。观日出,绘"白日地中出,黄河天外来"(张蠙《登单于台》);望落霞,画"落霞与孤鹜齐飞,秋水共长天一色"(王勃《滕王阁序》);看吐丝,勾"春蚕到死丝方尽",观烛光,作"蜡炬成灰泪始干"(李商隐《无题·相见时难别亦难》);牵手于天地中,画"月出于东山之上,徘徊于斗牛之间"(苏轼《前赤壁赋》);寻蜉蝣,描"谁家公子喜夸诩,好似蜉蝣撼大树"(明刘昌《县笥琐探·恃才傲物》:"汤家公子喜夸诩,好似蜉蝣撼大树。");怀抱(至多半抱)老树参天,晓得如何绘制"蚍蜉撼大树,可笑不自量"(韩愈《调张籍》)矣!天上地下、日月山川、飞禽走兽、花草虫鱼、人物风土、建筑服饰,眼睛所触美丽之处,皆成素材,"创造之火焰熊熊燃烧起来"矣!于是乎,令人忍俊不禁又稚趣横生之"佳作"(奶奶语)诞生矣!

待到学龄时,数学之美,突兀眼前,女儿绘画呈现另一奇妙世界!诚如 2009 年女儿接受《扬子晚报》记者采访时所言:"我以前学素描,总是画不好立体图形。只是有一天突然领悟到，其实，艺术与数学也是通理的。"用数学方法剖析物体，将物体分成四分体、八分体，找到点位再作画，效果不可同日而语矣。

吾深知，无文学修养，绘画则无生命力也（书法亦如此，即所谓"文学艺术修养不够，书法只能越写越臭"）。吾尝购得连环画《世界文学名著》（欧洲部分，全十册，浙江人民美术出版社，1987年）、《世界文学名著》（亚非部分，第十一册至第十五册，浙江人民美术出版社，1988年），顺其意，遂其愿矣。讲述郑振铎《插图本中国文学史》中经典插图，女儿惊讶不已！一百七十多幅与中国文学有关古代木刻画、名家绘画，"孤本秘笈"（鲁迅语），篇篇精美，幅幅珍贵，当时即属"翘楚"，真真"踏破铁鞋无觅处，得来全不费工夫"也！《插图本中国文学史》本身亦是上等佳作，时至今日，仍为精品，遂常年为女儿案头习作必备之书矣。且鲜为人知是，当吾讲述郑振铎先生与中国漫画兴起之渊源，女儿更是连连称奇。

女儿叹曰，中国漫画始自丰子恺，功归郑振铎矣！然也！丰子恺漫画多以儿童为题材，往往寥寥几笔，勾画一个意境，幽默而风趣，譬如《人散后，一钩新月天如水》，几个茶杯，一卷帘笼，便是十分心情。

读丰子恺漫画，世界"能少一些欺诈，多一些执着，多一些自然，多一些淡泊"。童心、童真、童趣，童年那些事：放牛、割猪草、喂牲口、水下乘凉、水边摸鱼……一一闪现。

读蔡志忠漫画《庄子说》《老子说》《列子说》。蔡志忠首开中国古籍经典漫画先河，女儿爱不释手，常仿效之；喜欢张乐平《三毛流浪记》，手绘《爸妈流浪记》，想象描述含辛茹苦父母日常生活之画面，令人长叹不已。女儿从此与漫画结下不解之缘矣！

1999年6月，女儿时年八岁，三年级，美国Macromedia公司推出网页动画设计软件Flash，当时电脑尚未普及，互联网没有进入普通人家。后来，女儿凭借兴趣与想象，参加南京市中小学生Flash动画作品比赛获奖。

第十回　人散后　一钩新月天如水 | 077

《人散后,一钩新月天如水》这幅如宋元小令般意境悠远的水墨漫画,为中国现代著名画家、文学家、美术和音乐教育家丰子恺第一幅公开发表作品。疏朗简洁之极的笔触勾勒出房舍廊前的景致,廊上是卷上的竹廉,廊下有木桌茶具,画面大片留白,一弯浅浅的月牙高挂,题款是:"人散后,一钩新月天如水"。作品表达了小杨柳屋友人相聚后的心境。新月升空,友人尽散,清幽的夜色,清雅的房舍,清静的心境如泠泠的古琴声在画幅间流淌。朱自清极为欣赏这幅作品,将其收录进自己主编的《我们的七月》中。郑振铎见到了,辗转找到了丰子恺,从此,"TK"(子恺)的画便经常发表在他主编的《文学周报》(1925年)上。郑振铎把这些画作冠之以"漫画",从此,中国才有了"漫画"的名称。后来,郑振铎想给丰子恺出一本画集,便和叶圣陶、胡愈之一起去选画,结果,他们带走了丰子恺所有的画作。就这样,丰子恺的第一本漫画集《子恺漫画》出版了,从此漫画这一画种在中国的画坛立住了脚。(辽宁省博物馆"人间情语——丰子恺漫画作品特展")

女儿享受艺术人生之另一天地便是摄影。

女儿酷爱摄影。摄影本是绘画姊妹艺术。摄影诞生之日即受绘画熏染。摄影,女儿道,绘画艺术之精华矣!绘画与摄影,想象与现实,交锋与融合。

现代画家、摄影家胡伯翔(1896—1989)说:摄影"亦为新兴之美术,其发挥美感表现个性,实与其他美术无异"。"昔人称画之佳者,曰惟妙惟肖,予意用此语为美术摄影之释意,尤为切当。"(胡伯翔《美术摄影谈》)

摄影促进绘画革命。古典派法国画家让·奥古斯特·多米尼克·安格尔(Jean Auguste Dominique Ingres,1780—1867)感叹:"摄影真是巧夺天工,我很希望能画到这样逼真,然而任何画家也不可能办到。"摄影带来绘画重大革命——印象派绘画由此诞生。

摄影吸取绘画之长,调动艺术表现手段,多方位反映复杂多样现实事物之形态。绘画基本功——明暗之把握、色彩之运用、构图之选择,摄影无不用之。数码照片、电脑处理、电脑绘画,女儿一切尽在不经意间。

诚如美国艺术家、摄影师曼·雷(1890—1976)经典之语:"我拍摄不想绘制的东西,绘制我拍摄不出来的东西。"

摄影与数理关系密切。摄影并非简单按下快门,女儿道。她同时将摄影与数学、物理联系起来。"我要考虑图片的空间效果,还要想到光线所产生的物理效果。"(2009年8月16日《扬子晚报》)女儿中学期间经常参加摄影比赛,亦曾多次获得鼓楼区、学校奖励。此是后话,按下不表。

女儿无论少时在国内,抑或求学在法国、在新加坡、在美国,绘画与摄影,画笔与相机,成长相伴矣!

此所谓"有山川草木,纵横纸上;虫鱼鸟兽,飞动毫端。水到渠成,风来帆速"(陈人杰《沁园春》)乎?真是"年来岩底采无余,鬼斧神工多得髓"(屈大均《端州访研歌和诸公》)也!绘画、摄影,点燃女儿灵感矣!或曰,为建筑学之基础乎?

女儿三岁前涂鸦过许许多多画,有一些思想火花,表达了女儿的憧憬、想象、建造、拥有、渴求……

3岁前涂鸦

经典推荐

1.《插图本中国文学史》,郑振铎著,作家出版社,1957年。

2.《子恺漫画选》,人民美术出版社,1955年。

3.《庄子说:自然的箫声》,蔡志忠编绘,三联书店,2000年。

4.《三毛流浪记》,张乐平绘,译林出版社,2000年。

5.《三毛从军记》,张乐平绘,译林出版社,2006年。

第十一回　赤橙黄绿青蓝紫　谁持彩练当空舞
——舞蹈运动之欢愉

　　当今世界,"雅者为王",洪荒时代,原始舞蹈为生存之本;舞蹈为艺术之母,天地间无论何等激动人心之事,最好表达方式唯有舞蹈与诗歌而已;女儿呱呱落地之日,便是舞蹈人生之时;成长于苏北平原,舞蹈于广阔天地;星光灿烂下舞蹈,高山流水中舞蹈,田野清风中舞蹈,舞蹈精灵,快乐妖娆;自然与母亲,七彩童年,憧憬无垠;"生命在于运动"。

人之心智能力,理性与感性。
科学代表理性,艺术代表感性。
科学征服世界,艺术美化世界。
　　当今世界,"雅者为王",科学与艺术,如鸟之两翼,缺一不可。艺术教育为孩子幸福之永恒源泉。吾妻深得要领矣。
　　舞蹈为母体之艺术,舞蹈为艺术之母。
　　中华民族,悠悠舞史。几经沉浮,几度枯荣。博纳百溪,川流不息。
　　人类之初,语言尚未产生,由舞蹈与音乐、动作与声音、情感与思想表现。洪荒时代,原始舞蹈为生存之本。

第十一回　赤橙黄绿青蓝紫　谁持彩练当空舞

诗、歌、舞本为一体。《乐记·乐象篇》："德者,性之端也;乐者,德之华(光华)也;金、石、丝、竹,乐之器也。诗,言其志也;歌,咏其声也;舞,动其容也。三者本于心,然后乐气(同'器')从之。"(德是人性之正,乐是德之光华,金、石、丝、竹是乐的工具。诗,抒发内心志意;歌,吟唱心中声音;舞,表达内心姿态。诗、歌、舞都源于人之内心,然后乐器伴奏之。)吾妻感叹:舞蹈,舞动万物,感受宇宙,抒发自我,何等幸福快乐!

《阮籍集·乐论》:"故歌以叙志,舞以宣情,然后闻之以采章,昭之以风雅,播之以八音,咸之以太和。"(用歌咏表达志向,用舞蹈宣示情怀;然后用采章来书写,用风雅来反衬,用八音来传颂,用太和来感召。)闻一多说:"舞是生命情调最直接、最实质、最强烈、最尖锐、最单纯而又最充足的表现。"(闻一多《说舞》)吾妻一生实践"歌以叙志,舞以宣情"矣!女儿常言:"只可意会,不可言传"尔。

吾叹曰:天地间无论何等激动人心之事,最好表达方式唯有舞蹈与诗歌而已。

班固《白虎通·礼乐篇》云:"乐所以必歌者何?夫歌者口言之也,中心喜乐,口欲歌之,手欲舞之,足欲蹈之。"(乐为什么要唱歌呢?歌是由口中发出的。内心欢乐,口就想唱歌,手就想舞动,脚就想踏地。)吾妻语:善哉此言,歌舞人生。

《诗经·大序》:"情动于中而形于言,言之不足,故嗟之叹之;嗟叹不足,故咏歌之;咏歌之不足,不知手之舞之,足之蹈之也。"(情感在心里被触动必然就会表达为语言,语言不足以表达,就会吁嗟叹息,吁嗟叹息不足以表达,就会长声歌咏,长声歌咏不足以表达,就会两手舞动,两只脚也跳了起来。)高兴至极,情不自禁,手舞足蹈。

美学家宗白华论述:"'舞'是中国一切艺术境界的典型。中国的书法、画法都趋向飞舞。庄严的建筑也有飞檐表现的舞姿。"中国传统舞蹈以其飞舞跃动之势态,"气韵生动",虚实相生,将空间导向无限,将时间引人无穷。

故曰:舞蹈带来愉悦及审美感受之满足,激起艺术情感浪花,去表现人生悲苦和欢乐,改变人们生活道路。

《周礼·乐师》注:"谓以年幼少时教之舞,内则曰:十三舞勺(小舞,属文舞类),成童舞象(属武舞类),二十舞《大夏》(周代六舞之一)。"即:十三岁学文舞,十五岁(成童)学武舞,二十岁学歌颂各氏族首领之乐舞。舞蹈教育,源远流长。

舞蹈与吾妻、吾女相伴相生。俗语云:近水楼台先得月。1985年,吾妻大学毕业之际,桃李年华之时也!赴淮阴师范学校(淮阴师院),从此开启舞蹈教师生涯,与舞蹈教育结下不解之缘。

女儿呱呱落地之日,便是舞蹈人生之时。

舞蹈艺术中,"音乐乃舞蹈之灵魂"。音乐,舞蹈之声音;舞蹈,音乐之形体。一个有形而无声,一个有声而无形。"有乐而无舞,似聋者知音而不见;有舞而无乐,如哑者会意而不能言。乐舞合节,谓之中和。"舞蹈与音乐,"血与骨","灵与肉",舞蹈与音乐共生存。故吾妻曰:吾欲女儿"载歌载舞",歌舞人生矣。

舞蹈现"诗情画意",即文学之意境也。诗歌韵律、修辞、意境之美皆可运用多种舞姿表现。

"赤橙黄绿青蓝紫,谁持彩练当空舞?"(毛泽东《菩萨蛮·大柏地》)彩虹是天地之舞者,女儿成长于苏北平原,舞蹈于广阔天地。星光灿烂下舞蹈,田野清风中舞蹈,舞蹈精灵,快乐妖娆,七彩童年,憧憬无垠。

至今犹记《闪烁的星星》。夏日苏北,夜幕降临,万籁俱寂,满天星斗落地,洒下一片碎银,抬头远望,又是满天星光,如入童话仙境。且"灯火万家城四畔,星河一道水中央"(白居易《江楼夕望招客》)。女儿道:如此良夜何?随妈妈《闪烁的小星》矣!"一闪一闪亮晶晶,满天都是小星星,挂在天空放光明,好像千万小眼睛。一闪一闪亮晶晶,满天都是小星星,太阳慢慢向西沉,乌鸦回家一群群,星星眨着小眼睛,闪闪烁烁到天明。"爸爸问曰:意境可与"月明星稀,乌鹊南飞。绕树三匝,何枝可依"(曹操《短歌行》)相媲美乎?女儿调皮眨眨眼:未若"迢迢牵牛星,皎皎河汉女。河汉清且浅,相去复几许"也!不若妈妈快快 teach me how to dance(教我跳舞)矣!妈妈笑曰:此法兰西民歌也,2/4拍。曲调流畅,旋律优美,节奏轻快。舞之,身临其境于星光灿烂美感之中,肢体语言更胜矣!

着迷于三千年歌舞文明。无论"能作掌上舞"之赵飞燕,或"一舞剑器动四方,观者如山色沮丧,天地为之久低昂"(杜甫《观公孙大娘弟子舞剑器行》)之公孙大娘,抑或"天阙沉沉夜未央,碧云仙曲舞霓裳。一声玉笛向空尽,月满骊山宫漏长"(张说《华清宫》)《霓裳羽衣曲》之杨玉环,为幼小之心灵通向缤纷世界第一扇门窗矣!

女儿甜蜜回忆:在我成长时期(尤其幼儿园、小学时期),亦有胆怯与羞涩。通过妈妈带我学舞,我终于可以应付自如,不再羞涩。是矣,世间能表达穿透人心情感者,除语言文字,非舞蹈莫属矣!

于是乎,喜极,手舞足蹈;悲极,捶胸顿足;悔极,垂头丧气……

翻转之手绢、飞舞之彩带、开折之羽扇、旋转之花伞交汇优美之乐曲、绽开之笑容,心弦拨动矣!兴趣激发矣!

舞蹈培育气质自不待言,舞蹈增强体质,妙不可言。《吕氏春秋·古乐篇》记载:远古阴康氏年代,天气阴霾多雨,河道壅塞不通,洪水泛滥,人们情绪忧郁,身体逐渐衰弱,有人创造健身舞蹈,舒展筋骨,增强体质,排除"滞伏""郁阏"潮湿阴沉之气,恢复健康。于是武舞、五禽戏、拟兽舞应运而生。女儿悟道:诚如哲学家伏尔泰(Voltaire,1694—1778)所言"生命在于运动",我知之矣!此乃女儿自舞蹈而酷爱健美运动之缘由也,亦是南京外国语学校运动会上数次获奖之奥秘也!此是后话,暂且不表。

女儿云里雾里随妈妈舞步人生,喜街舞、迪斯科,青春活力,摩登少女之精华尽在其中矣。

妈妈善意的谎言：女儿的前世今生

第十一回　赤橙黄绿青蓝紫　谁持彩练当空舞 | 085

耕之获——吾妻带领她心爱的学生们舞蹈教学实践专场汇报演出
(2012年南京晓庄学院)

因终日沉浸于舞蹈世界中，吾妻尝以"善意的谎言"(white lies)哄骗之，汝乃天使下凡也！为使之真真切切，出生时便藏一飞舞小天使图片在家，曰：汝照片也。女儿遂深信不疑。一年级时，呈现于同学曰，吾乃上帝派遣下凡飞舞人间，此吾最美之照片也！

直至一同学道破天机：她亦有天使图片，完全相同，一模一样。女儿方恍然大悟！此时已七岁矣！正如吾妻所愿：女儿人生如歌如舞矣！故女儿2008年公派交流，初出国门，至天下第一艺术浪漫之都——巴黎之日，便是步入人生新舞台之时，加之流利之法文，遂如鱼得水，如虎添翼，毫无陌生感觉，自信倍增，舞步巴黎，雍容大方，优雅气质，法国师生，好评如潮。女儿叹曰：感谢妈妈授之以渔矣！

正是：只见舞回风，都无行处踪（苏轼）。欲知后事如何？且看下回分解。

经典推荐

1.《中外舞蹈思想概论》，于平著，人民音乐出版社，2002年。

2.《舞蹈概论》，〔美〕约翰·马丁著，欧建平译，文化艺术出版社，2005年。

第十二回　识时务者为俊杰　通机变者为英豪
——学堂之抉择

"良禽择木而栖"。"孟母三迁"与学区房。西方"择校"理论与择校运动。择校,既是对优质教育之渴望与追求,亦暴露优质教育资源短缺。择校,与教育分层息息相关,为人父母者须得兼顾"应试教育"、"素质教育"与"精英教育"。吾为女儿择校,则据中国特色之特色而为之。

光阴如梭,时至1997年,女儿已到入学之年。是年,吾研究生毕业在宁工作,吾妻吾女亦停止颠沛流离之生活,随吾在宁定居。当时千头万绪,百端待举。然重中之重,女儿将迈出人生第一步,离开父母上学堂。之前,女儿仅断断续续有些幼儿园经历,大都随我们折腾。虽有许许多多、奇奇怪怪充满幻想之言谈及幼稚之举止,毕竟非"主流",且缺系统规范,尚不可登大雅之堂也。对于所谓脱离正统教育,完全由父母完成学校课程者,我辈不敢苟同。南京六朝古都,文化底蕴深厚,历来为学者、状元等集散地,学校精英教育在全国名列前茅。吾料定,必山外有山,人外有人焉。

原教育部副部长、工程院院士韦钰有言"不让孩子输在起跑线上",所言极是！世间许多非议乃曲解院士之本意也！为人父母者，提供孩子稳定、温暖、健康、互动环境为首任也。然哉斯言！吾语吾妻。于是，遂有吾妻惊人之举矣！

随女儿行。此时此刻，1997年7月，吾妻做出其一生中最最重要决定：暂且牺牲自己事业，到小学去，到女儿需要的地方去！于是乎，金秋九月，南京市赤壁路小学便增加了一师一生母女俩。吾尝戏言：吾妻此决定之重要性不亚于是年香港回归矣！

吾妻，南京师范大学学前教育专业毕业，时为淮阴师范学校（现淮阴师院）最年轻最有前程之优秀青年教师（当年学校评语），本可对口调入晓庄师范（现南京晓庄学院），却听信吾人"谬言"，效法孟母，毅然决定暂时放弃自身理想与美好前程，以女儿教育为事业，进小学陪女儿，需要何等勇气与胆量！十年后，吾第一次送女儿赴法国留学时，忆此事，语重心长道："当时父母念，今日尔应知"（白居易《燕诗示刘叟》）矣！

择校，中国教育永恒之话题。

"良禽择木而栖，贤臣择主而事"（《三国演义》）。作为父母，为孩子选择理想之学校、优秀之教师，以接受良好之教育，上至天子，下至黎民百姓，天经地义。

择校现象，自古有之。从"孟母三迁"至今天之学区房，皆天下父母之梦矣！

岂不闻，"昔孟母，择邻处"（《三字经》）。"孟子生有淑质，幼被慈母三迁之教。"（赵岐《孟子题辞》）

圣人尚且如此，况我等凡人！

据吾所知，世界范围内，现代基础教育，大概除日本外，为子女选择所谓软件硬件皆优秀之学校，全球皆同，无可非议。大西洋彼岸之美利坚后来者居上，甚至产生"择校"教育理论。

第十二回　识时务者为俊杰　通机变者为英豪 | 089

昔孟子少时,父早丧,母仉(zhǎng)氏守节。居住之所近于墓,孟子学为丧葬,躄(bì),踊痛哭之事。母曰:"此非所以处子也。"乃去,遂迁居市旁,孟子又嬉为贾人炫卖之事,母曰:"此又非所以处子也。"舍市,近于屠,学为买卖屠杀之事。母又曰:"是亦非所以处子矣。"继而迁于学宫之旁。每月朔(shuò,夏历每月初一日)望,官员入文庙,行礼跪拜,揖(拱手礼)让进退,孟子见了,一一习记。孟母曰:"此真可以处子也。"遂居于此。(〔西汉〕刘向《列女传·卷一·母仪》)

20 世纪 60 年代的美国,在民权运动、进步教育思想、反主流文化影响下,兴起教育选择运动。在教育选择基础上,以对学校选择为核心之"磁石学校"发展起来,它突破了学区和就近入学之限制。

美国"择校"理论基础在于人生而自由之哲学信念,即将教育选择权视为基本人权。

"磁石学校"(Magnet School)运动,兴起于 20 世纪 70 年代,风靡于 80 年代。"磁石学校",或称为"有吸引力学校""特色学校",顾名思义,奉行特定教育理论,提供各种特色课程(喻为磁石),吸引学生,是一种选择性学校。磁石学校不但为学生提供择校机会,且为学生提供在校内部选择不同课程的机会,如音乐、戏剧、电脑、法律及视觉艺术等。学校形式多样,如高智天才学校、外语学校、蒙特梭利学校(Maria Montessori,意大利教育家,创立独特幼儿教育法,享誉全球)、科技学校、艺术学校等。磁石学校没有学区和入学条件限制,学生可以自愿申请入学,由电脑编班入学,故深受学生与家长欢迎。

美国择校运动对世界各国产生重要影响,不但澳大利亚、加拿大等发达国家相继掀起择校热潮,拉美、东欧甚至亚洲一些发展中国家也开始放弃原来之入学政策,把择校作为教育改革重要内容,甚至在择校形式和措施上都引进美国做法。

1990 年美国教改法案,推行择校制度,选择范围扩大到公立学校和私立学校。政府在政策上给予保障,择校制度在实践中不断发展。

"特许学校"(Charter School),又译"宪章学校",即公立委办学校(颇似我国公办民营学校),1991 年以来,已遍及全美,具备公立学校公平、公正、低学费之优点,又有私立学校重视经营绩效之优点,激发各种创新教育实验,透过竞争压力,刺激一般公立学校提升学校经营及教学质量,"实现一个目标"(通常是学术上目标),可谓是"目标驱动型"学校。实乃美国新世纪学校之典范。

第十二回　识时务者为俊杰　通机变者为英豪 | 091

"生于斯,长于斯。"百年名校——淮阴师范学院,始于1902年江北大学堂(江北高等学堂、江北初级师范学堂、江北师范学堂)。奶奶求学于此(20世纪50年代),爷爷工作于此(20世纪80年代、90年代),姑姑、爸爸曾学习、工作于此(20世纪70年代至90年代),妈妈工作于此(20世纪80年代、90年代),吾幼年快乐于此,童年童话于此。妈妈领我与她心爱的学生们一起歌舞人生始于此,爸爸带我诗意人生、英语世界始于此矣!吾今日方知"孟母三迁"与"天时地利人和"之大义矣!感恩淮阴师范学院!美丽的地方,永恒的记忆,永远的家园!许多年后,女儿如是说。(图片来源:上图由作者拍摄;下图取自淮阴师范学院官网)

私立学校（Private School），即由非政府机构建立、管理与支持的学校。美国私立学校大都由教会或其他团体开办，亦是可以自由申请入读的学校，有各自独特的办学宗旨。由于私立学校大部分为教会开办，因此美国大部分私立学校都有宗教背景，家长和学生可以根据自己的宗教信仰选择私立学校。

私立学校班级规模较小，课程严格，校园暴力相对较少，辍学率较低。

除此之外，美国还有很多相关择校制度，主要有教育凭证制度、私营公司制和教育税减免等。

据一项择校数据调查表明，犹如古老中华之"孟母三迁"，在教育资源如此丰厚之美国，竟有36％的中小学生通过搬家来选择教育质量高之学校！欧美学校选择制度迫使那些垄断教育资源的公立学校相互之间进行生源竞争，给那些有能力择校学生进行教育选择之权利，且给所有学生选择学校之机会，从而适度改善教育公平状况。

美国择校制度经历了漫长的发展历程，最终形成目前相对完善的择校制度。（"美国择校制度"部分参考了董衍美《试析美国基础教育阶段择校制度》，东北师范大学2011年硕士论文。）

美国基础教育择校是为了鼓励教育竞争，提高教育质量，同时兼顾教育公平。社会大多数人士持赞成态度，使得择校制度在全美范围内健康有序地发展。

我国的基础教育是"以分择校，以名誉择校"。"择校"貌似促进学校间竞争，实质加剧校际差距扩大。我国择校，诸君皆知。家长考虑的是这个学校是否重点，孩子所在班级是否重点班级，似乎给孩子选择一个好学校或好班级就给孩子准备了一个好前程。

择校，是一种社会进步，既对优质教育渴望与追求，又暴露了优质教育资源之短缺。

择校，与教育分层息息相关。

教育分层,中西相同:底层应试教育,中产素质教育,顶层精英教育。

底层应试教育。现代教育的最大作用,是改变底层人民命运。吾告知女儿,1978年3月,感恩恢复高考("应试教育"),爸爸从此"读书改变命运"。"亚洲最大高考工厂"安徽六安市毛坦厂中学、"超级高考工厂"河北衡水中学等因此享誉大江南北。

中产素质教育。中产阶级,"学校教育"与"家庭教育"并行,成为更优秀的人才,等待国家、等待社会挑选。

顶层精英教育。学校提供基本环境,完成教育核心使命:学会选择与改变世界,培养决策能力。中国古代称之为培养"劳心者"。

亚圣孟子曰:"然则治天下独可耕且为与?有大人之事,有小人之事。且一人之身,而百工之所为备,如必自为而后用之,是率天下而路(路:奔波、劳累)也。故曰,或劳心,或劳力;劳心者治人,劳力者治于人;治于人者食(si,饲养、供养)人,治人者食于人;天下之通义也。"(《孟子·滕文公章句上》)

(译文:那么治理国家就偏偏可以一边耕种一边治理了吗?官吏有官吏的事,百姓有百姓的事。况且,每一个人所需要的生活资料都要靠各种工匠的产品才能齐备,如果都一定要自己亲手做成才能使用,那就是率领天下的人疲于奔命。所以说,有的人脑力劳动,有的人体力劳动;脑力劳动者统治人,体力劳动者被人统治;被统治者养活别人,统治者靠别人养活。这是通行天下的原则。——译文主要依据杨伯峻先生《孟子译注》)

社会分层,教育分层,自古而然。

中国与欧美发达国家区别在于:一教育资源更稀缺;二社会竞争更大。我等平民百姓须得兼顾"应试教育"、"素质教育"与"精英教育"。

由此,基于对优质教育资源之追求,家长们形成了择校冲动与教育焦虑。人民网的一项调查,在有子女的被调查者中,92.8%的被调查者认为自己对孩子的成长、教育存在焦虑。

可怜天下父母心,我等亦不例外。

女儿学堂之选择,对于一位曾从事小学、中学、大学教育共计十六年之父亲,可谓洞若观火矣!

始吾为女儿择校,则据中国特色之特色而为之,有别于众人,道出二十年前之焦虑与抉择,是为教育界秘而不宣且人所共知之事,仅仅为涉世未深之年轻父母提供择校参考而已!

众所周知,当年(1997年,现在亦无甚大变化)南京市赫赫有名乃五所小学:鼓楼区琅琊路小学、力学小学、拉萨路小学(即所谓"拉力琅"),玄武区北京东路小学(北小)及白下区游府西街小学。吾居鼓楼区,理应选择"拉力琅"。

时年四月,吾考察此三所名校及鼓楼区其他学校,所谓优质资源百分之八九十确实掌握在此等名校中,当时亦有机会进入三所名校,然与吾妻商定,义无反顾选择赤壁路小学(赤小),着实让亲朋好友扼腕叹息!

择校,窃以为,小学,人文环境为上。六岁儿童,无分辨能力,必受世风之影响……吾愿女儿:不可骄横,亦不可自卑也!让女儿失望乎?做不到!让女儿自卑乎?非吾愿!然赤小之内秀超越其他名校,则在意料之外矣!实乃我夫妻前生修来福、祖辈积下德也!此其一。

其二,吾亦引导女儿自选一番。女儿喜欢《醉翁亭记》:"环滁皆山也。其西南诸峰,林壑尤美,望之蔚然而深秀者,琅琊也。"喜"醉翁之意不在酒,在乎山水之间也",尤喜"醉能同其乐,醒能述以文者,太守也"。吾告知女儿,"此琅琊路小学"也。然,女儿更喜《三国演义》,五岁即可戏说赤壁大战,据此,吾遂告之曰"此赤壁路小学"也。校名让女儿憧憬,浮想联翩,憧憬如豪气冲天赤壁大战之精彩。

小学生活必将豪情满怀,英雄遍地……见女儿鱼与熊掌欲兼得,吾进一步释之:琅琊醉翁亭,"千里逢迎,高朋满座,胜友如云,无论腾蛟起凤、紫电青霜,皆钟鸣鼎食之家"(王勃),欧阳文忠公官至翰林学士、枢密副

第十二回 识时务者为俊杰 通机变者为英豪

使、参知政事,其时任太守,虽级别不比盛时,亦如今之市委书记、市长矣!三国赤壁大战时则不同,女儿钟爱之诸葛、赵云、关张者,皆草根英雄也!("亮躬耕陇亩,好为《梁父吟》。身高八尺,每自比于管仲、乐毅,时人莫之许也。")

未及说完,女儿云,吾定矣!识时务者为俊杰,通机变者为英豪(《晏子春秋·霸业因时而生》)!吾愿做草根英雄,随妈妈进军赤壁路!诸位会意否?此乃吾女儿进赤壁路小学之由来矣。

赤小果然如女儿所愿,从此"海阔凭鱼跃,天高任鸟飞"(《西游记》)矣!

感谢赤小,爱的教育之典范!大至国家、社会、民族"大我"之爱,小至父母、师长、小朋友之间"小我"之爱,"赤心润童年"。女儿道,罗(向群)老师之爱心教育,无时无刻不给予女儿学习之动力、前进之方向,亦使女儿

女儿的母校:南京市赤壁路小学

(图片由赤壁路小学提供)

奋斗之征途中努力实现"仁者爱人"(孟子语)之目标。

感谢赤小,给予女儿无上之光荣与荣耀。一年级至六年级,小班长、大队长、三好学生、鼓楼区三好学生、南京市优秀少先队员,还有那无数之奖励……女儿道,母校不刻意追求奥数竞赛,使得女儿真正感受各项学科之美、科学之美矣!感恩母校!

诚如赤小五十华诞(2014年)《新赤壁赋》所歌:

"大江东去,浪淘尽、多少往事悠然,雄踞鼓楼,人道是,群英聚首赤壁。卓尔不群,龙马精神,翩翩少年郎,流年似水,一时多少芬芳。遥想赤小当年,颐和路口,民国公馆处,古风雅韵,得天独厚,雄姿英发赤壁路。紫藤听雨,梧叶吟秋,桂子暗香盈袖,春风化雨,润物无声,好一方乐土。万千学子,负笈而来,桃李满园竞芳华,书山探宝,学海泛舟,活跃在生动课堂。双语风采,艺海扬帆,童年精彩绽放,太湖石上,润字如歌,赤子丹心薪火传。赤心面壁,厚望于身,当立凌云沧海志,赤胆破壁,气宇轩昂,海阔天空振翅飞。美哉壮哉,我少年浩然正气天地间,赤壁如画,百尺竿头更看今朝!"(陆燕、高正阳、杨爱红作)

经典推荐

1. 引导学龄前儿童阅读罗贯中《三国演义》原著版,拒绝所谓儿童版等,可以先听袁阔成(享誉海内外评书艺术大师,"古有柳敬亭,今有袁阔成")评书《三国演义》。

2.《爱的教育》,〔意〕亚米契斯著,夏丏尊译,译林出版社,1997年。

第十三回　知之者不如好之者
　　　　好之者不如乐之者
　　　　——英文阅读之窍门

女儿阅读英文与经典汉文同步进行。与哈利·波特共同成长，在英语世界里自由翱翔，英文突飞猛进，英文文学、历史、数学、物理、天文、地理无不涉及。读英文，如文言文，读兴趣之作，读上乘之作，读经典之作，读时代之作；忘记自己学英文，英文自然学成；高考、研究生考试取消英语考试之奇谈怪论，如同汉语拼音化、汉字字母化一样愚蠢。

毋庸赘述，女儿学龄前已接触（听与说）大量英文。此时英文表达与汉语能力相差无几，听力尤甚。美国百年大事（从1887年制宪会议到1984年里根"星球大战计划"）如数家珍，英文经典故事（从《圣经·创世纪》、希腊罗马神话，到《傲慢与偏见》《乱世佳人》），精彩片段，娓娓道来，然阅读几乎为零。

看官莫笑，事实竟是：女儿三岁前，英文二十六个字母与汉语拼音无法区分，尚不若一些"超能"提前学习英文之儿童识字也！吾妻笑称英语文盲也（譬如乡村许多伶牙俐齿老头老太，表达表述无懈可击，然大字不识几个），着实又让许多英语专家瞠目矣。

此时，是继续吾之摸着石子过河，走前辈未走过之道路，还是放弃，回归单词、音标、句型、对话、语法、阅读理解、完形填空、多项选择题，做填鸭式虎爸虎妈？传统教学非吾愿，英语环境不可期！真真乃又一次 to be or not to be 矣！生死存亡之秋也！

此刻，培根名言"知识就是力量"（Knowledge is power.）再次占据上风，当时风靡一时的歌曲"跟着感觉走，紧抓住梦的手，蓝天越来越近越来越温柔，心情就像风一样自由"（苏芮），同时激励吾辈勇敢向前。吾依然坚信：英语较汉语之优势为不需单个认识也！女儿不须"背单词"，更不必说音标、语法、完形填空、多项选择题等。路在何方？路在脚下："知之者不如好之者，好之者不如乐之者。"（孔子语）

如何破解阅读大关？当是时也，适合儿童趣味、图文并茂、配有标准英语或美语读音之英文经典读物可谓少之又少，吾尝苦思冥想不得要领，未得适合读物之前，吾不敢轻易尝试，惧内容之不妥，影响女儿之兴趣也！

吾笃信：Well begun is half done（良好开端乃成功之一半）！

终于，终于，盼星星盼月亮——是年（1994年，女儿三岁），由中央电视台教育节目部、北京美国英语语言学院与北京出版社合作编写的《听故事学英语》横空出世！内容为西方优秀民间故事与经典童话，诚如其序："有意栽花花不发，无心插柳柳成荫"！是为女儿首本"阅读"启蒙书。故事便从这里开始。

至今犹记：1994年农历八月十五，南农主楼阶梯教室。吾开始为女儿创造"手指阅读"——*The day the sky fell down*。诸位亦随吾回归童年乎？

The Day the Sky Fell Down

Narrator：One day Chicken Little was asleep under a chestnut tree. Suddenly a chestnut fell onto her head.

Chicken：Oh, dear! The sky is falling! I must run and tell everyone.

Narrator：She ran until she met a speckled hen.

Chicken：Hen! The sky is falling! A piece fell on me.

Hen：We must run and tell the king.

Narrator：They ran until they met the duck.

Hen：Duck! The sky is falling! A piece fell on Chicken Little, and we're going to tell the king.

Duck：I'll come with you.

Narrator：The three birds ran until they met the goose.

Hen：Goose! The sky is falling! A big piece fell on Chicken Little, and we're going to tell the king.

Goose：I'm coming too!

Narrator：The four birds ran until they met the turkey.

Hen: Turkey! Have you heard? The sky is falling and a great big piece fell on Chicken Little! We're going to tell the king.

Turkey: I'm coming too!

Narrator: The five birds ran until they met a fox.

Hen: Fox! The sky is falling! An enormous piece fell on Chicken Little, and we are going to tell the king.

Fox: The king will be most interested. Do you know where he lives?

Hen: Certainly. He lives in a castle with a golden roof and diamonds in the windows.

Fox: You are wrong, Hen. He lives in a palace under the hill. He often asks me to visit him.

Hen: Please show us the way, then.

Fox: With pleasure! It is not very far. Just keep close behind me, and I will lead you there.

Narrator: The fox led the five birds to a deep hole in the hillside. Chicken Little, the Hen, the Duck, the Goose, and the Turkey all followed the Fox down the hole. The fox had led them right into his den, and, sad to say, not one of those foolish birds came out again.

(参考译文：金秋的一天，栗子树下，一只小鸡正在甜睡。忽然，一颗成熟的栗子从树上落了下来，正好击中它的头。

小鸡吓了一大跳，以为是天塌了。它要把这个坏消息告诉大家，于是狂奔起来。

它跑啊跑。先是碰见一只芦花母鸡，小鸡惊慌失措地说："不得了啦，天塌了。一块烧饼大的天塌下来正好击中我的头。"

第十三回　知之者不如好之者　好之者不如乐之者 | 101

芦花母鸡决定和小鸡去把这件事报告给国王。它俩一起跑起来。没有跑出多远，就遇见了一只小鸭子。

母鸡说："小鸭子，糟啦！天塌下来了！一块锅盔大的天掉下来把小鸡都砸晕了。这事得报告国王。"鸭子决定和小鸡、母鸡一起去。它们仨就跑起来。后来，他们看到一只鹅。

鸭子说："大白鹅，坏事了！你听说了吗？一块磨盘大的天掉了下来，几乎要了小鸡的命。我们要去报告国王。"鹅决定和它们仨一起去。四只家禽又跑起来。

一只火鸡看到他们四个的狼狈相，好奇地问它们干吗这么慌张？鹅说："不好了！一块碾盘大的天塌了下来，砸住了小鸡。我们正要去报告国王呢。"火鸡决定和它们一起去。于是，这五只家禽结伙跑起来。

一只狐狸拦住了它们的去路。火鸡告诉狐狸说："一块足球场那么大的天塌了下来，砸得小鸡受不了。我们要去报告国王。"

狐狸说："我想国王一定会愿意听到你们这条惊人的消息的。不过，你们知道他住在哪儿吗？"

火鸡说："国王肯定住在一座雄伟的城堡里，宫殿富丽堂皇，屋顶是金子的，窗户上镶满了宝石。"

狐狸说："不对，国王的官殿在山下。我是他的常客。他还经常邀请我去拜访他呢。"

火鸡说："那就请你带我们去吧。"

狐狸说："这事好办，举手之劳。都跟我来吧，不太远的。"

狐狸挺高兴地在前面领路。它们几个傻呆呆地跟着狐狸进了山脚下一个深深的山洞。这一下可惨了！五只家禽没有一只能从那个洞里出来。原来那个洞穴是狐狸的窝。)

何为"手指阅读"？如前叙述，英文为印欧语系，属表音文字，即"见字发音"。此时此刻，一改以往只听故事，为手指英文，女儿"读"故事矣！故事关键时刻，吾或有意漏掉关键词语，女儿便欣然补救矣！感谢中央电视台教育节目部也！四十五个故事：语言之规范，内容之优雅，情操之高尚，"歌颂真善美，鞭挞假恶丑"。那些动人情节，那些美丽词语，兼之以女儿最最喜爱的漫画插图，随着爸爸之"魔指"（后来女儿给爸爸赠称），不知不觉流入女儿脑海，进入英文奇妙世界矣。女儿"其乐也融融"，爸爸"其乐也泄泄"！只不过由小耳朵到脑海变为爸爸手指—女儿眼睛、耳朵—大脑罢了！从此打开"潘多拉之盒"（Pandora's box），一发不可收拾矣！

于是乎，上帝假予三年南农求学，游弋于我大中华传统农业与美利坚现代农业之际，几乎每日赐予小天使"魔指"故事一篇矣！

于是乎，零岁开始之优美故事，如 Pride and Prejudice, The Wonderful Wizard of Oz, Alice's Adventures in Wonderland, Oliver Twist, The Call of the Wild, Black Beauty, Frankenstein, Heidi, Treasure Island, The Wind in the Willows, The Adventures of Huckleberry Finn, The Adventures of Tom Sawyer, Around the World in Eighty Days, 爸爸重新"魔指"识之，女儿大悦，似曾相识也！温故而知新也！

于是乎，经典名校南农图书馆阅览室便增加一小天使矣。一半出自好奇，一半爸爸指引，如前所述，尝试阅读中国、美国农业文明之经典著作，与女儿共同感受中华传统农业文明，共同认识现代美国农业，其乐也无穷矣！

按传统小计，1994年至1996年三年间（3—5岁），女儿阅读英文与经典汉文同步进行，已掌握超过两千词汇矣！

与哈利·波特共同成长。1997年6月，英国作家J. K. 罗琳（J. K. Rowling）哈利·波特系列的第一本《哈利·波特与魔法石》来到人间，恰如 a bolt from the blue（晴天霹雳），让沉闷久矣的儿童世界立刻热闹非凡。久旱逢甘霖，他乡遇故知（〔宋〕汪洙《喜》）！正为女儿英文阅读寻求突破时，吾以特有之敏感：真正及时雨来到矣！瘦小型、蓬乱发、绿眼睛、圆形镜、额前闪电伤疤，哈利·波特骑着扫帚从天而降，相信此情此景为天下儿童之所需矣！"哈利·波特之母"罗琳以天才之想象力孕育出的风靡全球之小小魔法师必然战胜"王子与公主从此快乐生活在一起"永恒之结局，亦神奇般地赐予女儿一目十行天才般之英文阅读能力矣！无须借助任何英汉词典，吾仅仅读之扉页，似"石破天惊，列缺霹雳，丘峦崩摧。洞天石扉，訇然中开"（李白语）。女儿便抢之过去，飞奔入房间，如饥似渴，竟生平首次废美食一餐矣！其语言风格简洁而不乏细腻，活泼中透着苍凉，是继《西游记》后，女儿又一不可多得之精神食粮矣！

　　从此陷入魔法世界不能自拔。阅读超越一日三餐，如影随形。恰恰证明一个颠扑不破之真理：兴趣乃一切成功之母！随后，1998年《哈利·波特与密室》、1999年《哈利·波特与阿兹卡班的囚徒》，直至2001年华纳兄弟电影公司《哈利·波特与魔法石》搬上银幕，在全球范围内，哈利·波特进入最佳境界。

　　此时，女儿同时进入另一境界，阅读霍金（Stephen William Hawking）《时间简史》（A Brief History of Time）矣！时年十岁。随后，2003年《哈利·波特与凤凰社》、2005年《哈利·波特与混血王子》、2007年7月终结篇《哈利·波特与死亡圣器》。女儿在以哈利·波特为首的带领下，在英语世界里自由翱翔，英文突飞猛进！文学、历史、数学、物理、天文、地理无不涉及，凤凰涅槃、烈火永生矣！

　　诚如女儿感言：为阅读为探索而学英文耳！吾则言：读书吧！读兴趣之作，读上乘之作，读经典之作，读时代之作。英文，不过一门语言耳，只因翻译滞后，且隔靴搔痒，即使堪称"信达雅"大家之译文亦难免不时词不达意，甚至出错也。忘记自己学英文，英文自然学成矣。

　　既然全球不计其数之优秀文史著作与几乎100%最先进科学论文及

书籍由英文写成,甚至中国自己的文学、历史、科技领域一些学问之作亦是由西方学者研究得出或发现而用英文写成[譬如第一部《中国科学技术史》(Science and Civilisation in China)便是"中国人民的老朋友"——英国科学家李约瑟博士(Dr. Joseph Needham)用英文编著的,还留下著名"李约瑟难题"],若无英文阅读能力,不仅丢失世界,亦丢失自我矣!谈何实现"中国梦"!那些有关高考、研究生考试或某些科目(如考古学)取消英语考试之奇谈怪论(如同汉语拼音化、汉字字母化一样愚蠢)可以休矣!

经典推荐

Harry Potter(《哈利·波特》),是英国作家 J. K. 罗琳的奇幻文学系列小说,共七部。还有衍生续集三部。描写了主角哈利·波特在霍格沃茨七年学习生活中的冒险故事。迄今为止,"哈利·波特"系列图书在全世界已被翻译成七十七种语言,销量超过四亿五千万册并被改编成八部好莱坞大片。哈利·波特系列电影是全球史上最卖座的系列电影,总票房收入达七十六亿美元。

1. Harry Potter and the Philosopher's Stone(《哈利·波特与魔法石》)。

2. Harry Potter and the Chamber of Secrets(《哈利·波特与密室》)。

3. Harry Potter and the Prisoner of Azkaban(《哈利·波特与阿兹卡班的囚徒》)。

4. Harry Potter and the Goblet of Fire(《哈利·波特与火焰杯》)。

5. Harry Potter and the Order of Phoenix(《哈利·波特与凤凰社》)。

6. Harry Potter and the Half-Blood Prince(《哈利·波特与"混血王子"》)。

7. Harry Potter and the Deathly Hallows(《哈利·波特与死亡圣器》)。

第十四回　此中有真意　欲辨已忘言
——文言文与英文

若儿童先掌握文言文,更容易驾驭英文。当今中小学文言文语法教学,已为孩子们学习英语打好了基础。文言文定语后置、状语后置("介词结构后置")几与英文相同。实践出真知。建议双语学校汉语部分教学应以优秀标准文言文为主,更可以使学生快速掌握英文。

语文人教版六年级下册第十二课《为人民服务》(毛泽东主席于1944年9月8日在张思德同志追悼会上所作演讲)中的一段:"中国古时候有个文学家叫司马迁的说过:'人固有一死,或重于泰山,或轻于鸿毛。'"(原文自司马迁《报任少卿书》)20世纪80年代见英译文:The ancient Chinese writer Sima Qian said, "Though the death befalls all men alike(all men must die), it may be weightier than Mount Tai or lighter than a feather."(Serve the People)试比较文言文、英文与白话文,便有惊人发现。

　　文言文:古时中国文学家司马迁曰,
　　英　文:The ancient Chinese writer Sima Qian said,
　　白话文:中国古时候有个文学家叫司马迁的说过,
　　文言文:人固有一死,

英　文：Though all men must die,
白话文：虽然人本来都有一死，
文言文：或重于泰山，
英　文：it may be weightier than Mount Tai,
白话文：有人死得比泰山还重，
文言文：或轻于鸿毛。
英　文：or lighter than a feather.
白话文：有人死得比鸿毛还轻。

后两句,英文与文言文几乎完全一致！白话文则不然。是偶然巧合还是有其他因素？

其一,众所周知,汉字发明于大汶口文化早期,距今至少三千五百年。汉字从"表意符号"演变为定型"甲骨文"于殷商中后期(公元前15世纪),进化至太史公司马迁汉朝(公元前202—220)共一千五百多年。英语古英语或盎格鲁-撒克逊语(Old English 或 Anglo-Saxon,450—1150 年英语)进化至今共一千五百多年。英语进化历史晚于汉语约两千年。语言学家研究发现:"汉语是进化过的世界最先进的语言。"换言之,今日英语进化之进程仅与中国秦汉时期大致相同！《史记》乃当时之标准官方书面语及口语也。唐代韩愈、柳宗元及宋代欧阳修、王安石、曾巩、苏洵、苏轼、苏辙提倡古文运动,古文即指先秦两汉之优秀散文也。吾辈不经意发现其中奥秘:若儿童先掌握标准、优秀文言文,诸如《史记》及唐宋八大家等,则更容易驾驭英文矣。吾大学时曾教英国留学生汉语,发现教授古代汉语较现代汉语容易,亦反证此点矣。此女儿学习顺序为古代汉语—英语—现代汉语之缘由也！此其一。

其二,依据当今中学文言文英文语法教学,似乎文言文已为孩子们学习英语打好基础矣！

譬如大量定语后置，与英文如出一辙。"马之千里者"（韩愈《马说》）。现代文：（能）跑千里的马。"千里"作为定语被提到了中心词"马"之前。英语则是"a horse galloping a thousand li (a day)"，与文言文无异。

再如状语后置，或介词结构后置。主要两种类型：(1) 介词结构"于……"放在谓语后作后置状语；(2) 介词结构"以……"放在谓语后作后置状语。诸葛亮《前出师表》中著名的一段含有较多"介词结构后置"。请比较文言文原文、英文及现代文：

臣本布衣，躬耕于南阳，
I was originally a commoner, tilling my land in Nanyang,
（我本来是个平民，在南阳亲自种地，）
苟全性命于乱世，
trying merely to survive in the troublous times,
（只希望在乱世里苟且保全性命，）
不求闻达于诸侯。
not seeking to be known to the nobility.
（不奢望在诸侯中扬名显达。）
先帝不以臣卑鄙，
The late Emperor, disregarding my humble birth and low position,
（先帝不因为我身份低微，见识浅陋，）
猥自枉屈，三顾臣于草庐之中，
condescended to pay me three visits in my thatched cottage,
（反而降低身份，委屈自己，三次到草庐来拜访我，）
咨臣以当世之事，
consulting me on contemporary issues,
（向我询问当时的大事，）

由是感激，

I was therefore very grateful to him,

（我因此有所感激，）

遂许先帝以驱驰。

and promised him my whole-hearted service.

（就答应为先帝奔走效劳。）

后值倾覆，

Later our army suffered a disastrous defeat,

（后来正赶上兵败，）

受任于败军之际，

I was appointed (as envoy to Wu) at the time of the debacle,

（在军事上失败的时候我接受了重任，）

奉命于危难之间，

and was installed in office at a moment of great peril and tribulation,

（在危难紧迫的关头接受命令，）

尔来二十有一年矣。

Since then twenty one years have elapsed.

（至今已有二十一年了。）

（英文译文主要采用谢百魁译本《中国历代散文译萃》，中国对外翻译出版公司。）

英文句式与文言文原句之词语顺序，完全一样！现代文则不然。

其三，文言文多用单音节词，恰好与大多数英文单词对应，而现代汉语多用双音节词。

文言文：朋；英文：friend；现代文：朋友。

睡，sleep，睡觉；醒，wake，醒来；思，think，思考；诲，teach，教诲；凶，

cruel,凶残；赢,win,获胜；穷,poor,贫穷；富,rich,富有；病,ill,疾病；等等。诸君设想,用英文"思维"(think),"思"单音节是否更接近"think"？

记得当年授课英国学生"春眠不觉晓"："春",spring；"眠"或"睡",sleep；"晓",dawn。英国学生极易接受。解释"春"为春天,"眠"为睡觉,"晓"为拂晓或天亮时,英国学生则大呼小叫,无法理解矣！何哉？"春"与spring、"眠"或"睡"与sleep、"晓"与dawn,皆为单音节,读来何其顺耳！且一英国学生提出："sleep" just means"睡",却为何"睡、觉""sleep and wake"(睡了又醒了)？诸君可以粗暴地认为他不懂汉语之偏义复词,可静静思考,比较文言文之简洁与美丽、白话文之啰唆与累赘,不无道理？请欣赏许渊冲先生译《春晓》(孟浩然)："春眠不觉晓,处处闻啼鸟。夜来风雨声,花落知多少。"

  This morn of spring in bed I'm lying,
  Not wake up till I hear birds crying.
  After on night of wind and showers,
  How many are the fallen flowers!
  (闻,hear；啼鸟,鸟啼,birds crying；花落,落花,fallen flowers；风雨声,wind and showers)

与诸君共玩味冯友兰先生传神英译《庄子·内篇·逍遥游第一》"北冥有鱼",此篇为女儿最为欣赏矣。

北冥 In the Northern Ocean 有 there is 鱼 a fish,其名为鲲 by the name of kun,鲲之大,不知其几千里也 which is many thousand li in size. (This fish)化而为 metamorphoses into 鸟 a bird,其名为 by the name of 鹏 peng,鹏之背 whose back,不知其几千里也 is many thousand li in breadth. When the bird 怒 rouses itself 而飞 and flies，其翼 its wings 若垂天之云 obscure the sky like clouds. 是鸟也 When this bird，海运 moves itself in the sea(，) 则将徙于 it is preparing to start for 南冥 the Southern Ocean，南冥者，天池也 the Celestial Lake.

齐谐者 A man named Chi Hsieh(or a book named)，志怪者也 who (that) recorded novel occurrences，谐之言曰 said："鹏之徙于 When the peng is moving to 南冥也 the Southern Ocean，水击 it flaps along the water 三千里 for three thousand li，抟扶摇而上者 then it ascends on a whirlwind up to a height of 九万里 ninety thousand li，去以六月息者也 for a flight of six months' duration."野马也 There is the wandering air，尘埃也 there are the motes，生物 there are living things 之以息相吹也 that blow one against another with their breath. We do not know 天之苍苍 whether the blueness of the sky，其正色邪 is its original colour? 其远而无所至极邪 or is simply caused by its infinite height? 其视下也 When the peng sees the earth from above，亦若是则已矣 just as we see the sky from below. (It will stop rising and begin to fly to the south.)

现代汉语译文：

北方的大海里有一条鱼，它的名字叫作鲲。鲲的体积，真不知道大到几千里；变化成为鸟，它的名字就叫鹏。鹏的脊背，真不知道长到几千里；当它奋起而飞的时候，那展开的双翅就像天边的云。这只鹏鸟呀，随着海上汹涌的波涛迁徙到南方的大海。南方的大海是个天然的大池。一位名叫齐谐专门记载怪异事情的人(或书)，(他)说："鹏鸟迁徙到南方的大海，翅膀拍击水面激起三千里的波涛，海面上急骤的狂风盘旋而上直冲九万里高空，离开北方的大海用了六个月的时间方才停歇下来。"春日林泽原野上蒸腾浮动犹如奔马的雾气，低空里沸沸扬扬的尘埃,都是大自然里各种生物的气息吹拂所致。天空是那么湛蓝湛蓝的,难道这就是它真正的颜色吗?抑或是高旷辽远没法看到它的尽头呢?鹏鸟在高空往下看,不过也就像这个样子罢了。

再如《史记》中之《鸿门宴》,亦是女儿童年所爱。

The Feast at Hongmen(鸿门宴)(节选)
Sima Qian

The next day 旦日 Liu Bang, Lord of Pei, 沛公 escorted by 从 some one hundred horsemen 百余骑,went to interview 来见 King Xiang 项王。Upon their arrival at 至 Hongmen 鸿门,he apologized,谢曰:"臣与 Your Highness 将军 joined hand 戮力(with me) to attack Qin 而攻秦。You 将军 fought 战 north of the Yellow River 河北,I 臣 battled 战 south of it 河南。But 然 I did not expect that 不自意 I should be the first 能先 to break through 入 Han'gu Pass 关 and annihilate 破 the Qin Empire 秦,and now have the fortune to visit 得复见 Your Highness 将军 at this place 于此。(Now) 今者 because of 有 the mischief done by some maligners 小人之言,there exists some misunderstanding between me and Your Highness 令将军与臣有郤。" Xiang 项王 said 曰,"It was 此 your 沛公 general 左司马 Cao Wushang 曹无伤 who said 言 so 之。Otherwise 不然, why should I have acted 籍何以 like that 至此?"

That day Xiang 项王即日 had Liu stay 因留沛公 at his quarters and drank with him 与饮。King Xiang 项王 and Xiang Bo 项伯 were seated on the east side of the table 东向坐,Fan Zeng, Xiang's "Second Father" on the south side 亚父南向坐——亚父者,范增也,and Liu 沛公 on the north side 北向坐,while Zhang Liang 张良,as a companion of Liu, was seated on the west side 张良西向侍。

　　Fan 范增 winked at Xiang several times 数目项王, prompting him to take action by raising thrice a jade ring 举所佩玉玦以示之者三。Nevertheless, Xiang 项王 kept silent 默然, ignoring his hint 不应。Then Fan 范增 rose 起 and went out 出 to call 召 Xiang Zhuang 项庄 into the tent, saying to him 谓曰,"As a sovereign 君王,(your cousin) is too relenting 为人不忍。You just go in 若入 and give them a toast 前为寿。Then 寿毕 you try to 请以 perform a sword dance 剑舞, and 因 strike 击 Liu 沛公 in his sitting posture 于坐, kill 杀 him 之。Failing this 不者, you later 若属 will all 皆 be taken captive by him 且为所虏。"Acting upon this instruction, Xiang Zhuang entered the tent 庄则入为寿。Having toasted them both 寿毕, he said 曰,"As Your Highness 君王 drinks with General Liu 与沛公饮 and there is no other pleasure in the camp 军中无以为乐, please 请 allow me 以 to treat you a sword dance 剑舞。"Xiang 项王 said 曰,"Good 诺。"So Xiang Zhuang 项庄 drew 拔 his sword 剑 and started to dance 起舞。Xiang's uncle 项伯 followed suit 亦拔剑起舞, deliberately shielding Liu with his body 常以身翼蔽沛公, making it impossible for the young man to give him a thrust 庄不得击。(谢百魁译文,稍加修改)

现代汉语译文：

　　刘邦第二天带领一百多人马来见项羽,到达鸿门,谢罪说:"我和将军合力攻打秦国,将军在黄河以北作战,我在黄河以南作战。然而自己没有料想到能够先入关攻破秦国,能够在这里再看到将军您。现在有小人的流言,使将军和我有了隔阂……"项羽说:"这是你左司马曹无伤说的。不然的话,我怎么会这样呢?"项羽当天就趁此机会留刘邦同他饮酒。项羽、项伯面向东坐;亚父面向南坐——亚父这个人,就是范增;

刘邦面向北坐；张良面向西陪坐。范增多次使眼色给项羽,举起(他)所佩带的玉玦向项羽示意多次,项羽默默地没有反应。范增站起来,出去召来项庄,对项庄说:"君王的为人(心肠太软),不忍下手。你进去上前祝酒,祝酒完了,请求舞剑助兴,顺便把刘邦击倒在座位上,杀掉他。不然的话,你们都将被他所俘虏!"项庄就进去祝酒。祝酒完了,说:"君王和沛公饮酒,军营里没有什么可以用来娱乐,请让我舞剑助兴吧。"项羽说:"好。"项庄就拔出剑舞起来。项伯也拔出剑舞起来,并常常用自己的身体掩护刘邦,项庄(始终)得不到(机会)刺杀(刘邦)。

看官细心一读,便明白矣:英文与文言文句式相同之处远远多于英文与白话文!

此我等带女儿玩文字游戏之心得,不登大雅之堂,不敢与语言大家理论,仅供望子成龙、望女成凤者参阅而已。有道是:实践出真知。陶公有言:此中有真意,欲辨已忘言。(Within lies truth, beyond words.)

由此观之,那些认为不学优秀传统文化,亦可立于世界民族之林者,可以休矣!

那些数典而忘其祖,急功近利者,可以休矣!

那些借减负为名,欲减少中小学文言文学习篇幅者,可以休矣!

吾离教育界久矣!不敢妄议百年大计。然位卑未敢忘忧国,建议双语学校汉语部分教学应以优秀标准文言文为主,更可以使学生快速掌握英文也。不亦双赢乎?何乐而不为?

经典推荐

1.《庄子》(英文版),冯友兰译,外文出版社,1991年。

2.《唐诗三百首》(汉英对照),许渊冲译,高等教育出版社,2000年。

3.《古文观止精选》(汉英对照),罗经国译,外语教学与研究出版社,2005年。

第十五回　温故而知新　可以为师矣
——过度复习之悲哀

"温故而知新",重在"知新"。学习英文体会,无单词之乱耳,无语法之劳形,无打钩之烦恼,无"释义"之无味,无复习之枷锁。独立自学之魅力,过度复习之悲哀。学一门外语,既是科学,又是艺术,不做ABC"空心人",披文入境,循序渐进。学英文如此,其他学科亦如此,数学学科更是如此。终日而复习,不如须臾之所学。

子曰:"温故而知新,可以为师矣。"(《论语》)今人往往曲解圣人本意,以为温故仅为复习也。于是学校教育,尤其初三、高三,围绕中考、高考指挥棒,皆强调复习,甚至高三一年全部复习!殊不知,"故者,旧所闻。新者,今所得。"(朱熹《论语集注》)"知新而征故",重在"知新"矣!窃以为,复习对巩固已学知识有一定作用,然过度复习,整日围绕"打钩"转,终究弊大于利矣!

过度复习严重摧残儿童好奇心、想象力与创造力。郑也夫(《吾国教育病理》作者)说:"我们的教育摧毁了潜在的诺奖获得者的想象力,靠的什么:复习。接受新东西是亢奋的,复习是沉闷的,复习超过两遍就不是好事，我们高三整整一年在复习。拉过一年磨，终生无缘千里马的行列。"善哉此言！仍以研习英文为例。

无单词之乱耳，无语法之劳形，无打钩（multiple choice）之烦恼，无"释义"（paraphrase，英文教学中常见解述或改写课文之方法）之无味，更无复习之枷锁。女儿感谢爸爸学习英文之体会。

学习英文者，看电影读小说，听美国之音、BBC，能说会写，知其然足矣，又何必知其所以然！女儿小学毕业，参加大学英语四级考试之际，不知英文名词（noun）、形容词（adjective）为何物，有好事者问其何谓"复合宾语"（complex object）与"双宾语"（double object）？女儿一脸茫然，不知所云，遂"笑而不答心自闲"。考前，一套模拟试题尚未做完，便进入考场玩玩去也！五十五分钟便飞出考场矣！

我等申明：吾毫无诋毁学习英文"背诵单词、钻研文法、诠释课文、复习巩固"之意。

由于"文革"等因素，如同许多同时代人，吾亦有长期自学经历，且具十六年中小学及大学教学经验，在与女儿共同成长中，深感独立自学之魅力与过度复习之悲哀。

想当年吾辈学习英语简单且有趣。20世纪70年代，"文革"后期，学习英文逐步开放，除全民收听广播电台《英语广播讲座》外，我等最大乐趣便是在巨大噪音的狂轰滥炸（干扰台对付"敌台"的办法）之下"偷听敌台"（美国之音VOA或英国BBC电台）学英语，其时受好奇心驱使，居然每日坚持收听两小时以上！

自学教材只有"许国璋英语"系列：许国璋主编第1、2、3、4册，语言基础；俞大主编第5、6册，语言到文学；徐燕谋主编第7、8册，文学原著。循序渐进，进阶明显，配合得天衣无缝。此教材，20世纪60年代即通行全国，享誉海内外，历四十年而不衰，影响几代英语学习者，成为英语教学教材之光辉典范。窃以为，有如王力《古代汉语》，堪称中英语文"双璧"，若论教材语言文学功底,至今无与伦比矣。

听力教材为亚历山大(L. G. Alexander)《新概念英语》(New Concept English)——经典英语教材,享誉全球四十年。

然后笃信老祖宗"读书破万卷,下笔如有神"和"熟读唐诗三百首,不会作诗也会吟"之语,如同阅读四大名著,如饥似渴地阅读(自学)各类能买到、搞到、借到的一切读物,甚至是印有英文的说明书,任何与英文相关的蛛丝马迹,皆不放过。没有 ABCD 选择之无趣,更无须为考试而复习之诱惑,只有听广播、查字典、看小说、看报纸、看杂志、看各类书籍。进入 80 年代,则接触各类英文科技读物,不断更新阅读内容,接受新鲜事物,不知不觉中英文水平突飞猛进,真正的快乐时光也!诚如当年许国璋、王佐良等英语教育家所言:学一门外语,既是科学,又是艺术,靠划 ABCD 是永远学不好英语的。

当今从中学(甚至小学)到大学,英语教学流行模式为:读豆腐干文章,做超大量练习。无论学校教学或校外各类"培训","打钩练习"为主要教学手段,英语学习逐渐变得枯燥乏味。大学四年或五年,一本英文原著未读者绝不在少数。有英语爱好者总结:从前教学重阅读,今日教学重"打钩";从前学生读一本本书,今日学生读一段段书;从前学生使用英文靠"语感",今日学生靠"语法"。考试时,"打钩练习"轮番轰炸,更有奇葩者,复习背诵 ABCD 答案!知识面窄,文化底蕴差,更不用谈论语感、文学素养,沦为只会 ABC 之"空心人"矣!发展思辨能力从何谈起?更无力创造思维矣!

为让女儿免受不良影响,吾遂按照祖宗之训,结合英文特点,避开复习、"打钩"等教学模式,自成套路。实行之,简单而有趣:

3—6 岁,看官已知,作为母语,此时女儿文言文与英文运用自如,仅识"字"少而已。前文已述,通过吾"手指英文",披文入境,循序渐进矣!

小学一年级,一年时光速成一套大学预备级教材《大学英语(预备级)》(董亚芬主编),囊括当今小学中学大学(入门)所有内容,全面解决所谓基础问题。

每日一课。不记诵单词,亦无须做练习(此为关键之关键)。听课文磁带,默写课文足矣!(爸爸汉语提示,女儿默写或译写英文。)

小学二年级,速成"许国璋英语"系列。精选课文,吾笑称:重走吾辈长征路矣。女儿不怕远征难,万水千山只等闲!同时坚持收听美国之音VOA、英国BBC及众多英美文学、历史经典、科幻作品。

于是乎,小学三年级便轻松进入阅读英文世界矣!(已叙述。)

于是乎,小学毕业之暑假,跳南外龙门之初便通过大学英语四级考试矣!

于是乎,初二年级便通过大学英语六级考试矣!

看官切记:女儿在南京外国语学校所学外文系法语,没有接受过课堂英文教育。

学英文如此,其他学科亦如此。汉语文学自不待言。

窃以为,诸位关注之数学世界更是如此!

综观中国(非世界其他国家)二十余年奥数金牌获得者,莫道成为数学家,即使后来从事数学专业者亦寥寥无几,甚至深恶痛绝,除一些众所周知原因外,反复、过度的复习严重摧残了儿童数学之好奇心、想象力与创造力,定是重中之重、最最重要原因矣!譬如南京地区某小学以奥数获奖最多著称,据其当年"成功经验"介绍,奥数题每题反复训练达数十次之多,孩子幼小心灵受如此之摧残!今后若不痛恨数学(尽管奥数不完全等于数学),岂非咄咄怪事!

故曰:"学不可以已。"(荀子《劝学》)终日而复习,不如须臾之所学也!

经典推荐

《英文观止》(上、下),英文历代经典名著详注,徐晓东主编,世界图书出版公司,2006年。

第十六回　衣带渐宽终不悔　为伊消得人憔悴
　　——读书之乐趣

　　"书有可浅尝者,有可吞食者,少数则须咀嚼消化。""读史使人明智,读诗使人灵秀,数学使人周密,科学使人深刻……""读书破万卷,下笔如有神"重在"破"字。奇谈怪论"四大名著适合孩子阅读吗"?读经典,给人以乐趣,给人以光彩,给人以才干,给人以思考,给人以权衡。天赋如同自然花木,需用学习修剪之。

　　小学伊始,便是阅读开启之时,成为真正读书郎矣!古今中外论读书,可谓汗牛充栋,吾人最喜英国哲学家弗兰西斯·培根(Francis Bacon, 1561—1626) *Of Studies*(《论读书》):
Studies serve for delight, for ornament, and for ability. Their chief use for delight is in privateness and retiring; for ornament, is in discourse; and for ability, is in the judgment and disposition of business.(读书能给人乐趣、文雅和能力。人们独居或退隐的时候,最能体会到读书的乐趣;谈话的时候,最能表现出读书的文雅;判断和处理事务的时候,最能发挥由读书而获得的能力。——廖运范译文)

　　女儿笑曰:陶渊明(352—427)早知此中真意矣!岂不闻:"好读书,不求甚解;每有会意,便欣然忘食。……常著文章自娱,颇示己志。"然哉此言!吾叹曰:"'不戚戚于贫贱,不汲汲于富贵。'其言兹若人之俦乎?衔觞赋诗,以乐其志。无怀氏之民欤?葛天氏之民欤?"(《五柳先生传》)女儿曰:心有灵犀一点通矣!此读书之真谛乎?

Of Studies(《论读书》)继续写道: Some books are to be tasted, others to be swallowed, and some few to be chewed and digested; that is, some books are to be read only in parts; others to be read, but not curiously; and some few to be read wholly, and with diligence and attention. (书有可浅尝者,有可吞食者,少数则须咀嚼消化。换言之,有只须读其部分者,有只须大体涉猎者,少数则须全读,读时须全神贯注,孜孜不倦。——王佐良译文)吾告诫女儿,读书分精读与泛读。即胡适先生"学问之道两面而已,一曰广大(博),一曰高深(精),两者须相辅相成"。

且精读需读上上乘书也!歌德云:"读一本好书,就是和许多高尚的人谈话。"巴金读《古文观止》百遍;矛盾读《红楼梦》百遍;数学家苏步青读《三国演义》百遍;物理学家钱伟长《三国演义》倒背如流。读经典百遍,或百读不厌,其义自现。精选用书,学而致用矣。

Histories make men wise; poets, witty; the mathermatics subtile; natural philosophy deep; moral, grave; logic and rhetoric able to contend. Abeunt studia in mores. (读史使人明智,读诗使人灵秀,数学使人周密,科学使人深刻,伦理学使人庄重,逻辑修辞之学使人善辩;凡有所学,皆成性格。——王佐良译文)分类阅读,广采博览,多方涉猎,为读书之根本。

胡适先生《读书》中提出著名"金字塔型读书教育":"理想中的学者,既能博大,又能精深。精深的方面,是他的专门学问。博大的方面,是他的旁搜博览。博大要几乎无所不知。"塔尖代表最精深专门学问,从塔顶依次而下代表旁征博览各种相关或不相关知识,塔底则代表博大知识范围。如果只有塔顶而没有宽大塔身和塔底有力支撑,再高也只能是空中楼阁。读书"博"恰好弥补了这样一个缺陷,使"金字塔"得以高高立起。

吾人对胡适先生顶礼膜拜,欲女儿真正博览群书、享受读书之乐趣也,深知"只知一样,除此之外,一无所知"(如许多当今教育体制下一些博士)不可能有大作为,"也很少乐趣"。"精""博"兼备才能充分享受人生读书趣味,不可偏颇也!所以,女儿学堂伊始,如前叙述,我等"变本加厉"抵制一切与读上乘书无关之低级阅读诱惑也!按先生"为学要如金字塔,要能广大要能高"之呼吁,使小女在爱读书、好读书、享受读书中一步步走向金字塔顶尖也。吾人坚信"塔身和塔底有力支撑"之重要性,亦天下父母之共同心愿也!

袁枚《随园诗话》中讲"文尊韩,诗尊杜,犹登山者必上泰山,泛水者必朝东海也。然使他空抱东海、泰山,而此外不知有天台武夷之奇,潇湘镜湖之胜;则亦泰山上之一樵夫,海船上之一舵公而已矣。学者当以博览为工",亦是此意。

故曰:广采博览,多方涉猎,是读书之根本。

杜甫"读书破万卷,下笔如有神"重在"破"字。袁枚《随园诗话》:凡多读书,为诗家最要事。所以必须胸有万卷者,欲其助我神气耳。只有"读书破万卷"方能"下笔如有神"。"或问:'诗不贵典,何以少陵有读破万卷之说?'不知'破'字与'有神'三字,全是教人读书作文之法。盖破其卷,求其神;非囫囵用其糟粕也。蚕食桑而所吐丝者,非桑也;蜂采花而所酿蜜者,非花也。"

袁枚《续诗品·博习》:"万卷山积,一篇吟成。诗之与书,有情无情。钟鼓并乐,舍之何鸣?易牙善烹,先羞百牲。不从糟粕,安得精英?曰'不关学',终非正声。"(吟成一首诗,要有万卷书来积累。写诗与读书,一个是有意为之,一个并不是有一定目的,但,你中有我,我中有你。钟和鼓一起奏,才成乐曲,少了其中一个怎能有美妙的音乐?春秋时代著名厨师易牙擅长烹饪,也是先加工好各种各样材料的。不从原始的、简单的地方学习,怎能成为精英?所以,那种"诗写得好坏与读书学习无关"的说法,终究不是正确的声音。)

郑板桥说:"五经,二十一史,藏十二郭(指三藏十二部经书),句句都读,便是呆子,汉魏六朝,三唐两宋诗人,家家都学,便是蠢材。"又道:"读书数万卷,胸中无适主,便如暴富儿,颇为用钱苦。"以历史学入门为例,汗牛充栋已不足以形容。于是,吾效仿贤者,于浩瀚史海中爬罗剔抉,选择一些吾认为启蒙阶段必读入门经典,为女儿开阔视野矣。主要选读有:《诗经》《左传》《论语》《孟子》《老子》《庄子》《楚辞》《史记》《资治通鉴》《圣经》《全球通史:从史前史到21世纪》《历史研究》。

由于种种原因,上述各类选本纷繁杂乱,难免鱼目混珠,一般读者难以区分。吾不胜区区冒昧,依据当年为女儿精选之选本,分别简述如下。若能对诸位同仁及孩子有益,善莫大焉。

《诗经选》:余冠英选注,人民文学出版社,1979年出版。前文已述,系经典选本,"历代诗选/中国古典文学读本丛书"之一,精选一百零六首,逐一进行注释、今译。选目得当,注释简洁,训诂信实,译诗畅达而富于诗味。

《左传选》:徐中舒等编注,中华书局,1963年9月第一版。系郑天挺主编《中国史学名著选》之一。《左传选》在兼顾时间线索同时,突出重大历史事件,较好反映春秋时期历史面貌。且注释简要、通俗,适用于初学者。

杨伯峻先生《论语译注》及《孟子译注》向来以注释准确、译注平实著称,是当代公认最好读本之一,在学术界和读者中享有盛誉。《论语》及《孟子》将随后论述。

《老子的智慧》(The Wisdom of Laotse),林语堂著,陕西师范大学出版社,2006年出版,是林语堂先生向西方介绍道家乃至整个中国古代哲学思想的一部重要著作(1948年蓝登书屋出版)。全书阐释了老子思想的独特性、道家哲学与儒家哲学的不同,并强调要结合庄子研究老子。

"在儒家之外,老子和庄子另辟了一条更宽广的路,带来一种更超越的人生智慧。孔子的哲学,处理的是平凡世界中的伦常关系,非但不令人激奋,反易磨损人对精神方面的渴慕,及幻想飞驰的本性。而老庄的哲学——这种探究生命底蕴的浪漫思想,为中国人开了另一扇门,辟了另一个心灵的空间;两千年来,抚慰了无数创伤的灵魂,使得人们在世俗努力挣扎时,有可回旋的余地。学贯中西的国学大师林语堂,于风趣中见睿智,前所未有地'以庄解老',将老庄思想的独特魅力娓娓道来;抛开烦琐的训诂考辨,用人生的阅历、生命的觉悟去品味老庄哲学,将那原本生涩难解的文字赋予血肉,给予全新的灵魂。老子具有异于常人的智慧,凭借一双犀利之眼,看穿了人世间的是是非非;多听听老子的话好处很多。人生在世,需要智慧。这部林语堂先生最得意、最珍视的著作,读来令人心地宽广,不但能领悟老庄超越时代的人生思辨和处世智慧,更能让自己保有心灵的平和和生命的活力,少一点伤痕。"(女儿摘自该书内容简介。)

据联合国教科文组织统计,被译成外国文字发行量最多的文化名著,除了《圣经》以外就是《老子》(《道德经》)。

《庄子浅注》:曹础基著,中华书局,1982年10月第一版。本书为新中国成立后第一本《庄子》新注,通俗、浅白,适合初学者。

《楚辞选》:马茂元选注,人民文学出版社1958年4月出版。1998年印刷经典版本。"中国古典文学读本丛书"之一。

《屈原离骚今绎》,文怀沙著,上海古典文学出版社1956年第一版。

"《屈原离骚今绎:屈骚流韵》中的'九歌今绎''九章今绎''离骚今绎'曾分别出版于上世纪50年代初。诸书为繁体字本,分别由郭沫若、游国恩、钱锺书校订,面世后,产生了广泛的社会影响,并深得各界权威人士之首肯。毛泽东、柳亚子、郭沫若、胡耀邦、钱锺书诸公虽已先后谢世,但他

们对文氏《楚辞》译文之推许,至今仍被传为佳话。"(《屈原离骚今绎》2005年5月百花文艺出版社出版说明)

文怀沙学术水准受到许多质疑。无论如何,先生对《楚辞》普及工作,成果丰硕,贡献良多,名扬海内外,确是毋庸置疑也。

毛泽东主席评价《屈原离骚今绎》趣闻:

> 1959年,沈尹默(诗人、书法家、教育家,书法与于右任并称"南沈北于")将工楷手书的一百首词作面呈毛泽东,作为国庆十周年的献礼,毛泽东翻阅后,大加赞赏,晚上在中南海设便宴招待沈尹默,席间,毛泽东问道:"你这十年来怎么这样凑巧,正好写了一百首呢?"沈尹默答道:"是啊,奇怪,我一数,不多不少,正好一百首。"毛泽东听后,摆了摆手,纠正道:"不对,我看你至少写了一百零一首。""你给文怀沙《屈原离骚今绎》题过一首词,叫《减字木兰花》,而且不是铅字排的,是你手写制版的,这不会假吧?"说得沈尹默大笑起来。接着,毛泽东便把话题转入《屈原离骚今绎》上来,指出郭沫若的《离骚今绎》是翻译,而文怀沙却是"抽绎",只把训诂作为手段。撇开了烦琐的考证,简洁明了,文采斐然,新面为开,就学术质量而言,文"绎"尤胜于郭译。——所谓"骚作开新面",即本乎此,胡公援"今典"也。(邵盈午《深度的契合——胡耀邦〈致文怀沙先生〉赏析》)

《史记选》:1955年(纪念司马迁诞生2 100年)王伯祥选注,人民文学出版社,1957年第一版,系"中国古典文学读本丛书"之一。《史记》精华选编。司马迁(公元前145—前90)以其"究天人之际,通古今之变,成一家之言"的史识创作中国第一部纪传体通史《史记》(原名《太史公书》),位列"二十五史"之首,记载了上至上古传说中黄帝时代,下至汉武帝元狩元年间共三千多年历史,数百杰出人物一生惊心动魄、千姿百态,蕴含人生经验经历,其他史学著作无法比拟。被鲁迅誉为"史家之绝唱,无韵之离骚"。

《资治通鉴选》:王仲荦编注,中华书局1965年。系郑天挺主编《中国史学名著选》之一。《资治通鉴》北宋司马光主编,中国第一部编年体通史,在中国官修史书中占有极重要的地位。主要以时间为纲,事件为目,从周威烈王二十三年(公元前403年)写起,到五代后周世宗显德六年(公元959年)征淮南停笔,涵盖十六朝1362年历史。

The Story of the Bible(《圣经的故事》),〔美〕房龙(Van Loon)著,1923年出版,是房龙专门为美国青少年写作的通俗历史读物。

房龙(Hendrik Willem van Loon,1882—1944),荷裔美国著名通俗历史学家。一生出版了三十余种书籍,单枪匹马地将人类各方面的历史几乎全部复述一遍。其中《宽容》《人类的故事》《房龙地理》等畅销著作,影响了几代人。

"《圣经》原典的庄严肃穆常使人望而生畏。经由房龙通俗有趣的写作手法,将其转换为概略简要的'圣经故事',不仅保留了《圣经》原典的精神,也使读者轻松进入《圣经》世界。房龙用朴素睿智、宽容的声音讲述古老故事的同时,也演绎出了《圣经》故事背后的浩大人类历史进程。如此博大而神秘的《圣经》,房龙却能让这部书连普通人都能看懂。《圣经的故事》实为房龙超越《圣经》原典的著作。……再配上房龙亲手绘制的插图,将给你的阅读带来无穷乐趣。"(摘自秦立彦译本内容简介,广西师范大学出版社2004年4月出版。)

譬如开始篇:

HOW THE OLD AND THE NEW TESTAMENT CAME TO BE WRITTEN AND WHAT HAPPENED TO THE HOLY BOOK IN THE COURSE OF MANY CENTURIES(《旧约》和《新约》是如何写成的? 数百年来,这部神圣的作品都经历了什么?)

第十六回　衣带渐宽终不悔　为伊消得人憔悴

The pyramids were a thousand years old.（金字塔已有上千年的历史。）

Babylon and Nineveh had become the centres of vast empires.（巴比伦和尼尼微已成为庞大帝国的中心。）

The valley of the Nile and that of the broad Euphrates and Tigris were filled with swarming masses of busy people, when a small tribe of desert wanderers, for reasons of their own, decided to leave their home along the sandy wastes of the Arabian desert, and began to travel northward in search of more fertile fields.（尼罗河谷和幼发拉底河、底格里斯河那宽阔谷地中，到处都是忙碌的人群。这时，一支在沙漠中漫游的小部落，为了生存而决定离开位于阿拉伯沙漠边缘的家园，向北迁徙，寻找更加肥沃的土地。）

In time to come, these wanderers were to be known as the Jews.（后来，人们称这些漫游者为犹太人。）

Centuries later, they were to give us the most important of all our books, the Bible.（几个世纪后，他们为我们提供了一本最重要的书——《圣经》。）

Still later, one of their women was to give birth to the kindest and greatest of all teachers.（再后来，他们中的一个女子，生了一位最善良、最伟大的导师。）

And yet, curious to say, we know nothing of the origin of those strange folk, who came from nowhere, who played the greatest role ever allotted to the race of man, and then departed from the historical stage to become exiles among the nations of the world.（但奇怪的是，我们对这个陌生民族的起源，竟然一无所知。他们不知从何而来。他们扮演了人类民族中最伟大的角色，然后退出历史舞台，流亡于世界各国。）

犹如郁达夫所言，房龙的笔有一种魔力，干燥无味的科学常识经他那么一写，无论大人小孩，读他书的人都觉得娓娓忘倦了。

《全球通史：从史前史到 21 世纪》——*A Global History：From Prehistory to the 21st Century*（Leften Stavros Stavrianos）——L. S. 斯塔夫里阿诺斯著，吴象婴、梁赤民译，上海社会科学出版社，1999 年 5 月出版。分为《1500 年以前的世界》与《1500 年以后的世界》两册。全球第一部由史学家运用全球观点囊括全球文明编写之世界历史。

"《全球通史》给了我强烈的现实感：它是可以用来救治我们现在所面临的由于陶醉于技术进步而产生的深深的精神危机的一种思想武器；它有助于人们理解未来——包含各种可能性和选择的未来。"（英国历史学家阿诺德·汤因比）

"美国著名历史学家斯塔夫里阿诺斯的这部《全球通史》，是全球史潮流的一部奠基性的杰作。自上个世纪 90 年代初起，它就一直是北京大学历史系本科教学的首要参考教材之一，对中国高校世界史教材编写工作产生了革命性影响。"（北京大学历史系教授高毅）

本书享誉世界几十年，与汤因比《历史研究》齐名，但比《历史研究》通俗易懂。与《梦的解析》《广义相对论的基础》《就业、利息和货币通论》《时间简史》等并列为"20 世纪影响世界的十本书"。

《历史研究》（*A Study of History*），〔英〕阿诺德·汤因比著，刘北成译，上海人民出版社 2005 年 4 月出版。

"近世以来最伟大的历史学家"——英国历史学家阿诺德·汤因比（Arnold Joseph Toynbee，1889—1975）名著《历史研究》被誉为"现代学者最伟大的成就"。汤因比在本书中将人类史作为一个整体来加以考察，以极其宏大的视角展现了诸多文明的成长、碰撞、融合的历程，在这一令人着迷的历史画卷中，作者以其博大精深的历史学知识和哲学睿智为读者带来了吸收知识和进行思考的快乐。

第一部《历史形态》的第七章《希腊模式和中国模式》写道："孔子是位

保守主义者,他从未梦想过中国会实现有效的政治统一。秦始皇的事业或许让他震惊,汉高祖刘邦修复统一一事也不见得会使他多么高兴。孔夫子如同柏拉图和亚里士多德,视政治分立为正常现象。"(刘北成、郭小凌译)"在公元前221年政治统一之前,中国早已实现了文化统一。在这方面,中国最伟大、最富创造性的思想文化运动发生在兵连祸结的春秋战国时代,即完成政治统一之前。这是包括孔子在内的几乎所有中国哲学学派奠基人所在的时代。"认为秦始皇大一统,掐断精神上升之路。与中国传统史学思想大相径庭!遇此类评述,着实让女儿耳目一新、思路顿开。凡此种种,不一而足。

至此,女儿辈读书进入"衣带渐宽终不悔,为伊消得人憔悴"之境界矣!

不知为何现时教育界某些人(有些还是赫赫有名之一流高等学府当权者)发出"四大名著适合孩子阅读吗?"这样的奇谈怪论!更有甚者,如此评述祖国经典文学:"在我们的文学经典中,适合孩子阅读的作品似乎也非常有限。《诗经》《楚辞》《史记》太过艰深,唐诗宋词也不好懂,《聊斋志异》里全是鬼故事,孩子听了可能会做噩梦。至于《说唐》《说岳全传》《七侠五义》之类则更是等而下之了。"(《北大考试研究院院长:四大名著并不适合孩子阅读》,中国青年报2016年9月26日)呵呵!连《诗经》《楚辞》《史记》和唐诗宋词皆不放过!真是欲哭无泪!试问欲将中华民族之儿女引向何方?真是无语矣!我等平民百姓真真手足无措矣!

读(经典、一流)书给人以乐趣,给人以光彩,给人以才干,给人以思考,给人以权衡。天赋如同自然花木,需用学习修剪之。

经典推荐

建议在阅读房龙《圣经的故事》之后,延伸阅读:

The New Student Bible, *Notes by Philip Yancy and Tim Stafford*,

New International Version. 出版社：Zondervan Publishing House，Grand Rapids，Michigan，1996. 此为美国学生版《圣经》，通俗易懂。

《圣经》是西方文明之基石。《圣经》是由几十位不同身份作者用希腊文和希伯来文写就的，用时一千多年，涵盖了当时历史、政治、法律、地理、人文等诸多方面，堪比一部百科全书。在信仰基督教之国家几乎人手一本，被奉为经典。也是古往今来进步文学家与思想家之灵感来源。前人云"《圣经》孕育了西方文化，抽去了《圣经》，西方世界就将倾斜；不了解《圣经》，就不可能了解西方的文明与文化"。基督教《圣经》不仅是一段宗教历史现象，更是一种思维情感方式，罪与罚、罪与恕、生命与永恒、道德与上帝、自由、博爱、平等、希望等成为西方文学创作的基本内容。我们要想准确理解西方文学与历史，必须从源头《圣经》出发，弄懂《圣经》，再用这部著作所提供的透视力去考察、享受西方文学与历史。

第十七回　父母之爱子　为之计深远
——理想之跬步

　　面向世界,走向未来。半部《论语》治天下,万丈高楼平地起。吴氏楷模:"禅让"吴太伯;"兵神"吴起;"吴带当风"吴道子;吴承恩《西游记》,"超人、蝙蝠侠、蜘蛛侠、钢铁侠、'美国队长'之集大成者",东方之《哈利·波特》;吴敬梓《儒林外史》、吴趼人《二十年目睹之怪现状》,"帝国的最后一瞥";"物理女王"吴健雄。

　　"父母之爱子,则为之计深远。"(《战国策·触龙说赵太后》)两千五百年前触龙至理名言家喻户晓。当时触龙晓之以理,动之以情,"位尊而无功,奉厚而无劳","长安君何以自托于赵?"赵太后明主也!遂有"诺,恣君之所使之"佳话,亦为世世代代为人父母者所称颂。

　　吴楚材、吴调侯《古文观止》评述《触龙说赵太后》:通篇琐碎之笔,临了忽作曼声,读之无限感慨。左师悟太后,句句闲语,步步闲情,又妙在从妇人情性体贴出来。便借燕后反衬长安君,危词警动,便尔易入。老臣一片苦心,诚则生巧,至今读之,犹觉天花满目,又何怪当日太后之欣然听受也。

　　吾每每读之,岂止"天花满目"! 俗语云,人无远虑,必有近忧。今日之儿女教育又何尝不是如此！自女儿来到人间，虽道"理想很丰富，现实很骨感"，吾仍然执着以所谓"长远理想"（常被笑为迂腐）教育之，以"父母之爱子，则为之计深远"警示吾身，尽吾之所能，让女儿面向世界，走向未来。

故事一：半部《论语》治天下。

1997年9月1日，步入学堂第一天。吾带上女儿，骑自行车自小区至赤壁路小学，三十五分钟路程，竟一路无语。据往常经验，若女儿五分钟一言未发，便是"山雨欲来风满楼"矣。果然如此！行车至学校门口，正欲将女儿抱下自行车，忽然女儿把住车龙头（坐在前面）：

"Turn back immediately. Return home, now."

"Why?"

"赵普半部《论语》治天下。Now I have finished Confucius. I could conquer the world now. Need I go to school?"

（宋初宰相赵普："臣平生所知，诚不出此《论语》，昔以其半辅太祖定天下，今欲以其半辅陛下致太平。"——选自罗大经《鹤林玉露》）

吾顿觉理屈词穷。是也！女儿此时基本完成《论语》听说，自以为学成"平天下"本领矣！吾思索片刻，"正襟危坐"对曰：

儒家提倡"正心、修身、齐家、治国、平天下"，汝知"正心"否？

答曰：否。

汝知"修身"否？

答曰：否。

汝知"齐家"否？

答曰：否。

汝知"治国"否？

答曰：否。

吾笑而乱答（似非而是）曰：既如此，夫小学者，学"正心"也！中学者，学"修身"也！大学者,学"齐家"也！硕研者,学"治国"也！博研者,方真正学"平天下"走向世界之本领矣！

女儿似顿悟,亦笑答曰:诺,我知之矣！万丈高楼平地起,扫天下而不肯扫一屋者,不可取也。爸爸,吾"正心"去也！遂跳下自行车,转身进入现代书法家尉天池教授(后告知女儿,尉天池先生为爷爷师范时同学也)题名赤壁路小学校园,于是正统教育正式开始矣！

故事二:留取丹心照汗青。

按《吴氏名人作品选》(包括吴氏名人传记)顺序,听爷爷系统讲述史上吴姓志士仁人、留名青史故事,激励女儿树立远大目标,奋发向上。

爷爷说,自古吴姓以贤德才能著称于世,择其要者而举之:

吴太伯(或吴泰伯,吴姓始祖,公元前12世纪)。真正有史书记载中华传统最早美德"禅让"者为吴泰伯。《吴太伯世家》,司马迁列为三十世家之首,赞为世家第一:

"吴太伯,太伯弟仲雍,皆周太王之子,而王季历之兄也。季历贤,而有圣子昌,太王欲立季历以及昌,于是太伯、仲雍二人乃奔荆蛮,文身断发,示不可用,以避季历。季历果立,是为王季,而昌为文王。太伯之奔荆蛮,自号句吴。荆蛮义之,从而归之千余家,立为吴太伯。"(《史记卷三十一·吴太伯世家第一》)

太史公"皮里阳秋",寓论断于叙事,赞吴太伯、季札高风亮节,成就中华帝国第一鼎盛亦是最长朝代——周朝(公元前1046—前256)。

孔子曰:"泰伯其可谓至德也已矣,三以天下让,民无得而称焉！"

吾谓女儿曰:海汝知之乎？谦逊谦让、助人为乐,祖上之传统美德矣！

吴起(公元前440—前381)。中国第一代军事家、战国时期最伟大军事家。中国历史上唯一与"兵圣"孙武齐驱并驾者,后世尊为"兵神"。与孙武并称"孙吴",《吴子》与《孙子》合称《孙吴兵法》,西方学者称之为"无上的箴言""不灭的真理"。

吴道子(约680—759)。史上第一位被后人奉为"画圣"者,非天纵奇才不得获如此殊荣。"年未弱冠,穷丹青之妙"。苏东坡《书吴道子画后》:"诗至于杜子美,文至于韩退之,书至于颜鲁公,画至于吴道子,而古今之变,天下之能事毕矣。"《历代名画记》:"国朝吴道玄,古今独步,前不见顾、陆,后无来者。"民间画工尊其为"祖师"。吴道子佛教绘画样式被称为"吴家样",轻盈飘逸,"吴带当风"。

吴承恩(1501—1582)。晚年成就《西游记》(古典四大名著之一)。自幼聪明过人,《淮安府志》谓"性敏而多慧,博极群书,为诗文下笔立成"。中国神话小说,不似西方史诗神话,直至16世纪明朝中叶,方大器晚成。《西游记》后来者居上,成为中国第一部最优秀浪漫主义神魔小说(鲁迅《中国小说史略》)。其浪漫主义之语言风格,天马行空之想象夸张,一扫传统之拘束,问世以来在亚洲乃至欧美广为流传。文学界一些学者认为,其文学地位犹如西方之莎士比亚。

佛教传入中国后产生三大文化成就:即文学之西游,宗教之禅宗,哲学之心学。吴承恩与中古最著名思想家、心学集大成者王守仁(王阳明,1472—1529)及思想家、中国自由学派鼻祖李贽(李卓吾)(1527—1602)同时代人。《西游记》,中国理性主义启蒙小说,传承庄子,诗化之哲学,东方之但丁。恩格斯说,"但丁是中世纪最后一位诗人,也是新时代最早的一位诗人。"吴承恩则是"中国思想界中世纪最后一位,也是新世纪第一位,媲美'理性主义之父'笛卡尔"(金岱)。

现代诗人、文学史家林庚说得好:《西游记》"以儿童的天真烂漫的情趣讲述着动物世界的奇异故事以及它所赋予孙悟空的活泼好动、富于想象和轻松游戏的乐观性格,都正暗含着当时社会思潮中寻求精神解放与回到心灵原初状态的普遍向往。《西游记》中的童话性与李贽的'童心说',分别在文学与哲学的不同领域中体现了这共同的向往"。

《西游记》,中国第一部奇幻文学名著。主题为解决人类信仰问题(寻找主题),东方儒释道三家合一之理想主义。《西游记》奇幻奇趣,充满童心,充满淘气,充满幽默,充满好奇,充满想象力。孙悟空七十二变,无所不能,取经路上,降魔伏妖。《大闹天宫》《三打白骨精》《真假美猴王》《智取红孩儿》《三借芭蕉扇》等家喻户晓,至今传唱不衰,实乃超人、蝙蝠侠、蜘蛛侠、钢铁侠、"美国队长"之集大成者(女儿语),且早于后者五百年,为世界千万儿童喜爱。

《西游记》是东方之《哈利·波特》,孙悟空为中国之哈利,孙悟空石猴出世、天地间灵异之物;哈利·波特为伏地魔后存活婴儿。皆使用神魔,行侠仗义,替天行道,向往正义自由,且有勇有智有谋。女儿感悟:无论九九八十一难艰难历程,还是与食死徒殊死搏斗,皆激励我辈积极人生,努力奋斗。

心猿(孙悟空)学艺于"灵台方寸山、斜月三星洞",灵台、方寸、斜月、三星,皆是心;"如意金箍棒",随心所欲,人之心气。"定海神针铁",人之心定,大海温柔安静;不定,则翻江倒海,搅乱乾坤(大闹天宫)。紧箍咒,"定心真言"。吾告女儿:九九八十一难,取经,为修心之心路历程矣。

吴承恩,淮安府山阳县(今江苏省淮安市淮安区)人,亦女儿出生地也!女儿受爷爷教导,尝言:吾少时特喜欢《西游记》《哈利·波特》,欲真真学习孙悟空、哈利·波特,周游世界,行侠仗义,拥抱自由。

中国古代四大讽刺小说:吴敬梓《儒林外史》、刘鹗《老残游记》、李伯元《官场现形记》、吴趼人《二十年目睹之怪现状》。女儿戏言:爷爷定要说吴家半边天了!

吴敬梓(1701—1754),史上第一部优秀长篇讽刺小说《儒林外史》作者。准确、生动、洗练的白话语言,栩栩如生的人物形象塑造,优美细腻的景物描写,出色讽刺手法,幽默诙谐,读之捧腹。人们称之为"帝国的最后一瞥"。

"看他写周进范进那样热中的可怜,看他写严贡生严监生那样贪吝的可鄙,看他写马纯上那样酸,匡超人那样辣。又看他反过来写一个做戏子的鲍文卿那样可敬,一个武夫萧云仙那样可爱。再看他写杜少卿、庄绍光、虞博士诸人的学问人格那样高出八股功名之外。——这种见识,在二百年前,真是可惊可敬的了!"(胡适《吴敬梓传》)

一部世界上最不引经据典、最饶有诗意散文叙述体之典范,可与意大利薄伽丘、西班牙塞万提斯、法国巴尔扎克、俄国果戈理的作品相抗衡。

第一回《王冕学画》对女儿影响极深。

"……那日正是黄梅时候,天气烦躁,王冕放牛倦了,在绿草地上坐着。须臾,浓云密布。一阵大雨过了,那黑云边上镶着白云,渐渐散去,透出一派日光来,照耀得满湖通红。湖边上山,青一块,紫一块,绿一块。树枝上都像水洗过一番的,尤其绿得可爱。湖里有十来枝荷花,苞子上清水滴滴,荷叶上水珠滚来滚去。王冕看了一回,心里想道:古人说'人在画图中',其实不错,可惜我这里没有一个画工,把这荷花画他几枝,也觉有趣。又心里想道:天下哪有个学不会的事,我何不自画他几枝?……王冕见天色晚了,牵了牛回去。自此,聚的钱,不买书了;托人向城里买些胭脂铅粉之类,学画荷花。初时画得不好,画到三个月之后,那荷花精神、颜色无一不像:只多着一张纸,就像是湖里长的;又像才从湖里摘下来贴在纸上的……既不求官爵,又不交朋友,终日闭户读书。又在楚辞图上看见画的屈原衣冠,他便自造一顶极高的帽子,一件极阔的衣服,遇着花明柳媚的时节,乘一辆牛车载了母亲,戴了高帽,穿了阔衣,执着鞭子,口里唱着歌曲,在乡村镇上,以及湖边,到处玩耍。惹的乡下孩子们三五成群跟着他笑,他也不放在意下。"

葆有童心放牛娃,成就"梅花屋主"一代画家。

女儿道:吾知之矣!吾得绘画之真谛矣!

吴沃尧(吴趼人,1866—1910),《二十年目睹之怪现状》作者。作品描写1884年至1904年二十年间社会上种种怪现状。全书以自号"九死一生"之"我"作线索,自白他出来应世二十年间所遇见的只有"蛇虫鼠蚁""豺狼虎豹""魑魅魍魉",小说展示此怪现状,上自部堂督抚,下至三教九流,举凡贪官污吏、讼棍劣绅、奸商钱房、洋奴买办、江湖术士、洋场才子、流氓骗子等,狼奔豕突,展示清王朝崩溃前夕社会画卷。

吾尝谓女儿:吴趼人先生描述入木三分,国民对战争远观、麻木,对国家命运漠不关心,无怪乎清帝国覆灭矣!

胡适对吴趼人评价甚高:"故鄙意以为吾国第一流小说,古惟《水浒》《西游记》《儒林外史》《红楼梦》四书,今人惟李伯元、吴趼人两家,其他皆第二流以下耳。"

吴健雄(1912—1997)。苏州太仓人,著名美籍华裔女物理学家,"物理科学第一夫人""原子弹之母""原子核物理女王""中国居里夫人",西方科学界称她是"物理女王",公认为世界最杰出物理学家之一。1934年毕业于国立中央大学物理系,1940年毕业于加州大学伯克利分校(UC Berkeley)获物理学博士学位。

吾常以吴健雄经历教导女儿。2009年,女儿本科选择就读于加州大学伯克利分校,此乃后话不说。

经典推荐

《儒林外史》,吴敬梓著,人民文学出版社,1995年。

第十八回　呵护童心　复归于朴
——想象之翅膀

"夫童心者真心也。""天下之至文,焉有不出于童心焉者也。""思无邪",童言无忌,笨拙稚气,诗歌想象,无边无际。庄子,童子也,直上云霄九万里,击水三千里。有天真便有想象力。丹麦获诺贝尔奖人均全球第一,童话奇迹。美国迪士尼输送童心、输送天真。"复归于婴儿","复归于朴"。西方创世神话,荷马史诗,英雄史诗,《圣经·创世纪》,古希腊悲剧,文艺复兴,启蒙运动。中国神话,坚忍忍让,受苦受难,幻想来生。希腊罗马神话,张开天使想象翅膀……

20世纪70年代末,吾家徒四壁,一贫如洗,曾扣下伙食费,购得明末"攻乎异端"思想家李贽《焚书》与《藏书》。于是夜以继日如饥似渴贪读之,《焚书》中有一篇杂论,名《童心说》,可谓开启中国传统思想界又一智慧之光矣!

"夫童心者,真心也。……绝假纯真,最初一念之本心也。若失却童心,便失却真心;失却真心,便失却真人。人而非真,全不复有初矣。童子者,人之初也。""天下之至文,焉有不出于童心焉者也。"童心即天真。

一切皆从"天真"开始:若无天真,何来盘古开天地? 无天真,便无希腊神话,无《西游记》,无爱迪生,无爱因斯坦,无比尔·盖茨矣！发明家、科学家、艺术家、企业家、文学家(诗人),皆有儿童心态、儿童思维方式也。

"子曰:《诗三百》,一言以蔽之,曰思无邪。"(《论语·为政》)"思无邪",童言无忌,笨拙稚气,诗歌想象,无边无际。

庄子犹童子,直上云霄九万里,击水三千里,自由翱翔逍遥游,梦蝶化蝶思悠悠。诸子百家,女儿最喜庄子,哈佛校园,犹随身携带《逍遥游》,天马行空,童心永存。

故春秋战国,百花齐放,百家争鸣,哈雷彗星最早记载,《墨经》光学八条,神医扁鹊望闻问切,科技世界领先。

天真为想象力之胚胎。有天真便有想象力,便有创造。最单纯心境最有原创力,最能创造令人目眩奇迹。《射雕英雄传》《神雕侠侣》华山论剑,老顽童周伯通武功最高。爱因斯坦永远儿童模样,"爱发奇问,百无禁忌,常使大人难堪",老顽童成就其辉煌一生。

丹麦。500多万人口,4.31万平方千米,世界地图仅能数字标出,但获诺贝尔奖13人,人均全球第一。何能如此？以辽阔沧海童话美人鱼作为民族图腾,童心使之然也！自古至今,丹麦创造无数童话奇迹,《海的女儿》《冰雪女王》《拇指姑娘》《卖火柴的小女孩》《丑小鸭》《灰姑娘》……童话王国享誉全球,民族充满梦幻色彩、童真气息。

美国。科技、教育高度发达,经济发展迅速,强盛不衰。沃尔特·迪士尼最大贡献乃为世界源源输送欢乐,输送童心,输送天真。一代代与米老鼠、唐老鸭、加菲猫相伴成长之美国人,基因充满自由驰骋想象、不拘一格开创能力。知识是财富,智慧是财富,快乐是财富,天真更是财富。

"每个孩子都是天才,他们的想象力、创造力让人感到吃惊,但伴随孩子成长的是,想象力、创造力慢慢地流失,而长大后成功的大多数人都是

由合众社摄影师亚瑟·赛西(Arthur Sasse)1951年拍摄的这幅经典照片中,已经满头白发的爱因斯坦还调皮地吐着舌头。他用他的思想给科学带来了彻底变革,并改变了世界,也让人们从照片中更加领略到这位智者的可爱。

想象力和创造力保持下来的人。因此从这个角度来讲,想让孩子长大后变成天才,就一定要栽树,没有种下幻想的苗子,长大了就没有幻想的丛林,在幻想能力、创造能力上就无法超越别人。"(杨鹏)所言极是。

如何呵护童心、种下幻想种子、形成幻想丛林,换言之,如何使社会"复归于婴儿""复归于朴"(《道德经》),是当今中国父母与学校之重任也!

有人说:今日中国之大学教育因过于实用主义、缺乏天真而与世界拉开距离。

"我想大学精神的本质,并不是为了让我们变得深奥,而恰恰是恢复人类的天真。天真的人,才会无穷无尽地追问关于这个世界的道理。大学要造就的,正是这种追问的精神,也就是那些'成熟的人'不屑一顾的'呆子气'。"(刘瑜《送你一颗子弹》)

"真正的人文教育,是引领一群孩童,突破由事务主义引起的短视,来到星空之下,整个世界,政治、经济、文化、历史、数学、物理、生物、心理,像星星一样在深蓝的天空中闪耀,大人们手把手地告诉儿童,那个星叫什么星,它离我们有多远,它又为什么在那里。"(刘瑜)

吾亦尝试行之,以求教于大方。

小学伊始,吾带领女儿遍览中外经典文学神话诗画,时至今日,女儿犹沉浸于动画、动漫、迪士尼、希腊罗马神话、《逍遥游》和《西游记》,曰:乐在其中矣!

一切从神话开始。神话,人类童年之思维,智力发展之起点。人类童年,刀耕火种,宗教、文学、艺术、哲学(科学之科学)、历史,无一不从神话起步。中国神话、古希腊神话皆是儿童想象而起。宇宙混沌未明,神灵产生,化为世界万物。

中国神话,天地开辟。《山海经》,非凡想象,自强不息。夸父逐日、女娲补天、精卫填海、鲧禹治水、共工怒触不周山。庄子、屈原、李白、苏轼、吴承恩……思想家、文学家、诗人想象力之源泉。绘本《山海经》女儿爱不释手,"流观山海图",远强于观《奥特曼》、看《喜羊羊与灰太狼》,更甚于欣赏《熊出没》矣!

普罗米修斯盗神火给人间,传授技艺;燧人氏钻木取火,伏羲发明;赫拉克勒斯(Heracles)十二功绩,后羿射九日。勇敢之神,顽强之神,智慧之神,善良之神。吾授之女儿:海汝知之乎?直面人生,做善良、勇敢、智慧之人。

希腊神话神界,荷马英雄时代缩影;中国神话天国,皇权政治色彩浓厚。"俄狄浦斯情结"、宙斯与欧罗巴、牛郎织女、嫦娥奔月、天仙配……希腊神话神即人,神人同形同性,七情六欲,喜怒哀乐,神人合一。宙斯一家,除不死之外,无异于凡人。中国神话神即神,大都不食人间烟火,正义化身,神做坏事便称魔。大禹治水,三过家门而不入;神农尝百草,一日遇七十毒。中国神话,坚忍忍让,受苦受难,幻想来生。希腊神话,个性开放,富有哲理,注重感情,努力抗争。

西方创世神话,天生爱求知。北欧众神之王奥丁(Odin)牺牲一只眼为喝一勺"智慧泉水";希伯来上帝意念创世,创造美妙世界、诱人天堂;希腊神话,英雄主义,造人盗火,普罗米修斯意志决定行动,违抗天帝,叛逆自由,激情满怀,传承于人;亚当夏娃,游牧文明,浪迹天涯,征服未知,追寻理想。历尽亡国之痛、灭族之灾,悲壮赎罪,渴望重返天堂。追求、抗争、挫败、挣扎,渴求幸福、安宁、和平之情感欲望。求知助长冒险,冒险骑士精神,追求引发探险,探险发现大陆。《鲁宾逊漂流记》代表探险文学应运而生。

西方创世神话,女神缪斯(Muse)"音乐"(music),《奥德修纪》,荷马史诗,英雄史诗,《圣经·旧约·创世纪》,理想悲壮。古典抒情诗歌:酒歌、悲歌、情歌、赞歌,古希腊悲剧,文艺复兴,启蒙运动,一脉相承。主神宙斯、海神、冥王、战神、太阳神,创世大业,创世神体系,各司其政。

中国神话,与之相媲美者,女娲补天、嫦娥奔月、后羿射日、夸父逐日、精卫填海、哪吒闹海而已,后世除《西游记》外,几无传人。创世之神,零落分散,不成体系。中国创世神大都单干,无他神相助,妖魔鬼怪,九九八十一难,大功告成之时,便是牺牲之日,留给后人,勤劳务实而已,探索则浅尝辄止。于是火药发明止于"爆竹声中一岁除",指南针风水先生测吉凶,自娱自乐。伏羲女娲后裔,农耕文明,守望家园。千年户籍,千年枷锁,绑住探险脚步,生活"在家千日好,出门一日难",日出而作,日落而息,忙于"土里刨食,养家糊口",何来心思探险发明创造?"谋事在人,成事在天",不思进取。风水轮流转,明年到我家。"力拔山兮气盖世"的项羽归罪于"天之过"。风水皇历、卜卦算命,五千年长盛不衰。

"希腊神话无为而治,自在自为。中国神话,好有好报,恶有恶报,神权、君权、夫权,等级森严,令人惧怕。"(木心《文学回忆录》)

女儿问道:俄狄浦斯破解斯芬克斯之谜,天上人间尚有多少谜?

故曰:儿童听读希腊罗马神话,张开天使想象翅膀,人文主义思想备矣!

返回神话,现代社会必要补充。

当今,西方文化界正兴起"返回神话"之潮流,神话思维重新渗入文学,原始主义盛行于绘画界。换言之,"复归于婴儿","复归于朴",种下幻想种子,形成幻想丛林矣!吾辈炎黄子孙,岂能等闲视之!

经典推荐

《希腊罗马神话》,〔美〕布尔芬奇著(1855年出版),陶洁等译,中国对外翻译出版社,2007年。

众所周知,希腊神话、罗马神话名著多如牛毛。吾用布尔芬奇选本,原因在于:(1)"取材于荷马、维吉尔、奥维德的伟大史诗和其他古典著作。用散文形式叙述了希腊罗马神话中最著名、最优秀、最富有诗意的故事。'既是娱乐的源泉,又可用来传授关于神话的知识'"(作者自序)。(2)"文笔优雅、简洁、迷人"(托宾斯)。书中佳句名篇,俯拾皆是。广泛引用弥尔顿、斯宾塞、华兹华斯、拜伦、雪莱、济慈、朗费罗、席勒等的诗作,且有大量精美插图,包括文艺复兴时期大师名作如达·芬奇、拉斐尔、波提切利,以及后世名家提香、普桑、哥雅、毕加索等人的绘画和古希腊罗马雕像等图照。

托马斯·布尔芬奇(Thomas Bulfinch,1796—1867)。美国神话学者和普及神话知识的著名作家。1855年出版此书时,适逢美国内战(American Civil War,1861—1865)前夕,废奴文学推动废奴斗争,从爱默生、朗费罗到惠特曼都写过大量反对蓄奴的诗篇,歌颂大自然,歌颂自由,歌颂"个人"理想,蔑视蓄奴制和一切不符合自由民主理想的社会现象。1850年霍桑发表《红字》,1851年梅尔维尔发表《白鲸》,1852年斯托夫人发表

《汤姆叔叔的小屋》,1854年梭罗发表《沃尔登》。惠特曼也在本书出版的同年发表了他的《草叶集》。尽管布尔芬奇的职业只是波士顿商业银行的一个卑微的小职员(他担任这个工作达三十年之久),但他的书使他获得了很大的荣誉,被认为"在美国文学最伟大的五年的那些伟大者之中,占有永久的一席"(坎贝尔)。此书出版后,布尔芬奇又在1858年出版《骑士时代》,1862年出版《查理曼大帝传奇》。从此以后,这一组总名"布尔芬奇神话集"的著作即被不断翻印,迄今仍然在古典神话遗产的英语译介读物中,保持着极高的地位和声誉。

第十九回　学而不思则罔　思而不学则殆
——浅谈学习《论语》《孟子》

读《论语》，立根本。"夫子风采，溢于格言"。孔门"诗学修养"，言语"诗味"浓郁，悠然神远。《论语》二十篇，一部"散文诗"。《孟子》七篇，气势磅礴，雄辩之势，独步天下。"独立之精神、自由之思想"源泉。志士仁人，以身报国、舍生取义、杀身成仁。儒家思想，深入童心。圣人之语，人生之坐标、行动之指南。

行文至此，看官皆知基础教育阶段文史之重要性矣！想诸君亦大多希望儿女辈小学期间便博古通今，系统掌握中外文史基础知识，以备未来不时之需。然文史经典书籍，浩如烟海，非专业人士不得要领，即使入门读物亦是多如牛毛。一些"大师"们指点江山，冠之以"国学"，动辄要孩子们通读"四书五经"及《三字经》《孝经》《弟子规》《千字文》《增广贤文》等，或走向另一极端，阅读一些佶屈聱牙名著改写版、儿童版，或毫无用处快餐快读类、心灵鸡汤类，惹得父母们顶礼膜拜，孩子们则无所适从，为难情绪陡然而生，叹一声"国学难，难于上青天"，戛然而止者不在少数。吾不揣冒昧，依据昔日女儿《论语》《孟子》学习历程及学习心得，与诸位同仁探讨孩子们如何在有限时间内系统学习文史精华，或有益于儿童教育欤？

从"四书五经"谈起。四书：《论语》《孟子》《大学》《中庸》；五经：《诗经》《书经》《礼经》《易经》《春秋》。儿童是否需通读（背诵）"四书五经"，谈论极多，莫衷一是。窃以为，若非研究需要，指导子女精读两书（《论语》《孟子》）一经（《诗经》，前文已叙述），其余涉猎之，足矣！

读《大学》，立规模。儿童知"三纲领""八条目"，足矣！《大学》提出"三纲领"，"大学之道，在明明德，在亲民，在止于至善"（《大学》宗旨在于弘扬光明正大品德，在于使人弃旧图新，在于使人达到最完善境界），即"明明德、亲民、止于至善"；"八条目"即"古之欲明明德于天下者，先治其国。欲治其国者，先齐其家。欲齐其家者，先修其身。欲修其身者，先正其心。欲正其心者，先诚其意。欲诚其意者，先致其知；致知在格物（格物致知：探究事物原理，从而获得知识）。物格而后知至，知至而后意诚，意诚而后心正，心正而后身修，身修而后家齐，家齐而后国治，国治而后天下平。"强调修己为治人前提，修己目的是为治国平天下，说明儒家治国平天下与个人道德修养一致。一言以蔽之："格物、致知、诚意、正心、修身、齐家、治国、平天下"矣！

读《论语》，以立根本，体悟圣人中正平和之道。"诸子以孔子为第一人，诸子之书以《论语》为第一部"（蔡伯潜《诸子通考·绪论》）。

儿童读《论语》，提高语言表达能力。一部《论语》，名句之集锦、格言之荟萃。言简意赅，深入浅出，含蓄隽永，或"简单应答，点到即止；或启发论辩，侃侃而谈；富于变化，娓娓动人"，为中国最早最优秀语录体散文。其迷人艺术魅力，高度文学价值，为诸子散文之冠，后人无不效仿之。通篇妙语连珠，可谓俯拾皆是。

"学而时习之，不亦说乎？有朋自远方来，不亦乐乎？人不知而不愠，不亦君子乎？""君子食无求饱，居无求安，敏于事而慎于言，就有道而正焉。""不患人之不己知，患不知人也。""吾日三省吾身：为人谋而不忠乎？与朋友交而不信乎？传不习乎？""己所不欲，勿施于人。""发奋忘食，乐以忘忧,不知老之将至云尔。""君子坦荡荡,小人长戚戚。""不义而富且贵,于我如浮云。""三军可夺帅也,匹夫不可夺志也。""见贤思齐焉,见不贤而内自省也。""文质彬彬,然后君子。""不在其位,不谋其政。""君子不以言举人,不以人废言。""君子喻于义,小人喻于利。""朝闻道,夕死可矣。""知者不惑,仁者不忧,勇者不惧。""岁寒,然后知松柏之后凋也。""其身正,不令而行;其身不正,虽令不从。""吾十有五而志于学,三十而立,四十而不惑,五十而知天命,六十而耳顺,七十而从心所欲,不逾矩。""知之为知之,不知为不知,是知也。""工欲善其事,必先利其器。""当仁不让于师。""君子成人之美,不成人之恶。""士不可以不弘毅,任重而道远。""志士仁人,无求生以害仁,有杀生以成仁。"

孔门"诗学修养",言语"诗味"浓郁,悠然神远。《论语》二十篇,依钱穆《论语新解》,堪称一部"散文诗"。

子曰:"道不行,乘桴浮于海(主张不通了,我想坐个木排到海外去——杨伯峻《论语译注》)。从我者,其由与?"子路闻之喜。子曰:"由也,好勇过我,无所取材。"(《论语·公冶长》)钱穆说:"此章辞旨深隐,寄慨甚遥。戏笑婉转,极文章之妙趣。两千五百年前圣门弟子之心胸音貌,如在人耳目前,至情至文,在《论语》中别成一格调,读者当视作一首散文诗玩味之。"

"凤鸟不至,河不出图"(《论语·子罕》),到"海外"去!《唐才子传》写骆宾王,其结局,"传闻桴海而去矣"。谪仙有言,"明朝散发弄扁舟"。"散发扁舟",洒脱之"浮海而去",皆承孔子,精神之追求,飘逸之诗意。

又如,子曰:"贤哉回也!一箪食,一瓢饮,在陋巷。人不堪其忧,回也不改其乐。贤哉回也!"(《论语·雍也》)"饭疏食饮水,曲肱而枕之,乐亦在其中矣。不义而富且贵,于我如浮云。"(《论语·述而》)

《论语》为孔门诸弟子答问记录,"夫子风采,溢于格言"(《文心雕龙·征圣》)。子路之率直鲁莽,颜回之温雅贤良,子贡之聪颖善辩,曾皙之潇洒脱俗,各个个性鲜明,惟妙惟肖,跃然纸上。窃以为,与现代师徒或父子无异,可效仿也。

孔子与子路对话。子路曰:"子行三军,则谁与?"子曰:"暴虎冯河,死而无悔者,吾不与也。必也临事而惧,好谋而成者也。"(《论语·述而》)寥寥数语,显孔子智者善谋。女儿读《三国演义》,吾揶揄之:"若女儿领三军,与谁图谋大事?"女儿鹦鹉学舌,机智答曰:"暴虎冯河,譬如吕布张飞,死而无悔者,吾不与也。必如诸葛孔明、司马仲达乎?临事而惧,好谋而成者也。"

"子在川上,曰:逝者如斯夫!不舍昼夜。"(《论语·子罕》)——圣人"时不我待"之感慨、积极从政之思想。吾携女儿游武汉长江大桥,即兴说起。"一万年太久,只争朝夕"(毛泽东《满江红·和郭沫若同志》),一寸光阴一寸金,寸金难买寸光阴!

吾谓女儿曰:孔子叹"逝者如斯夫",成就圣人矣!亚里士多德言"濯足急流,抽足再入,已非前水",成就哲人矣!李白放歌,"君不见黄河之水天上来,奔流到海不复回",成就诗仙矣!苏轼一声"春宵一刻值千金,花有清香月有阴",成就苏仙矣!孙武用兵,"其疾如风,其徐如林,侵掠如火,不动如山,难知如阴,动如雷霆",成就兵圣矣!庄子"人生天地之间,若白驹之过隙,忽然而已"(《庄子·知北游》),故能成就其"逍遥于天地之间,而心意自得"(《庄子·让王》)矣!

《论语》大都为当时口语,通俗易懂,质朴自然,"文字虽极简朴直捷,却能把孔子的积极的思想完全表现出来"(郑振铎《插图本中国文学史》),且语句抑扬顿挫,朗朗上口,极易记诵。融入生活,融入学习,心领神会矣!又何劳诸如"当代知名文化学者"大驾,"心得"歪解圣人之本意乎?

读《孟子》。儒家以孔子发端,孟子畅其源流。朱子以《孟子》次《论语》,是在学者大根大本确立之后,激发其昂扬志气。如《易·乾》云:"天行健,君子以自强不息。"孟子及其弟子"序《诗》《书》",述仲尼(孔子)之意,作《孟子》七篇",继承孔子衣钵,发扬儒家思想。"民为贵,社稷次之,君为轻","残贼之人谓之一夫,闻诛一夫纣矣,未闻弑君也",中华民本思想之集大成者。孙中山说:"我辈之三民主义首渊源于孟子……孟子实为我等民主主义之鼻祖。"

《孟子》七篇,文采华赡,气势磅礴,感情充沛,言辞机敏,善设机巧,层层紧逼,步步追问,逻辑性强,其雄辩之势独步天下。苏洵称赞其"语约而意尽,不为巉刻斩绝之言,而其锋不可犯"。吾尝告女儿曰:读亚圣之文章,以养气为先矣!

孟子曰:"吾善养吾浩然之气。"浩然之气,君子之气,刚正之气,大义大德,人间正气。浩气长存,处变不惊。大丈夫"居天下之广居,立天下之正位,行天下之大道","富贵不能淫,贫贱不能移,威武不能屈",中华民族真正知识分子"独立之精神、自由之思想"之源泉。

《孟子》文如其人。《舜发于畎亩之中章》:"故天将降大任于斯人也,必先苦其心志,劳其筋骨,饿其体肤,空乏其身,行拂乱其所为,所以动心忍性,曾益其所不能。人恒过,然后能改;困于心,衡(横,梗塞、不顺)于虑,而后作;征(表现)于色,发于声,而后喻(知晓、明白)。入则无法家拂(弼,辅佐)士,出则无敌国外患者,国恒亡。然后知生于忧患而死于安乐也。"

"生于忧患死于安乐",逆境忧患,生命悲同,英雄至上,置之死地而后生。与《太史公自序》异曲同工:"昔西伯(周文王)拘羑里,演《周易》;孔子厄陈、蔡,作《春秋》;屈原放逐,著《离骚》;左丘失明,厥有《国语》;孙子膑脚,而论兵法;不韦迁蜀,世传《吕览》;韩非囚秦,《说难》《孤愤》;《诗》三百篇,大抵贤圣发愤之所为作也。"(司马迁《太史公自序》)

孟子曰:"天时不如地利,地利不如人和。三里之城,七里之郭,环而攻之而不胜。夫环而攻之,必有得天时者矣,然而不胜者,是天时不如地利也。城非不高也,池非不深也,兵革非不坚利也,米粟非不多也,委而去之,是地利不如人和也。故曰,域民不以封疆之界,固国不以山溪之险,威天下不以兵革之利。得道者多助,失道者寡助。寡助之至,亲戚畔之。多助之至,天下顺之。以天下之所顺,攻亲戚之所畔,故君子有不战,战必胜矣。"

得人心者,人心归顺,所到披靡,失人心者,人心相悖,不攻自溃。"彼以武力为后盾,我以公理为前驱"(蔡东藩、许廑父《民国通俗演义》)矣!

清陆世仪说:"天时、地利、人和,不特用兵为然,凡事皆有之,即农田一事关系尤重。水旱,天时也;肥瘠,地利也;修治垦辟,人和也。三者之中,亦以人和为重,地利次之,天时又次之……"

吾谓女儿曰:《论语·先进》说,"莫(暮)春者,春服既成,冠者五六人,童子六七人,浴乎沂,风乎舞雩,咏而归。"夫子喟然叹曰:"吾与点也!"暮春者,天时也! 临水(沂水)而居,顺天时而动,地利也!"冠者五六人,童子六七人,浴乎沂,风乎舞雩,咏而归",人和矣!"天时地利人和",天人合一,"道法自然"(《老子》第二十五章),"天地与我并生,万物与我为一"(《庄子·齐物论》),儒家、道家相通矣!

孟子曰:"鱼,我所欲也;熊掌,亦我所欲也,二者不可得兼,舍鱼而取熊掌者也。生,亦我所欲也;义,亦我所欲也,二者不可得兼,舍生而取义者也。"(《孟子·告子上》)

文天祥"人生自古谁无死,留取丹心照汗青"(《过零丁洋》)、谭嗣同"我自横刀向天笑,去留肝胆两昆仑"(《狱中题壁》)、夏明翰"砍头不要紧,只要主义真"(《就义诗》),千百年间,志士仁人,以身报国,舍生取义,杀身成仁,民族精神,一脉相承。

孟子曰:"一箪食,一豆羹,得之则生,弗得则死。呼尔而与之,行道之人弗受;蹴尔而与之,乞人不屑也。万钟则不辩礼义而受之,万钟于我何加焉! 为宫室之美,妻妾之奉,所识穷乏者得我与? 乡为身死而不受,今为宫室之美为之;乡为身死而不受,今为妻妾之奉为之;乡为身死而不受,今为所识穷乏者得我而为之:是亦不可以已乎?此之谓失其本心。"

语气豪壮,严峻冷峭,反问质问,气势纵横。李贽称赞:"全是元气磅礴!此等文字都从浩然正气中流出。"仲尼曰:"《志》有之:'言以足志,文以足言。'不言,谁知其志?言之无文,行而不远。"(《左传·襄公二十五年》)

《孟子》流传后世,影响深远,语言艺术,功不可没。

诵读《孟子》,得演说雄辩之精华矣!

女儿三岁随吾诵读《论语》《孟子》。进入学堂,习作练习,《论语》《孟子》为习作范本矣!儒家思想深入童心矣!圣人之语已成人生之坐标、行动之指南矣!

正是:一书一世界,一文一乾坤。《论语》《孟子》引领女儿进入丰富多彩之古典散文天地矣!

推荐读物

1. 杨伯峻《论语译注》(中华书局,1958年)、《孟子译注》(中华书局,1960年)。

如前文介绍,选本推荐。《论语译注》向以注释准确、译注平实著称,是当代最好的《论语》读本之一。

杨伯峻(1909—1992),原名杨德崇,湖南长沙人,著名语言学家。随叔杨树达——著名语言文字学家——学习,1931年还拜在语言文字学家黄侃先生门下。

《论语译注》与《孟子译注》,六十年来,一版再版,一印再印,在学术界和读者中享有盛誉。《论语译注》一书影响最大,曾被中国香港、台湾地区翻印,还被日本的两所大学用作教材。该书译文明白流畅,注释重字音词义、语法规律、修辞规律、名物制度、风俗习惯等的考证,结论在集古今学者之大成的基础上颇多个人新见。这两本译注及先生的《春秋左传注》(中华书局,1981年)已成为古汉语教学与研究领域中不可多得的一大财富。

2.《孔子传》,钱穆著,生活·读书·新知三联书店,2002年。

附:《弟子规》是什么?

《弟子规》原名《训蒙文》,为清朝康熙年间秀才李毓秀所作,其内容采用《论语》"学而篇"第六条"弟子,入则孝,出则弟,谨而信,泛爱众而亲仁,行有余力,则以学文"的文义,列述弟子在家、出外、待人、接物与学习上应该恪守的守则规范。后经清朝贾存仁修订改编,并改名为《弟子规》。

《弟子规》作者李毓秀,生于顺治四年(1647)、卒于雍正七年(1729)。《弟子规》在作者死后一百多年才被人们注意到,出版是在鸦片战争之后,是近代的事。如果我们看一下中国历史纪年图,会发现李毓秀生活的年代和《弟子规》的出版物能在市面上找到的年代,都处于中国古代史的最尾端,所谓"古代出现了那么多贤人君子,写下那么多唐诗宋词,都是因为古人从小读《弟子规》"是错误的。

《弟子规》最初的使用环境是祠堂、茶馆、书馆,使用对象是干完农活的成年人。即使清代诗人的自传也说自己是从论语、诗经、唐诗开蒙的,因为《弟子规》的适用范围是社会下层;《弟子规》里面对儿童的童真童趣没有一点欣赏的意味,因为它本来就不是专门写给儿童的。原先那些成年农民不识字也看不懂政府的法令,经常干些违法的事,学了《弟子规》之后,能读一些法令了,不违法了。

如果以为"儿童传统文化教育"就是把一千多字的《弟子规》读个五百遍甚至一千遍的话,不要说不能培养一个合格的现代儿童,也远远不够培养一个合格的古代儿童。这样的小孩就是放到古代,也是一个只会复述一些僵化的道理,而不知道自然知识、生活常识、不会讲故事,不懂得鉴赏诗歌,没有用处,没有趣味的人。他在古代也不会受欢迎的。

《论语》和《弟子规》带来的感受是很不一样的。因为《论语》不是一个行为规范,而是一个建议。论语基本上是讲一个大致的道理,孔子从来不越出他的时代和处境隔着几千年的社会落差直接说"你要怎么样怎么样",而且《论语》之中具备多个建议,使得你可以根据情况选择一个恰当的建议。《弟子规》每句都是在说"你要怎么样怎么样",哪怕他完全不知道你是谁,你的具体处境是怎样地委屈,它依然以强烈的训导口吻和死板规定对你提出种种要求。今天我们为什么要拿一本近代才被注意到的,主要用于向那些被剥夺了更高发展要求的农民劝善的行为规范,来作为儿童传统文化教育的依据呢?学者杨早认为"想帮助我们的孩子成为一个追求自由、崇尚独立的公民,而不是愚忠愚孝的臣民",就要远离《弟子规》。(部分文字来源于网络)

第二十回　析义理于精微之蕴
　　　　　辨字句于毫发之间
　　　　——散文之风采（上）

散文"集诸美于一身"。《古文观止》222篇，小学期间，捷足先登。"读《古文观止》可以知历史，可以知哲学，可以知文体变迁，可以知人情世故，可以知中国的宗教精神与人文精神，几乎可以知道中国传统文化的一切。"百善孝为先，"孝子不匮，永锡尔类"。首篇《郑伯克段于鄢》，春秋笔法，微言大义。吴氏慧眼独具，非同寻常。"齐家治国平天下"，"齐家"为先。

散文为"集诸美于一身"之文学体裁。《论语》《孟子》之妙语已让小女惊异非常。尝问余曰："自先秦至1905年废科举，尚有多少奇妙文章，我未知晓？"吾笑而答曰："多乎哉？不多也。叹为观止之《古文观止》仅二百二十二篇耳，且有一些，今日观之，并非优秀之作也！""吾可以学习否？"对曰："然。"诸公便知吾之作为矣！于是沿袭科举时代蒙学教材《古文观止》传统，学习诸子散文、《史记》、汉赋、骈文、唐宋八大家、《资治通鉴》、明清"唐宋派""桐城派"之文章及近代梁启超之新体散文，小学期间，捷足先登，引领女儿进入三千年丰富多彩之散文天地矣！

具体做法：每周精读一文，一年五十二篇，坚持数年，不经意间，"腹有诗书气自华"矣！

《古文观止》为清人吴楚材、吴调侯于1694年选定,"以此正蒙养而裨后学",即为启蒙读物。所选之文上起先秦,下迄明末。体例改前人文体分类,开创"以时代为经,以作家为纬"之先河。鲁迅评价《古文观止》与萧统《昭明文选》"在文学上的影响,两者都一样的不可轻视"。与《唐诗三百首》,堪称中国传统文学通俗读物之双璧矣！

自古以来,优秀散文选本不胜枚举。见诸史传,如《文选》《文苑英华》《唐文粹》《古文苑》《宋文鉴》《古文关键》《崇古文诀》《文章正宗》《文章轨范》《唐宋八大家文钞》《文编》《才子古文》《古文赏音》《古文析义》《古文渊鉴》《古文翼》《古文眉诠》《古文释义》《古文辞类纂》《经史杂家百钞》等,编者多为名家硕儒,甚至帝王将相,遂名重一时。如《才子古文》,一代才子金圣叹选批；《古文渊鉴》,清圣祖玄烨（康熙）选,徐乾学（主持编修《明史》）等编注；《古文辞类纂》,桐城派领袖姚鼐编辑；《经史百家杂钞》,晚清名臣曾国藩编注。这些选本,无论录文规模、选校水平,还是选编者政治地位或学术声望,都超过《古文观止》,然时至今日,被传颂者寥寥无几。与之相反,名不见经传民间读书人吴楚材、吴调侯《古文观止》问世以来,三百年间,流传极广,影响极大。上至皇帝,下自童生,皆从《古文观止》开始启蒙。民国以后,《古文观止》曾被指定为教授文言文基础教材,伴随一代又一代读书人。现代文人巴金、朱光潜、余光中、王蒙等,无不受到《古文观止》影响。文学家金克木说:"读《古文观止》可以知历史,可以知哲学,可以知文体变迁,可以知人情世故,可以知中国的宗教精神与人文精神,几乎可以知道中国传统文化的一切。"

《古文观止》作者以犀利之视角,在广博中华文海中撷采最为绚丽、最有价值、最具代表性的精美古文,真正表现汉语之精练与神奇矣！《古文观止》一版再版,经久不衰,流行性与通俗性、权威性难以动摇矣！时至今日,众多优秀散文选本,仍无一不参照《古文观止》者。

女儿回忆:爸爸偏爱吴子楚材之《古文观止》者,视其为吴姓(吴楚材吴调侯)之骄傲也。意欲发扬光大矣!

依据女儿阅读记诵之文章,选其中精华者与诸君共欣赏之。

百善孝为先。"孝子不匮,永锡尔类"。《古文观止》首篇《郑伯克段于鄢》(《左传》),吴氏慧眼独具,非同寻常。

儒家提出"孝为人之本"。"有子曰:'其为人也孝悌,而好犯上者,鲜矣;不好犯上,而好作乱者,未之有也。君子务本,本立而道生。孝悌也者,其为仁之本与!'"(《论语·学而》)"子曰:孝者,德之本也。""夫孝,天之经也,地之义也,民之行也。"(《孝经》)汉朝"罢黜百家,独尊儒术",惠帝"以孝治天下",开大一统王朝"孝治"先河,汉朝二十四位皇帝,二十二位以"孝"为谥号,称孝惠帝、孝文帝、孝景帝、孝武帝等。有汉一代,"兴廉举孝,庶几成风"。于是历代统治者皆提倡"以孝治天下"。经魏晋六朝"伏惟圣朝以孝治天下"(李密《陈情表》)到隋唐,传统法律"不孝"之罪惩处,承继秦汉,延续上古礼制。《唐律》"十恶"(谋反、谋大逆、谋叛、恶逆、不道、大不敬、不孝、不睦、不义、内乱),"恶逆""不孝""不睦"三项涉及孝道,后代法典奉为圭臬。宋朝"冠冕百行莫大于孝"(《宋史·孝义传》)。元代郭居敬编《二十四孝》及后人《二十四孝图》。明朝兴孝道,"孝"是"风化之本""古今之通义""帝王之先务"。清代康熙、乾隆开设"千叟宴",颁发"圣谕","首崇孝治","孝为万事之纲"(《御制文选》)。

"不及黄泉,无相见也"。母子失和,永不相见,人间悲剧矣!"阙地及泉,隧而相见","其乐也融融","其乐也洩洩"。母子和好如初矣!诚如《古文观止》所言,"左氏以纯孝赞考叔作结,寓慨殊深",孝与政治之分明,郑庄公千古流芳矣!

故曰:"孝",传统道德规范之核心矣。

春秋笔法,微言大义。齐家之道,和睦第一,父慈子孝,兄友弟恭。不正心,何以修身? 不修身,何以齐家? 不齐家,焉能治国?"齐家"为"治国""平天下"之前提矣！齐家之后，方能治国平天下矣。《古文观止》以《郑伯克段于鄢》为首篇，以"正心修身齐家治国平天下"为宗旨，三千年中华民族优良道德传统一脉相承矣！

多年后女儿曾居新加坡，感受花园之国治国理念。新加坡继承发扬中国儒家思想，政府号召人民热爱自己家庭，维护家庭成员之间亲密关系，坚持"忠、孝、仁、爱、礼、仪、廉、耻"行为准则，为人子女者，赡养父母，以孝为先；聘用公务员，信奉"修身、齐家、治国、平天下"，"修身齐家"为先；坚持"家庭凝聚，立国之本"理念，家庭为先。以儒家思想治国，促进社会融合，经济繁荣发展，行政廉洁高效，社会秩序井然，人民积极向上，百姓有礼守法，向世界展示东方文化独特魅力之国度矣！女儿不禁慨然：莫非是"墙内开花墙外香"？儒家思想已融入新加坡基础思想与主流意识矣！

民本情怀。《赵威后问齐史》（《战国策》）：齐王使使者问赵威后。书未发，威后问使者曰："岁亦无恙耶？民亦无恙耶？王亦无恙耶？""苟无岁，何以有民？苟无民，何以有君？故有问，舍本而问末者耶？"

"天下者，天下人之天下也"。吾谓女儿：孟子曰"民为贵，君为轻，社稷次之"。春秋战国时期以人为本思想早于西方文艺复兴（Renaissance）时期（14—17世纪）人文主义千五百年矣！

《曹刿论战》（《左传》），取信于民，以弱胜强。

《宫之奇谏假道》（《左传》），辅车相依，唇亡齿寒。

《蹇叔哭师》（《左传》）："劳师以袭远，非所闻也。师劳力竭，远主备之，无乃不可乎？师之所为，郑必知之。勤而无所，必有悖心。且行千里，其谁不知？"知己知彼、忧国虑远之老臣，刚愎自用、利令智昏之君主。一明一暗，一显一隐，相得益彰。

《召公谏厉王弭谤》（《国语》）："国人莫敢言，道路以目"。神来之笔，"防民之口，甚于防川"。

《苏秦以连横说秦》,《战国策》名篇,可细玩味之。

开篇赞美,即成经典:"西有巴、蜀、汉中之利,北有胡貉、代马之用,南有巫山、黔中之限,东有肴、函之固。田肥美,民殷富,战车万乘,奋击百万,沃野千里,蓄积饶多,地势形便,此所谓天府,天下之雄国也。"非由衷不得此矣!三千年首赞矣!从此"天府之国"名扬天下矣!

秦王回答亦妙语连珠:"毛羽不丰满者,不可以高飞,文章不成者,不可以诛罚,道德不厚者,不可以使民,政教不顺者,不可以烦大臣。"

纵横家使出浑身解数:"昔者神农伐补遂,黄帝伐涿鹿而禽蚩尤,尧伐驩兜,舜伐三苗,禹伐共工,汤伐有夏,文王伐崇,武王伐纣,齐桓任战而伯天下。由此观之,恶有不战者乎?古者使车毂击驰,言语相结,天下为一,约从连横,兵革不藏。……今欲并天下,凌万乘,诎敌国,制海内,子元元,臣诸侯,非兵不可。今之嗣主,忽于至道,皆惛于教,乱于治,迷于言,惑于语,沉于辩,溺于辞,以此论之,王固不能行也。"铺陈夸饰,气势充盈,驰辩骋说,引古论今,高谈阔论,一气呵成。吾人赞叹不已:真真辞令之典范、汉赋之滥觞矣!女儿学习排偶句亦自此起。

"读书欲睡,引锥自刺其股",头悬梁,锥刺股。

"约从散横以抑强秦,故苏秦相于赵而关不通。"为"金玉锦绣,取卿相之尊",朝为连横,暮为合纵,朝秦暮楚。吾人评述:才学使之然,此所谓"书中自有黄金屋"乎?

气势奔放,震撼人心。"当此之时,天下之大,万民之众,王侯之威,谋臣之权,皆欲决苏秦之策。不费斗粮,未烦一兵,未战一士,未绝一弦,未折一矢,诸侯相亲,贤于兄弟。夫贤人在而天下服,一人用而天下从,故曰:式于政不式于勇;式于廊庙之内,不式于四境之外。"与《战国策》另一篇《邹忌讽齐王纳谏》"燕、赵、韩、魏闻之,皆朝于齐。此所谓战胜于朝廷"旨意异曲同工。

故曰,春秋战国时期,"反战争爱和平"即为民众、学者之声矣!

第二十回　析义理于精微之蕴　辨字句于毫发之间

"将说楚王，路过洛阳，父母闻之，清宫除道，张乐设饮，郊迎三十里。妻侧目而视，倾耳而听。嫂蛇行匍伏，四拜自跪而谢。"前倨后恭，世态炎凉，自古皆然。上古即如此，今人不必自怨自艾矣！

《冯谖客孟尝君》（《战国策》），得民心者得天下。"狡兔三窟"方能"高枕无忧"，立人立世，如此而已。

《触龙说赵太后》"父母之爱子，则为之计深远"，父母之楷模矣！

《乐毅报燕王书》"功立而不废，故著于春秋；蚤知之士，名成而不毁，故称于后世。""善作者不必善成，善始者不必善终。"自古忠臣多磨难矣！乐毅可谓明哲之士矣！

李斯《谏逐客书》"地广者粟多，国大者人众，兵强则士勇。是以泰山不让土壤，故能成其大；河海不择细流，故能就其深；王者不却众庶，故能明其德"。不分地域，任人唯贤，为"蚕食诸侯，使秦成帝业"之法宝矣！此文后世誉为"骈体初祖"（李兆洛《骈体文钞》），奏疏之楷模矣！儿女辈务必记诵也。

《屈原列传》（《史记》）中，太史公盛赞《离骚》："《国风》好色而不淫，《小雅》怨诽而不乱。若《离骚》者，可谓兼之矣。……推此志也，虽与日月争光可也。"诚如《古文观止》评述："史公作屈原传，其文便似离骚，婉雅凄怆，使人读之，不禁歔欷欲绝。要之穷愁著书，史公与屈子，实有同心。宜其忧思唱叹，低回不置云。"故太白有"屈平词赋悬日月，楚王台榭空山丘"（《江上吟》）之语矣。

屈原曰："举世皆浊而我独清，众人皆醉而我独醒。""道不同，不相为谋"（《论语·卫灵公》）矣！"举世皆浊，何不随其流而扬其波？众人皆醉，何不哺其糟而啜其醨？"吾叹曰：与世浮沉，明哲保身，"和其光，同其尘"（《老子》）矣，"虚而委蛇"（《庄子》，即"虚与委蛇"）矣！吾不与！必"余心之所善兮，虽九死其犹未悔"矣！

女儿学习《屈原列传》与司马迁《太史公自序》及《报任安书》同步，得中华民族脊梁之伟大精神与伟大人格矣!

太史公曰:"先人有言:'自周公卒,五百岁而生孔子。孔子卒后,至于今五百岁,有能绍明世、正《易传》,继《春秋》、本《诗》《书》《礼》《乐》之际?'""意在斯乎!意在斯乎!小子何敢让焉!"《古文观止》道破天机,"明明欲以《史记》继《春秋》意",太史公"自道"也!

以吾观之,太史公,人格独立,气节高尚,身处逆境,忧国忧民,奋发向上。自汉以降,数千年来,莘莘学子,无一不以为表率者。太史公集史学、文学、文化、思想、科学(《史记·天官书》,中国最早天文完整文字记录)于一身,真正史家之魂、文学之魂、科学之魂、民族之魂矣!女儿辈须记之。

经典推荐

《战国策选译》,赵丕杰译注,人民文学出版社,1994 年。

第二十一回　黄河之水天上来
　　　　　　奔流到海不复回
　　　　　　——散文之风采（中）

　　贾谊《过秦论》"施仁义"，唐杜牧《阿房宫赋》"爱其人"，宋范仲淹《岳阳楼记》"仁人之心"，梁启超《少年中国说》"少年强则国强……壮哉我中国少年，与国无疆"，"中国梦"之源泉，儿女辈任重而道远。《诸葛亮出师表》"宫中府中，俱为一体，陟罚臧否，不宜异同"开"依法治国"之先河，"鞠躬尽力，死而后已之言，凛然与日月争光"。读陶渊明《归去来辞》，向往东方伊甸园——桃花源……

　　西汉鸿文贾谊《过秦论》，气势充沛，一气呵成，古今第一气盛文章。

　　汉代辞赋，文采华丽，层层铺垫。贾谊以赋体笔墨写论说文，开一代风气。《过秦论》行文波澜起伏，文笔酣畅淋漓，可谓滔滔而言，其势不可犯，其理亦无穷，实为吸收辞赋滋养"破体"之作（钱锺书《管锥编》："足见名家名篇，往往破体，而文体亦固以恢弘焉"）。

　　秦孝公"有席卷天下，包举宇内，囊括四海之意，并吞八荒之心"。同文叠句，如吴氏所言，"四句只一意，而必叠写之者，盖极言秦先虎狼之心，非一辞而足也。"（《古文观止》）

　　诸侯"尝以十倍之地，百万之众，叩关而攻秦。秦人开关延敌，九国之师,逡巡而不敢进。秦无亡矢遗镞之费,而天下诸侯已困矣"。"写诸侯谋弱秦,何等忙,写秦人困诸侯,何等闲。"(《古文观止》)

"及至始皇,奋六世之余烈,振长策而御宇内,吞二周而亡诸侯,履至尊而制六合,执敲扑而鞭笞天下,威振四海。"中间"四句亦只一意,极言始皇之强,非一辞而足也"。"胡人不敢南下而牧马,士不敢弯弓而报怨。""愈写秦之强大,就愈见秦之骄横愚昧;愈写秦之自信太强,就愈见秦之主观片面;愈写秦之野心极大,就愈见秦之眼光短浅。"(吴小如)

吾人评述:始皇之威,非贾生之述不得此矣!唯太白之"秦王扫六合,虎视何雄哉!挥剑决浮云,诸侯尽西来",可与之相媲美矣!

"斩木为兵,揭竿为旗,天下云集响应,赢粮而景从,山东豪杰并起而亡秦族矣。"数千年来描述陈胜吴广起义无胜于此者。

"一夫作难而七庙隳,身死人手,为天下笑者,何也?仁义不施而攻守之势异也。"金圣叹评述:"《过秦论》者,论秦之过也。秦过只是末句'仁义不施'一语便断尽。"(《天下才子必读书》)

"仁义不施",画龙点睛。不施仁义,人心向背,决定皇朝短命,前事不忘后事之师矣。

综述后人评贾生:贾生"少年倜傥廊庙才,斗志未酬事堪哀"(毛泽东),二十二岁,征召入朝,"宣室求贤访逐臣,贾生才调更无伦。可怜夜半虚前席,不问苍生问鬼神。"(李商隐)天妒英才,"屈贾谊于长沙,非无圣主。"(王勃《滕王阁序》)三十三岁,风华正茂,英年早逝。"贾生才调世无伦,哭泣情怀吊屈文。梁王堕马寻常事,何用哀伤付一生。"(毛泽东)所言极是。"牢骚太盛防肠断,风物长宜放眼量"(毛泽东),善哉此言!

唐杜牧《阿房宫赋》、宋范仲淹《岳阳楼记》,直至近代梁启超《少年中国说》,无不受其影响矣。

杜牧作《阿房宫赋》,时年二十三。"六王毕,四海一。蜀山兀,阿房出。……使天下之人,不敢言而敢怒。独夫之心,日益骄固。戍卒叫,函

谷举。楚人一炬，可怜焦土。""一篇无数壮丽，只以四字了之。"(《古文观止》)

"呜呼！灭六国者，六国也，非秦也；族秦者，秦也，非天下也。嗟乎！使六国各爱其人则足以拒秦；使秦复爱六国之人，则递三世可至万世而为君，谁得而族灭也。秦人不暇自哀，而后人哀之；后人哀之而不鉴之，亦使后人而复哀后人也。"

杜牧《阿房宫赋》言简意赅，暗寓讽谏，一如其诗歌"商女不知亡国恨，隔江犹唱后庭花""霓裳一曲千峰上，舞破中原始下来""一骑红尘妃子笑，无人知是荔枝来"，寓情于景，以景表情矣！

阿房宫果然"天下第一宫"，《阿房宫赋》果然"天下第一赋"！

《岳阳楼记》："若夫霪雨霏霏，连月不开，阴风怒号，浊浪排空；日星隐曜，山岳潜形……而或长烟一空，皓月千里，浮光跃金，静影沉璧，渔歌互答，此乐何极！登斯楼也，则有心旷神怡，宠辱偕忘，把酒临风，其喜洋洋者矣。嗟夫！予尝求古仁人之心，或异二者之为，何哉？不以物喜，不以己悲；居庙堂之高则忧其民，处江湖之远则忧其君。是进亦忧，退亦忧。然则何时而乐耶？其必曰'先天下之忧而忧，后天下之乐而乐'乎？噫！微斯人，吾谁与归？"悲凉慷慨，一往情深，一语道出千千万万志士仁人之心声。

三篇鸿文，气势磅礴，犹如长江黄河巨浪，峰谷相寻，奔腾而下，其势不可挡矣！

《过秦论》"施仁义"，《阿房宫赋》"爱其人"，《岳阳楼记》"仁人之心"，儒家思想、精神境界一脉相承，"中国梦"之源泉，儿女辈任重而道远。

当年梁任公断言："故今日之责任，不在他人，而全在我少年。少年智则国智，少年富则国富；少年强则国强，少年独立则国独立；少年自由则国自由；少年进步则国进步；少年胜于欧洲，则国胜于欧洲；少年雄于地球，则国雄于地球。红日初升，其道大光。河出伏流，一泻汪洋。……纵有千

古,横有八荒。前途似海,来日方长。美哉我少年中国,与天不老! 壮哉我中国少年,与国无疆!"(《少年中国说》)

《少年中国说》融辞赋、四六、律句、古文于一炉,自由穿梭,流利畅达。气势承传经典三千年,不言自明。

诸葛亮:《前出师表》《后出师表》。

"宫中府中,俱为一体,陟罚臧否,不宜异同。若有作奸犯科及为忠善者,宜付有司论其刑赏,以昭陛下平明之理;不宜偏私,使内外异法也。"执法平等,有法必依。诸葛开"依法治国"之先河。

"臣本布衣,躬耕于南阳,苟全性命于乱世,不求闻达于诸侯。先帝不以臣卑鄙,猥自枉屈,三顾臣于草庐之中,咨臣以当世之事。由是感激,遂许先帝以驱驰。后值倾覆,受任于败军之际,奉命于危难之间,尔来二十有一年矣!"晓之以理,动之以情。

"寝不安席,食不甘味。""臣鞠躬尽瘁,死而后已。至于成败利钝,非臣之明所能逆睹也。""鞠躬尽瘁,死而后已之言,凛然与日月争光。"(《古文观止》)

前后《出师表》,叙事抒情,赤胆忠心,真情充溢,影响深远矣! 岂不闻——"三顾频烦天下计,两朝开济老臣心。出师未捷身先死,长使英雄泪满襟!"(杜甫《蜀相》)"或为出师表,鬼神泣壮烈。"(文天祥《正气歌》)"《出师》一表真名世,千载谁堪伯仲间!"(陆游《书愤》)修齐治平,为国为民,鞠躬尽瘁,死而后已,儒家之传统典范矣!

李密:《陈情表》。

"臣以险衅,夙遭闵凶。生孩六月,慈父见背;行年四岁,舅夺母志。祖母刘悯臣孤弱,躬亲抚养。臣少多疾病,九岁不行,零丁孤苦,至于成立。既无伯叔,终鲜兄弟,门衰祚薄,晚有儿息。外无期功强近之亲,内无应门五尺之僮,茕茕孑立,形影相吊。而刘夙婴疾病,常在床蓐,臣侍汤药,未曾废离。"字字哀痛,句句含情,声声落泪。童年不幸,祖孙二人,相

第二十一回　黄河之水天上来　奔流到海不复回

依为命。

"诏书切峻,责臣逋慢。郡县逼迫,催臣上道;州司临门,急于星火。臣欲奉诏奔驰,则刘病日笃;欲苟顺私情,则告诉不许。臣之进退,实为狼狈。" To be, or not to be—that is the question:是奉诏进京担任官职,还是在家赡养祖母? 忠孝不可两全矣!

"但以刘日薄西山,气息奄奄,人命危浅,朝不虑夕。臣无祖母,无以至今日;祖母无臣,无以终余年。"发自肺腑,情深义重,感人至深。

《陈情表》多用四字,杂以参差句,亦为成长于《诗经》中女儿所喜欢,于是名句之语"零丁孤苦""茕茕孑立""形影相吊""急于星火""日薄西山""气息奄奄""朝不虑夕""生当陨首,死当结草",作文时便信手拈来,应用自如矣。

陶渊明:《归去来辞》《桃花源记》《五柳先生传》。

"归去来兮!田园将芜胡不归?既自以心为形役,奚惆怅而独悲?悟已往之不谏,知来者之可追。实迷途其未远,觉今是而昨非……归去来兮,请息交以绝游。世与我而相违,复驾言兮焉求?悦亲戚之情话,乐琴书以消忧。农人告余以春及,将有事于西畴。或命巾车,或棹孤舟。既窈窕以寻壑,亦崎岖而经丘。木欣欣以向荣,泉涓涓而始流……聊乘化以归尽,乐夫天命复奚疑!"

欧阳修说:"晋无文章,惟陶渊明《归去来》一篇而已。"

"穷则独善其身,达则兼济天下",真正实践者,陶渊明为第一人。

"归去来兮!田园将芜胡不归?"渊明向往之田园——东方之伊甸园——桃花源矣!

《桃花源记》。世俗之士,怎知尘外之事?然渊明如屈平,"上下而求索","借问游方狮,焉测尘嚣外。愿言蹑清风,高举寻吾契"(《桃花源诗》)。李白云:"秦人相谓曰,吾属可去矣。一往桃花源,千春隔流水。"(《古风》)毛泽东云"陶令不知何处去,桃花源里可耕田"(《七律·登庐山》),新中国实现先生之千年夙愿矣。

隋朝王通说:"《归去来》有避地之心焉,《五柳先生传》则几于闭关也。"(《文中子中说·立命篇》)

"先生不知何许人也,亦不详其姓字,宅边有五柳树,因以为号焉。闲静少言,不慕荣利。好读书,不求甚解;每有会意,便欣然忘食。性嗜酒,家贫不能常得。亲旧知其如此,或置酒而招之;造饮辄尽,期在必醉。既醉而退,曾不吝情去留。环堵萧然,不蔽风日……"

钱锺书云:"'不'字为一篇眼目。""先生不知何许人也,亦不详其姓字","岂作自传而并不晓己之姓名籍贯哉?正激于世之卖声名、夸门第者而破除之尔。"(《管锥编》第四册)"不慕荣利""不求甚解""家贫不能常得""曾不吝情去留""不蔽风日""不戚戚于贫贱,不汲汲于富贵",经典之语矣。

李白有言,"梦见五柳枝,已堪挂马鞭。何日到彭泽,长歌陶令前。"(《寄韦南陵冰余江上乘兴访之遇寻颜尚》)太白尽得渊明之精髓矣!

经典推荐

1.《天下才子必读书》,〔清〕金圣叹著,朱一清、程自信注,安徽文艺出版社,1992年。

2.《管锥编》,钱锺书著,中华书局,1979年。

第二十二回　浩浩乎如冯虚御风　不知其所止
　　　　　飘飘乎如遗世独立　羽化而登仙
——散文之风采（下）

　　读骆宾王《讨武曌檄》，武则天一句"宰相安得失此人？"不愧一代女皇。李华《吊古战场文》上承《过秦论》，下启《阿房宫赋》；李白《春夜宴桃李园序》、刘禹锡《陋室铭》、苏轼《赤壁赋》，君子"安贫乐道"，古往今来，如何纾解胸臆苦闷，重寻人生快乐之源，读李白苏轼矣！读欧阳修《秋声赋》，历代文人追随"悲秋"之主题，抒写宋玉式之悲凉，几成秋日悲歌之绝唱矣！"读《出师表》不哭者不忠，读《陈情表》不哭者不孝，读《祭十二郎文》不哭者不慈"矣！

　　《为李敬业讨武曌檄》，天下第一檄文。作者，即众所周知七岁唱出"鹅，鹅，鹅，曲项向天歌"那位神童骆宾王也！真正天地奇才作天地之奇文矣！寥寥四百余字，与诸位细细玩味。全抄如下：

　　"伪临朝武氏者，性非和顺，地实寒微。昔充太宗下陈，曾以更衣入侍。洎乎晚节，秽乱春宫。潜隐先帝之私，阴图后房之嬖。入门见嫉，蛾眉不肯让人；掩袖工谗，狐媚偏能惑主。践元后于翚翟，陷吾君于聚麀。加以虺蜴为心，豺狼成性，近狎邪僻，残害忠良，杀姊屠兄，弑君鸩母。人神之所同嫉，天地之所不容。犹复包藏祸心，窥窃神器。君之爱子，幽之于别宫；贼之宗盟，委之以重任。呜呼！霍子孟之不作，朱虚侯之已亡。燕啄皇孙，知汉祚之将尽；龙漦帝后，识夏庭之遽衰。

"敬业皇唐旧臣，公侯冢子。奉先君之成业，荷本朝之厚恩。宋微子之兴悲，良有以也；袁君山之流涕，岂徒然哉！是用气愤风云，志安社稷。因天下之失望，顺宇内之推心，爰举义旗，以清妖孽。南连百越，北尽三河，铁骑成群，玉轴相接。海陵红粟，仓储之积靡穷；江浦黄旗，匡复之功何远？班声动而北风起，剑气冲而南斗平。喑呜则山岳崩颓，叱咤则风云变色。以此制敌，何敌不摧；以此图功，何功不克！

"公等或居汉地，或叶（协）周亲，或膺重寄于话言，或受顾命于宣室。言犹在耳，忠岂忘心？一抔之土未干，六尺之孤何托？倘能转祸为福，送往事居，共立勤王之勋，无废旧君之命，凡诸爵赏，同指山河。若其眷恋穷城，徘徊歧路，坐昧先几之兆，必贻后至之诛。请看今日之域中，竟是谁家之天下！"

檄文"起写武氏之罪不容诛；次写起兵之事不可缓；末则示之以大义，动之以刑赏。雄文劲采，足以壮军声而作义勇，宜则天见檄而叹其才也"（《古文观止》）。文章"事昭而理辩，气盛而辞断"（《文心雕龙·檄移》），且琅琅上口，文采飞扬，当时即广为传诵。武则天初读此文，"但嘻笑，至'一抔之土未干，六尺之孤安在'，矍然曰：'谁为之？'或以宾王对。后曰：'宰相安得失此人？'"（《新唐书·骆宾王传》）吾人评述：不愧为一代明主，女皇肚里能撑船，领袖当如此矣！

全篇气势磅礴，足以鼓舞斗志；事彰理辩，足以折服人心。许多名句，传颂千古。革命先驱李大钊那句具有强大号召力之"试看将来的环球，必是赤旗的世界"（《Bolshevism 的胜利》，1918 年），直接化用"请看今日之域中，竟是谁家之天下"矣！

此文与王勃《滕王阁序》，堪称骈文双璧。《古文观止》前后两篇，平分秋色。

第二十二回　浩浩乎如冯虚御风　不知其所止　飘飘乎如遗世独立　羽化而登仙

"落霞与孤鹜齐飞，秋水共长天一色。"当时即语惊四座："王勃著《滕王阁序》，时年十四。都督阎公不之信，勃虽在座，而阎公意属子婿孟学士者为之，已宿构矣。及以纸笔，延让宾客，勃不辞。公大怒，拂衣而起，专令人伺其下笔。第一报云：'南昌故郡，洪都新府。'公曰：'亦是老生常谈。'又报云：'星分翼轸，地接衡庐。'公闻之，沉吟不语。又云：'落霞与孤鹜齐飞，秋水共长天一色。'公矍然而起曰：'此真天才，当垂不朽矣！'遂亟请宴所，极欢而罢。"（王定保《唐摭言》）都督阎公真君子也！谁言"文人相轻，自古而然"（曹丕《典论・论文》）？

"老当益壮，宁移白首之心？穷且益坚，不坠青云之志。"化用东汉马援"大丈夫为志，穷当益坚，老当益壮"，与其另一名句"海内存知己，天涯若比邻。无为在歧路，儿女共沾巾"（《送杜少府之任蜀州》）异曲同工矣！全无通常悲凉凄怆之气，意境旷达，清新高远。吾尝语于女儿曰：汝"一介书生"，"无路请缨，等终军之弱冠；有怀投笔，慕宗悫之长风"，相信"长风破浪会有时"（李白）矣！

强烈反对骈文、"唐宋八大家"之首的韩愈读《滕王阁序》，亦不吝称赞"读之可以忘忧"矣。

请诸君赏析《古文观止》另一骈文名篇《吊古战场文》，作者李华，即《陪侍御叔华登楼歌》（李白，名句"抽刀断水水更流，举杯消愁愁更愁"出自此篇）中"侍御叔华"，李白族叔也！

"浩浩乎！平沙无垠，敻不见人。河水萦带，群山纠纷。黯兮惨悴，风悲日曛。蓬断草枯，凛若霜晨。鸟飞不下，兽铤亡群。……尸填巨港之岸，血满长城之窟。无贵无贱，同为枯骨。可胜言哉！鼓衰兮力尽，矢竭兮弦绝，白刃交兮宝刀折，两军蹙兮生死决。……鸟无声兮山寂寂，夜正长兮风淅淅。魂魄结兮天沉沉，鬼神聚兮云幂幂。日光寒兮草短，月色苦兮霜白。……苍苍蒸民，谁无父母？提携捧负，畏其不寿。谁无兄弟，如足如手？谁无夫妇，如宾如友？生也何恩？杀之何咎？……呜呼噫嘻！时耶？命耶？从古如斯。为之奈何？守在四夷。"

凭吊古战场起兴。上承《过秦论》，下启《阿房宫赋》，宣文教，施仁义，守四夷，天下一。文章大气磅礴，一扫绮靡文风。古战场残酷凄惨，震撼女儿辈心灵之余，惊讶文采之独特：天下竟有如此奇文！骈文于中国文学功不可没矣！

诗仙李白之骈文：《与韩荆州书》《春夜宴桃李园序》。

《与韩荆州书》："白闻天下谈士相聚而言曰：'生不用封万户侯，但愿一识韩荆州。'何令人之景慕，一至于此耶！岂不以有周公之风，躬吐握之事，使海内豪俊，奔走而归之，一登龙门，则声价十倍！"排宕而出，破空而来。今人不知"韩荆州"为何人，然"识荆"流传千古矣！《古文观止》评："欲赞韩荆州，却借天下谈士之言，排宕而出之，便与谀美者异。"

"生不用封万户侯，但愿一识韩荆州"，道出千万学子"学而优则仕"之本心矣！李白毕竟李白，"已愿识荆州，却绝不作一分寒乞态，殊觉豪气逼人"（《古文观止》）。

干谒文字，难免阿谀奉承，我等凡夫俗子既如此，切勿苛求谪仙矣！文章自是纵横恣肆，文辞华美，读来音调铿锵，气概凌云，非圣手不能为之也！儿女辈必须记诵揣摩矣！

骈体抒情小品——《春夜宴桃李园序》：

"夫天地者，万物之逆旅；光阴者，百代之过客。而浮生若梦，为欢几何？古人秉烛夜游，良有以也。况阳春召我以烟景，大块假我以文章。会桃花之芳园，序天伦之乐事。群季俊秀，皆为惠连；吾人咏歌，独惭康乐。幽赏未已，高谈转清。开琼筵以坐花，飞羽觞而醉月。不有佳作，何伸雅怀？如诗不成，罚依金谷酒数。"

文章仅一百余字，字字精当，无一虚设。辞短韵长，异趣横生：赏美景、序天伦、饮酒赋诗，豪情雅兴，潇洒自如矣！与之相媲美者，唯有《陋室铭》矣！

第二十二回　浩浩乎如冯虚御风　不知其所止　飘飘乎如遗世独立　羽化而登仙

刘禹锡:《陋室铭》。

"山不在高,有仙则名。水不在深,有龙则灵。斯是陋室,惟吾德馨。苔痕上阶绿,草色入帘青。谈笑有鸿儒,往来无白丁。可以调素琴,阅金经。无丝竹之乱耳,无案牍之劳形。南阳诸葛庐,西蜀子云亭。孔子云:何陋之有?"

仕途失意,独善其身。退居林泉,避世自适。"孔子云:何陋之有?"引圣人之言,结束全篇,画龙点睛矣!

君子"安贫乐道",安于贫穷,乐于坚守信仰。读书人传统美德矣!后世"安于贫而乐于道"为世人之楷模者,窃以为,非苏东坡莫属矣!

苏轼:《前赤壁赋》《后赤壁赋》。

《前赤壁赋》:"'月明星稀,乌鹊南飞。'此非曹孟德之诗乎?西望夏口,东望武昌,山川相缪,郁乎苍苍,此非孟德之困于周郎者乎?方其破荆州,下江陵,顺流而东也,舳舻千里,旌旗蔽空,酾酒临江,横槊赋诗,固一世之雄也,而今安在哉?"千古风流人物尚且如此,一己之荣辱何足悲叹!亦如后人感叹,"滚滚长江东逝水,浪花淘尽英雄。是非成败转头空,青山依旧在,几度夕阳红。"(杨慎《临江仙》)

"驾一叶之扁舟,举匏樽以相属。寄蜉蝣于天地,渺沧海之一粟。哀吾生之须臾,羡长江之无穷。挟飞仙以遨游,抱明月而长终。"吾人叹曰:古往今来,"挟飞仙以遨游,抱明月而长终",无论圣贤,抑或渔樵,皆无法实现矣!如何纾解胸臆苦闷、重寻人生快乐之源,请读《赤壁赋》!

"且夫天地之间,物各有主,苟非吾之所有,虽一毫而莫取。惟江上之清风,与山间之明月,耳得之而为声,目遇之而成色,取之无禁,用之不竭。是造物者之无尽藏也,而吾与子之所共适。"

江上清风,山间明月,天地无私,声色娱人,徘徊其间,自得其乐。与"江天一色无纤尘,皎皎空中孤月轮。江畔何人初见月?江月何年初照人?人生代代无穷已,江月年年望相似"(张若虚)殊途同归矣!

《后赤壁赋》:"是岁十月之望……复游于赤壁之下。江流有声,断岸千尺;山高月小,水落石出。曾日月之几何,而江山不可复识矣。"

前赋"清风徐来,水波不兴""白露横江,水光接天",后赋"江流有声,断岸千尺,山高月小,水落石出"。

时隔三月,初秋孟冬。前赋江上、后赋江岸:"予乃摄衣而上,……盖二客不能从焉。划然长啸,草木震动,山鸣谷应,风起水涌。"

"……梦一道士,羽衣蹁跹,过临皋之下,揖予而言曰:'赤壁之游乐乎?'问其姓名,俯而不答。'呜呼噫嘻!我知之矣。畴昔之夜,飞鸣而过我者,非子也邪?'道士顾笑,予亦惊寤。开户视之,不见其处。"

东坡超凡脱俗矣!东坡庄生梦蝶矣!

两赋赤壁,佛教道教,如影随形。前实后虚,由乐而叹,始以"白露横江,水光接天。纵一苇之所如,凌万顷之茫然"泛舟湖上,终以"悄然而悲,肃然而恐,凛乎其不可留也"破梦而叹。庄子梦蝶,孤鹤升仙。无怪乎吴氏评说:"前篇写实情实景,从乐字领出歌来。此篇作幻境幻想,从乐字领出叹来。一路奇情逸致,相逼而出。与前赋同一机轴,而无一笔相似。读此两赋,胜读《南华》一部。"(《古文观止》)

苏东坡《赤壁赋》承其师欧阳修《秋声赋》之风格也!

"欧阳子方夜读书,闻有声自西南来者,悚然而听之,曰:'异哉!'初淅沥以萧飒,忽奔腾而砰湃,如波涛夜惊,风雨骤至。其触于物也,鏦鏦铮铮,金铁皆鸣;又如赴敌之兵,衔枚疾走,不闻号令,但闻人马之行声。予谓童子:'此何声也?汝出视之。'童子曰:'星月皎洁,明河在天,四无人声,声在树间。'

"余曰:'噫嘻悲哉!此秋声也,胡为而来哉?盖夫秋之为状也:其色惨淡,烟霏云敛;其容清明,天高日晶;其气栗冽,砭人肌骨;其意萧条,山川寂寥。故其为声也,凄凄切切,呼号愤发。丰草绿缛而争茂,佳木葱茏而可悦;草拂之而色变,木遭之而叶脱。其所以摧败零落者,乃其一气之

第二十二回　浩浩乎如冯虚御风　不知其所止　飘飘乎如遗世独立　羽化而登仙

余烈……'

"嗟乎！草木无情，有时飘零。人为动物，惟物之灵；百忧感其心，万事劳其形；有动于中，必摇其精。而况思其力之所不及，忧其智之所不能；宜其渥然丹者为槁木，黟然黑者为星星。奈何以非金石之质，欲与草木而争荣？念谁为之戕贼，亦何恨乎秋声！"

《秋声赋》，宋代文赋开山始祖；《赤壁赋》，宋代文赋集大成者。试比较之：

欧赋，秋声秋气。秋声凄切悲凉，秋景寂寥肃杀，人事忧劳，身心戕害，人生易老，草木无情。

苏赋，秋江秋月。吊古伤今，慨叹生命短暂。身处逆境，不以得失为怀，旷达胸襟，乐观向上。

吾谓女儿：自古逢秋悲寂寥。自宋玉"悲哉！秋之为气也。萧瑟兮，草木摇落而变衰"（《九辩》）以来，历代文人追随"悲秋"之主题，抒写宋玉式之悲凉，至欧阳修《秋声赋》，几成秋日悲歌之绝唱矣！

韩愈：《祭十二郎文》。

旷世祭文，"千年绝调"。"……呜呼！汝病吾不知时，汝殁吾不知日，生不能相养以共居，殁不能抚汝以尽哀，敛不凭其棺，窆不临其穴。吾行负神明，而使汝夭；不孝不慈，而不能与汝相养以生，相守以死。一在天之涯，一在地之角，生而影不与吾形相依，死而魂不与吾梦相接。吾实为之，其又何尤！彼苍者天，曷其有极……"

全文有吞声呜咽之态，无夸饰艳丽之辞。行云流水，参差骈散，一气贯注，势如破竹！感情真挚，震撼心灵，令人潸然泪下。

自此（指"呜呼！汝病吾不知时"）以下，多用排句，一往恸哭而尽。"情之至者，自然流为至文。读此等文，须想其一面哭，一面写，字字是血，字字是泪。未尝有意为文，而文无不工。"（《古文观止》）

前人赞曰，"读《出师表》不哭者不忠，读《陈情表》不哭者不孝，读《祭

十二郎文》不哭者不慈"矣！（谢枋得《文章轨范》引安子顺语）

吾人评述：美文如此，情感至此，何用"头悬梁锥刺股"乎？于是乎，先生之"世有伯乐，然后有千里马。千里马常有，而伯乐不常有"（《马说》），"师者，所以传道受业解惑也……是故弟子不必不如师，师不必贤于弟子，闻道有先后，术业有专攻"（《师说》），"业精于勤，荒于嬉；行成于思，毁于随。……口不绝吟于六艺之文，手不停披于百家之编。纪事者必提其要，纂言者必钩其玄"（《进学解》），及继承发展先生之古文理论、北宋文坛领袖欧阳修"醉翁之意不在酒，在乎山水之间也。……野芳发而幽香，佳木秀而繁阴，风霜高洁，水落而石出者，山间之四时也。朝而往，暮而归，四时之景不同，而乐亦无穷也"（《醉翁亭记》），如前所述，皆成为女儿口头禅，并广泛应用于日常生活学习矣！

至此，吾掩卷长叹：唐宋八大家文章，复兴先秦两汉古文，博取兼资庄周、屈原、司马迁、司马相如、扬雄诸家作品，每每读之，"词藻警人，余香满口"（曹雪芹），不知不觉，不知身处何处，不知今夕何夕。

学习古文，当如是乎！

经典推荐

重点推荐：《古文观止》（上、下），〔清〕吴楚材、吴调侯编选，中华书局，1959年。

推荐理由：《古文观止》原编者吴楚材、吴调侯，系叔侄，浙江山阴（今绍兴）人。均饱览经典，皆不宜仕途而埋没民间；长期从事私塾教学，清康熙十七年（1695），合编《古文观止》，留名后世。故从教育儿女角度，《古文观止》亦为三百年来最优秀之启蒙读物。

《古文观止》所选诸篇语言琅琅，佳言警句层出不穷，均为古典散文代表，尽是传统文明精华。最为精彩者，每篇文章评注，浅易文言，通俗易懂，为阅读者平添羽翼。或从文章句法入手，譬如欧阳修《醉翁亭记》："通

第二十二回　浩浩乎如冯虚御风　不知其所止　飘飘乎如遗世独立　羽化而登仙

篇共用29个'也'字,逐层脱卸,逐步顿跌,句句是记山水,句句是记亭,句句是记太守,似散非散,似排非排,文家之创调也。"或从身世人情入手,如《史记·屈原列传》评:"史公作屈原传,其文便似《离骚》,婉雅凄怆,使人读之,不禁唏嘘欲绝。要之,穷愁著书,史公与屈子实有同心,宜其忧思唱叹,低回不置云。"将作者与传记主人公心灵共鸣之处一笔点透,道出其感人魅力所在。再如司马迁《报任安书》评:"此书反复曲折,首尾相续,燕赵烈士之风。忧愁忧思,则又直与《离骚》叙事明白,豪气逼人。其感慨啸歌,大有对垒。文情至此极矣。"《李陵答苏武书》评:"天汉二年率步卒五千人出塞与单于战,力屈乃降。匈奴中与苏武相见,武得归,为书与陵,令归汉,陵作书答之。一以自白心事,一以咎汉负功。文情感愤壮烈,几于动风雨而泣鬼神。"如此等等,不一而足。其文字本身清丽优美流畅婉转,亦给人以美的享受,使其他选本难以望其项背矣。

2009年5月11日的《光明日报》发表了署名李鼎的评论文章,该文称《古文观止》是中国最伟大的语文教材,是中国最优秀的人文教科书。并称《古文观止》是语文教育的"高原训练",经过高原训练的学子对白话文自会游刃有余。作者在文中写道:"中国语文与母语、汉语、中文等义,它是民族心理、民族情感、民族思维、民族品格、民族特质、民族智慧的奠基者、培土者。语文教育的重要性,无论如何强调都不过分。文言文被打倒之后,白话文神气十足地在大地上蹒跚学步。它娇媚可爱,也丑态百出。但我要冒昧地说:白话文之后的中国语文教育的效率与质量令人难以恭维。中国语文教育的花样不可谓不多,招式不可谓不繁,但却事倍功半,学生的语文能力特别是语文创新能力不如人意,国民的语文素养与文明古国的地位极不相称。而中国古代的语文教育从理念到方法,十分简单,也十分先进。它对推动中华民族的进步与发展功不可没。清代民间学人吴楚材、吴调侯叔侄编选的《古文观止》,并没有经过国家审定,却大行其道,在城乡广泛流传,成为最受欢迎的语文教材,影响达三百年之久。所

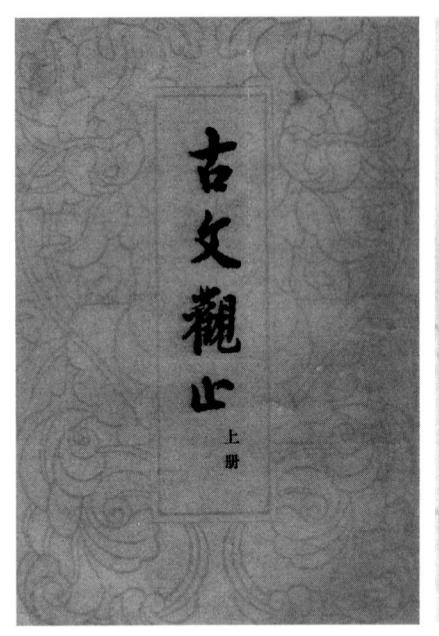

以我认为,我们当前的语文教育应适度'复古',化繁为简,回归文本。"

他对《古文观止》的评价,是大胆的。但仔细想想,他的话不无道理。因为从古至今,语文教材版本众多,能够与《古文观止》相提并论的语文教材,确实不多。

第二十三回　诗言志　歌永言
——心灵的呼唤（上）

诗歌,想象力之源泉;读诗,通向诗意生存之门径。诗人是艺术家,艺术家最富有童心。儿童读《诗经》,爱国主义,不再单薄,不再浮躁。读屈原,探索诗人心路历程。美,自屈原起。《诗三百》,黄河流域,儒家正统,现实主义之源;屈原《离骚》,长江流域,道家"异端",浪漫主义之源。建安风骨,"曹操古直悲凉,曹丕便娟婉约,曹植文采气骨",《燕歌行》,开创七言之美。儒道结合,始自渊明。"内儒外道",渊明之诗,春之兰,秋之菊,松上之风,涧下之水。

《尚书·尧典》:"诗言志,歌永言。"《庄子·天下篇》:"诗以道志。"诗歌,想象力之源泉;当代学者莫砺锋说,读诗,通向诗意生存之门径。

诗人是艺术家,艺术家最富有童心,诗歌最富有想象力、创造力。吾亦仿效前辈学者,用心让女儿从中国古典文学中慢慢沉淀,编制教材,系统教授女儿古典诗词,给女儿制定日课矣。

女儿进入诗词歌赋,与圣贤语,与智者语,一览世界三千年。

公元前11世纪至19世纪,三千年。中国诗国,诗歌体裁丰富,从诗经、楚辞、汉乐府、古诗十九首,到魏晋南北朝民歌、唐诗、宋词、元明清诗词。优秀诗人,灿若星河,各领风骚数百年。女儿依据吾之讲习,总结十大代表:屈原、曹操、陶渊明、王维、李白、杜甫、白居易、苏轼、李清照、陆游,引领中国诗歌圣坛。以下分述之,大都父女对话或读书思想火花,未尝披露,颇为幼稚。子曰:"学而不思则罔,思而不学则殆",读书必学有所得矣。诸位看官批评、批判或参考之。

《诗三百》,(公元前 11 世纪至公元前 6 世纪),孔子编订。女儿诵中华诗歌,自《诗经》始。以师旷之语与女儿共勉之,同学习、同成长矣,此亦所谓"教学相长"耶?

(晋平公问于师旷曰:"吾年七十,欲学,恐已暮矣。"师旷曰:"何不炳烛乎?"平公曰:"安有为人臣而戏其君乎?"师旷曰:"盲臣安敢戏其君?臣闻之:少而好学,如日出之阳;壮而好学,如日中之光;老而好学,如炳烛之明,孰与昧行乎?"平公曰:"善哉!"——刘向《说苑》。师旷,春秋时乐师、道家。生而无目,自称盲臣。晋大夫,博学多才,精音乐,善弹琴,以"师旷之聪"闻名于后世。)

《诗经》,中国诗学之渊薮。

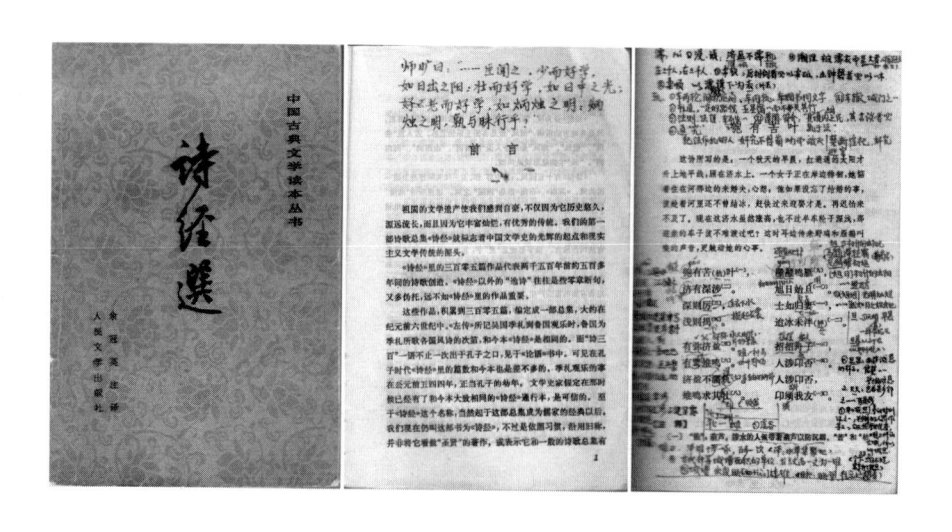

《风》《雅》《颂》,"一言以蔽之,曰'思无邪'"。孔子云:"不学诗,无以言。""哀而不伤,乐而不淫。"

经典之作,固有经典之处,《诗经》道尽人心所向、世间烦恼。"执子之手,与之偕老","所谓伊人,在水一方","风雨如晦,鸡鸣不已","如切如磋,如琢如磨","嘤其鸣矣,求其友声","投我以桃,报之以李","投我以木瓜,报之以琼琚","今夕何夕,见此良人","呦呦鹿鸣,食野之苹","逝将去汝,适彼乐土"……

《诗经》原句,凡读书者,耳熟能详,妇孺皆知。女儿认识《诗经》,为清新、高雅、和谐、神秘之气质所吸引,爱不释手。读之诵之,欢乐之处,"手之舞之,足之蹈之"(手舞足蹈);悲伤之处,"我心伤悲,莫知我哀"(《诗经·采薇》)。

然当今"大师们"教诲我等庶民,儿童启蒙必先读《弟子规》等,或曰水中捞月、缘木求鱼者也！欲求语言之不可得,安得诗歌之真谛乎！殊不知《诗经》如此浅显易懂、贴近生活,现实主义之源也！诸如"切磋""琢磨""人言可畏""硕大无朋""啜泣""翱翔"等词汇,《诗经》里俯拾皆是。大众所熟知之唐诗、宋词,乃至现代诗词,主流社会优美口语,皆来源于《诗经》也。晓知这些,何必耳提面命,唠叨空洞爱国之类说教？亲切自豪,油然而生。三千年前,智慧、浪漫、文明如此！历史感、凝重感、爱国主义,不再单薄,不再浮躁。

爱,自由,正义,为《诗经》永恒之主题,生命永恒之主题。闭上眼睛,用心聆听,来自远古心灵之呼唤。

"辞赋之祖"屈原(前340—前278),"不有屈原,岂见《离骚》? 惊才风逸,壮志烟高。山川无极,情理实劳。金相玉式,艳溢锱毫。"(刘勰《文心雕龙·辨骚篇》)今人莫砺锋说:不有《离骚》,岂见屈原?

读屈原,探索伟大诗人心路历程。

热爱祖国,热爱故土。"鸟飞反故乡兮,狐死必首丘。"(《九章·哀

鄩》)忠贞耿介,坚守信念。"后皇嘉树,橘徕服兮。受命不迁,生南国兮。深固难徙,更壹志兮。"(《九章·橘颂》)

珍惜生命,珍惜时光。"汩余若将不及兮,恐年岁之不吾与。朝搴阰之木兰兮,夕揽洲之宿莽。日月忽其不淹兮,春与秋其代序。惟草木之零落兮,恐美人之迟暮。"(《离骚》)

积极进取,奋发向上。"路漫漫其修远兮,吾将上下而求索。"(《离骚》)"世混浊而莫余知兮,吾方高驰而不顾。驾青虬兮骖白螭,吾与重华游兮瑶之圃。登昆仑兮食玉英,与天地兮同寿,与日月兮同光。"(《涉江》)

不惧中伤,不畏诽谤。"苟余心其端直兮,虽僻远之何伤。""吾不能变心而从俗兮,固将愁苦而终穷。接舆髡首兮,桑扈臝行。忠不必用兮,贤不必以。伍子逢殃兮,比干菹醢。与前世而皆然兮,吾又何怨乎今之人!余将董道而不豫兮,固将重昏而终身!"(《涉江》)

百折不回,九死不悔。"亦余心之所善兮,虽九死其犹未悔。"(《离骚》)

儒家精神,志士仁人。"无求生以害仁,有杀身以成仁。"(《论语·卫灵公》)屈子曰:"宁赴湘流,葬于江鱼之腹中。安能以皓皓之白,而蒙世俗之尘埃乎!"吾叹曰:今之教育,常有鼓励随波逐流者,"沧浪之水清兮,可以濯吾缨。沧浪之水浊兮,可以濯吾足。"(《渔父》)儿女辈勿从矣!

美,自屈原起。

"纷吾既有此内美兮,又重之以修能。""惟草木之零落兮,恐美人之迟暮。""朝饮木兰之坠露兮,夕餐秋菊之落英。"(《离骚》)"美人香草,以喻忠贞。""《离骚》之文,依《诗》取兴,引类譬喻。故善鸟香草,以配忠贞;恶禽臭物,以比谗佞;灵修美人,以媲于君。"(王逸《离骚经序》)未知所谓"女性情结"从何而来?

《诗经》《楚辞》,中华"风、骚",源远流长。《诗三百》,黄河流域,儒家正统,现实主义之源;屈原举一人之力作《离骚》,与《诗经》齐名,长江流域,道家"异端",浪漫主义之源。

"建安风骨"曹操(155—220),"曹操古直悲凉,曹丕便娟婉约,曹植文采气骨兼备。"(袁行霈《中国文学史》)

曹植,"天下才有一石,曹子建独占八斗"(谢灵运)。女儿读《三国》,喜遇"七步诗":"煮豆燃豆萁,豆在釜中泣。本是同根生,相煎何太急?"后得周恩来总理巧妙化用:"千古奇冤,江南一叶;同室操戈,相煎何急!"家国之情,自然而生。

曹丕《燕歌行》,乐府体裁,开创七言之美:"秋风萧瑟天气凉,草木摇落露为霜。群燕辞归鹄南翔,念君客游思断肠。慊慊思归恋故乡,君何淹留寄他方?贱妾茕茕守空房,忧来思君不敢忘,不觉泪下沾衣裳。援琴鸣弦发清商,短歌微吟不能长。明月皎皎照我床,星汉西流夜未央。牵牛织女遥相望,尔独何辜限河梁?"

李泽厚《美的历程》:"从作品艺术成就说,曹植众多诗作也许还抵不上曹丕一首《燕歌行》,王船山便曾称赞《燕歌行》是'倾情倾度,倾声倾色,古今无两',不加雕琢,音节婉约,情致流转。"

曹操诗歌,气魄雄伟,慷慨悲凉。真正代表"建安风骨"矣!

何为理想?吾尚孟德,授之女儿:"秋风萧瑟,洪波涌起,日月之行,若出其中;星汉灿烂,若出其里。"(《观沧海》)气势磅礴,壮志情怀,包容宇宙,吞吐日月,言为心声矣!1954年,毛泽东主席(时年六十二)在北戴河,时逢海滨风雨大作,浪涛翻涌,顿起击水之兴。上岸后纵笔挥毫《浪淘沙·北戴河》"往事越千年,魏武挥鞭,东临碣石有遗篇",即如是。

求贤若渴:"山不厌高,海不厌深,周公吐哺,天下归心"(《短歌行》)。战乱罹难:"白骨露于野,千里无鸡鸣。"(《蒿里行》)满目疮痍,哀鸿遍野。白骨累累,惨绝人寰! 至此,吾告知女儿:非《三国》之阿瞒也! 不愧曹孟德,"念之断人肠"矣。

人生哲理,明志抒情。"老骥伏枥,志在千里,烈士暮年,壮心不已"(《龟虽寿》)。豪迈气概,锐意进取,追求理想,不信天命,生命不息,奋斗不止。吾曰:与女儿辈共勉之。

"隐逸诗人"陶渊明(352—427),田园诗人之祖,唐宋名家多随之。女儿随吾回乡下,今日寻"暧暧远人村,依依墟里烟",明日觅"狗吠深巷中,鸡鸣桑树颠。"(《归园田居·其一》)早出晚归:"晨兴理荒秽,带月荷锄归。"(《归园田居·其三》)临风呼啸:"归去来兮!田园将芜胡不归?"晓之为"式微,式微!胡不归?微君之故,胡为乎中露!式微,式微!胡不归?微君之躬,胡为乎泥中!"《诗经·邶风·式微》翻版矣!

当年楚狂接舆歌而过孔子曰:"凤兮!凤兮!何德之衰?往者不可谏,来者犹可追。已而,已而!今之从政者殆而!"令人深思。子曰:"天下有道则见,无道则隐。"(《论语·泰伯》)何必"知其不可为而为"之?"穷则独善其身达则兼济天下"矣!儒道结合,始自陶渊明乎?"儒道互补"(李泽厚)、"内儒外道"哉!

杨万里:"渊明之诗,春之兰,秋之菊,松上之风,涧下之水也。"

梁实秋:"绚烂之极归于平淡,但是那平不是平庸的平,那淡不是淡而无味的淡,那平淡乃是不露斧凿之痕的一种艺术韵味。"

木心:"屈原是中国文学的塔尖","陶渊明不在中国文学的塔内,他是中国文学的塔外人"。所谓"塔外人"是也。

看官至此,便知中华诗歌之源脉。借用杜甫"会当凌绝顶,一览众山小"概括之,即站在塔内塔外巨人之肩。自此,女儿脑洞大开,游荡于文学天地,一发不可收拾,信心百倍,一路高歌猛进,进入诗歌顶峰时代——唐代。

经典推荐

1.《中国文学史》,游国恩主编,人民文学出版社,1963年。
2.《中国文学史》,袁行霈主编,高等教育出版社,1999年。
3.《美的历程》,李泽厚著,文物出版社,1981年。

李泽厚,80年代影响力很大的思想家,那时候几乎每个文科大学生及文学爱好者都读过他的书。李泽厚先生写过很多经典的著作,对中国的历史文化有着独到的见解。他的《美的历程》《中国近代思想史论》等著作影响极大,从者甚众,人称"青年导师"。冯友兰评价《美的历程》是部大书(应该说是几部大书),一部中国美学和美术史,一部中国文学史,一部中国哲学史,一部中国文化史。"直到 21 世纪,依然"没有过时、未被超越"(《社会科学报》2014 年报道)。易中天说:"这样的著作能有多少呢?凤毛麟角吧,以十几万字的篇幅来完成这样一个'美的历程',高屋建瓴,势如破竹,且能做到'天网恢恢,疏而不漏',该细密处细密,该留连处留连,丝丝入扣,顺理成章,在看似漫不经心的巡礼中触摸到文明古国的心灵历史,诚非大手笔而不能为。"《美的历程》一书真是写得英姿勃发,才气逼人。单是标题,便气度不凡:龙飞凤舞。青铜饕餮。魏晋风度、盛唐之音,更不用说每过几页就有一段华彩乐章了。实际上,《美的历程》是可以当作艺术品来看待的。它充分地表现着李泽厚的魅力。"《美的历程》从宏观角度对中国数千年的艺术、文学作了概括描述和美学上的把握。书中提出了诸如原始远古艺术的"龙飞凤舞",殷周青铜器艺术的"狞厉的美",先秦理性精神的"儒道互补",楚辞、汉赋、汉画像石之"浪漫主义","人的觉醒"的魏晋风度,六朝、唐、宋佛像雕塑,宋元山水绘画以及诗、词、曲各具审美三品类,明清时期小说、戏曲由浪漫而感伤而现实之变迁等重要观念,多发前人之所未发,给读者一个全新的视角来观察中华文明。此书于 1981 年初版,多次再版,发行达几十万册。已有英文、德文、韩文等多种译本问世。

4.《三曹诗选》,余冠英选注,人民文学出版社,1979 年。

5.《陶渊明集》,逯钦立校注,中华书局,1956 年。

第二十四回　童子解吟《长恨》曲
　　　　　　胡儿能唱《琵琶》篇
　　　　　——心灵的呼唤（中）

　　有唐一代，盛世王朝，海纳百川，有容乃大；兼容并蓄，英贤群聚。儿童遇王维，未有不欣赏者。借用今日教育之语，王维乃当代中华素质教育全面发展之典型。王维兼容三家（儒释道），"以天地之胸怀来处理人间事务"。女儿涂鸦绘画，启蒙自祖母，灵感乎田野，陶醉于摩诘。"李白是天才，杜甫是地才，王维是人才"。李白承继《楚辞》，杜甫承继《诗经》。白居易"文章合为时而著，歌诗合为事而作"。

　　有唐一代，盛世王朝，海纳百川，有容乃大；兼容并蓄，英贤群聚。太宗道："天下英雄尽入吾彀中矣！"天下英才皆乐为所用。吾告诫女儿：常怀济世安民之心，方可留下千古风流篇章。

　　"诗佛"王维（701—761），参禅悟理，学庄信道。儿童遇王维，未有不欣赏者。借用今日教育之语，王维乃当代中华素质教育全面发展之典型。兼容三教（儒释道），艺术领域，左右逢源，誉满盛唐，美披后世。

　　博学多才，妙解音律，温文尔雅，风流蕴藉。"王右丞如秋水芙蕖，倚风自笑。"（《诗人玉屑》）人格独立。"松风吹解带，山月照弹琴。"（《酬张少府》）"独坐幽篁里，弹琴复长啸。"（《竹里馆》）昔日女儿调侃：爸爸学王维，

第二十四回　童子解吟《长恨》曲　胡儿能唱《琵琶》篇

混迹于官场之内，而宅心于天地之外，试图"以天地之胸怀来处理人间事务"（冯友兰语）矣！

女儿涂鸦绘画，启蒙自祖母教焉，灵感乎田园自然，陶醉于摩诘诗篇。"日落江湖白，潮来天地青"（《送邢桂州》），"大漠孤烟直，长河落日圆"（《使至塞上》），"漠漠水田飞白鹭，阴阴夏木啭黄鹂"（《积雨辋川庄作》），"白水明田外，碧峰出山后"（《新晴野望》）。绘画诗歌，融为一体。

妇孺尽知东坡语："味摩诘之诗，诗中有画；观摩诘之画，画中有诗"（《东坡题跋·书摩诘蓝田烟雨图》）。不知当今名目繁多之绘画班美术班，号称释放儿童绘画天性、完成主题创作、提高孩子兴趣，为何绝少见王维踪影？何故舍近而求远、舍本而逐末耶？

动静相兼，声色俱佳。"空山新雨后，天气晚来秋。明月松间照，清泉石上流。竹喧归浣女，莲动下渔舟。随意春芳歇，王孙自可留。"（《山居秋暝》）

神韵淡远。"空山不见人，但闻人语响，返景入深林，复照青苔上。"（《鹿柴》）

情景交融，浑然天成。"寒山转苍翠，秋水日潺湲。倚杖柴门外，临风听暮蝉。渡头余落日，墟里上孤烟。复值接舆醉，狂歌五柳前。"（《辋川闲居赠裴秀才迪》）

抒情小诗，儿童玩味千年。"君自故乡来，应知故乡事。来日绮窗前，寒梅著花未？"（《杂诗三首·其二》）"红豆生南国，春来发几枝？愿君多采撷，此物最相思。"（《江上赠李龟年》）"劝君更尽一杯酒，西出阳关无故人。"（《送元二使安西》）"每逢佳节倍思亲。"（《九月九日忆山东兄弟》）"惟有相思似春色，江南江北送君归。"（《送沈子福之江东》）

"李白是天才，杜甫是地才，王维是人才"，昔人誉王维"诗佛"，与"诗仙"李白、"诗圣"杜甫并提，史称唐代"四大诗人"——王维、李白、杜甫、白居易。

"双子星座"——李白与杜甫。

"诗仙"李白(701—762),浪漫主义,黄老列庄,天授奇才。"诗圣"杜甫(712—770),现实主义,忧时伤世,当世英才,诗为"诗史"。并称"李杜"(李商隐与杜牧为"小李杜")。李白承继《楚辞》,杜甫承继《诗经》。

唐人已称颂李白杜甫矣!"李杜文章在,光焰万丈长。"(韩愈)

"李白斗酒诗百篇,长安市上酒家眠。天子呼来不上船,自称臣是酒中仙。"(杜甫《饮中八仙歌》)"白也诗无敌,飘然思不群。清新庾开府,俊逸鲍参军。"(杜甫《春日忆李白》)"笔落惊风雨,诗成泣鬼神。"(杜甫《寄李十二白二十韵》)豪迈奔放、飘逸若仙。唐韩愈、孟郊、李贺,宋苏轼、陆游、辛弃疾,明清高启、杨慎、龚自珍等,无不受其影响。

杜甫继承汉魏乐府"感于哀乐,缘事而发",开创"即事名篇"新题乐府,"三吏""三别",描写民生疾苦,下启中唐新乐府运动。吾尝谓女儿曰:文章须精雕细琢至"语不惊人死不休"(杜甫)境界方可矣。

李白《蜀道难》:"噫吁嚱!危乎高哉!蜀道之难,难于上青天。蚕丛及鱼凫,开国何茫然!尔来四万八千岁,不与秦塞通人烟。西当太白有鸟道,可以横绝峨眉巅。地崩山摧壮士死,然后天梯石栈相钩连。……剑阁峥嵘而崔嵬,一夫当关,万夫莫开。所守或匪亲,化为狼与豺。……锦城虽云乐,不如早还家。蜀道之难,难于上青天,侧身西望长咨嗟。"气势磅礴。河山之改观,林木之荒寂,绝壁之险峻,其想象之丰富、气象之宏伟、境界之阔大,令人荡气回肠。女儿辈最喜此千古奇文,道是非太白金星不可!犹如古代希腊神话之于西方艺术之地位,凡人不可企及矣!清沈德潜评:"笔势纵横,如虬飞蠖动,起雷霆于指顾之间。"

《梦游天姥吟留别》:"天姥连天向天横,势拔五岳掩赤城。天台四万八千丈,对此欲倒东南倾。……青冥浩荡不见底,日月照耀金银台。霓为衣兮风为马,云之君兮纷纷而来下。虎鼓瑟兮鸾回车,仙之人兮列如麻。"气势雄伟,似真似幻,意境深远,浪漫主义名作。女儿辈读之,不向往壮丽河山者,鲜矣!

乐观主义天性。《行路难》"行路难!行路难!多歧路,今安在?""大道如青天,我独不得出。"人生"前途是光明的,道路是曲折的"(毛泽东)。"长风破浪会有时,直挂云帆济沧海。"一生意气风发,积极进取。"仰天大笑出门去,我辈岂是蓬蒿人。"(《南陵别儿童入京》)遭遇挫折,从不志气消沉。"大鹏一日同风起,扶摇直上九万里。假令风歇时下来,犹能簸却沧溟水。"(《上李邕》)叹老嗟卑与李白从来无缘,临终前依然如此:"大鹏飞兮振八裔,中天摧兮力不济。馀风激兮万世,游扶桑兮挂左袂。后人得之传此,仲尼亡兮谁为出涕?"(《临终歌》)可与项羽《垓下歌》"力拔山兮气盖世,时不利兮骓不逝"相媲美,苍凉悲壮,感慨激昂,震撼人心,激励自己,亦激励后人。生逢盛世,儿女辈应积极向上,冲破一切艰难险阻,实现远大抱负。正是"江山如此多娇,引无数英雄竞折腰"(毛泽东)。当代中国,当今教育,又何尝不应如此!若常读仙人李白、领袖毛泽东之豪迈诗词,爱国必然,又何用空洞说教!

杜甫"奉儒守官,未坠素业"(《进雕赋表》)。有朝一日"致君尧舜上,再使民风淳"(《奉赠韦左丞丈二十二韵》)。"许身一何愚,窃比稷与契。"(《自京赴奉先县咏怀五百字》)志向高远。李白终其一生以道家大鹏自比,杜甫终其一生则以儒家瑞鸟凤凰自比:"七龄思即壮,开口咏凤凰。"(《壮游》)临终前作《朱凤行》:"君不见潇湘之山衡山高,山巅朱凤声嗷嗷。侧身长顾求其群,翅垂口噤心甚劳。下悯百鸟在罗网,黄雀最小犹难逃。愿分竹实及蝼蚁,尽使鸱枭相怒号。"

警世名言。"朱门酒肉臭,路有冻死骨。"(《自京赴奉先县咏怀五百字》)"床头屋漏无干处,雨脚如麻未断绝。"陷入困境,依然想着"安得广厦千万间,大庇天下寒士俱欢颜"(《茅屋为秋风所破歌》)。

忧患意识。"穷年忧黎元,叹息肠内热。"(《自京赴奉先县咏怀五百字》)揭露穷兵黩武。"边庭流血成海水,武皇开边意未已。""君不见,青海头,古来白骨无人收。新鬼烦冤旧鬼哭,天阴雨湿声啾啾!"(《兵车行》)唐军攻克安史老巢,杜甫欣喜欲狂,冲口唱出"生平第一快诗":"剑外忽传收蓟北,初闻涕泪满衣裳。却看妻子愁何在,漫卷诗书喜欲狂。白日放歌须纵酒,青春作伴好还乡。即从巴峡穿巫峡,便下襄阳向洛阳。"(《闻官军收河南河北》)

李白善用虚。"君不见高堂明镜悲白发,朝如青丝暮成雪。"(《将进酒》)"狂风吹我心,西挂咸阳树。"(《金乡送韦八之西京》)"白发三千丈,缘愁似个长。"(《秋浦歌》)

杜甫善用实。"车辚辚,马萧萧,行人弓箭各在腰。爷娘妻子走相送,尘埃不见咸阳桥。""信知生男恶,反是生女好。生女犹得嫁比邻,生男埋没随百草。"(《兵车行》)"柴门鸟雀噪,归客千里至。"(《羌村》)"随风潜入夜,润物细无声。"(《春夜喜雨》)"细草微风岸,危樯独夜舟。星垂平野阔,月涌大江流。名岂文章著,官应老病休。飘飘何所似?天地一沙鸥。"(《旅夜书怀》)"无边落木萧萧下,不尽长江滚滚来。"(《登高》)此等实实在在、明明白白之语,皆成为女儿生活、旅行广泛用语矣!

"诗王"白居易(772—846),"文章合为时而著,歌诗合为事而作。"

白居易诗歌,通俗易懂,"老妪能解"。上自宫廷,下至民间,流传广泛。声名远播日本朝鲜,为日本最喜欢之唐朝诗人。

叙事诗四大名作《孔雀东南飞》《木兰辞》《长恨歌》《琵琶行》,白居易半壁江山。

吾谓女儿:四大名作,诗传一体。抒情叙事,情节感人,极易记诵矣!于是父女同行,与幼时一样,"成语接龙",你一言("遂令天下父母心"),我一语("不重生男重生女"),不出半日,名作"化为己有"矣!

《长恨歌》,"汉皇重色思倾国",统领全诗。"回眸一笑百媚生,六宫粉黛无颜色",万种风情。"姊妹弟兄皆列土",一人得道,鸡犬升天。"从此君王不早朝",悲剧根源。"渔阳鼙鼓动地来,惊破《霓裳羽衣曲》。"乐极生

第二十四回　童子解吟《长恨》曲　胡儿能唱《琵琶》篇

悲。"六军不发无奈何,宛转蛾眉马前死。""君王掩面救不得,回看血泪相和流。"悲伤之情,溢于言表。

"蜀江水碧蜀山清,圣主朝朝暮暮情。"触景伤情,朝思暮想。"芙蓉如面柳如眉,对此如何不泪垂!"物是人非,睹物伤情。

"上穷碧落下黄泉,两处茫茫皆不见。"浪漫主义。"忽闻海上有仙山,山在虚无缥缈间。"仙境再现。"玉容寂寞泪阑干,梨花一枝春带雨。"脉脉含情。"在天愿作比翼鸟,在地愿为连理枝。天长地久有时尽,此恨绵绵无绝期。"点明题旨,回味无穷。

《琵琶行》,错落有致,情节曲折,波澜起伏。"浔阳江头夜送客",人物地点,事件时间。"枫叶荻花秋瑟瑟",秋夜送客,萧瑟落寞,"举酒欲饮无管弦"。"醉不成欢惨将别,别时茫茫江浸月",环境烘染。"忽闻水上琵琶声",空谷足音。"千呼万唤始出来,犹抱琵琶半遮面。"未见其人,先闻其声。未闻其语,先露其心。

"弦弦掩抑声声思,似诉平生不得志。"通过乐曲,抒发情感。"嘈嘈切切错杂弹,大珠小珠落玉盘。"眼花缭乱,耳不暇接。"别有幽愁暗恨生,此时无声胜有声。"余音袅袅,余意无穷。"曲终收拨当心画,四弦一声如裂帛。"荡气回肠,惊心动魄。

"沉吟放拨插弦中,整顿衣裳起敛容。"诉说身世,欲说还休。"自言本是京城女","今年欢笑复明年,秋月春风等闲度","门前冷落鞍马稀,老大嫁作商人妇",如怨如慕,如泣如诉。

"同是天涯沦落人,相逢何必曾相识。"全诗"诗眼",《琵琶行》主旨,画龙点睛。

唐宣宗吊白居易:"缀玉连珠六十年,谁教冥路作诗仙?浮云不系名居易,造化无为字乐天。童子解吟《长恨》曲,胡儿能唱《琵琶》篇。文章已满行人耳,一度思卿一怆然。"

吾人评述:皇帝为一位诗人作悼亡诗,绝无仅有矣!天时地利人和,时势成就"诗王"矣!

经典推荐

1.《唐诗选》(上、下),中国社会科学院文学研究所编,人民文学出版社,1978年。

2.《王维孟浩然选集》,王达津选注,上海古籍出版社,1990年。

3.《李白诗选》,复旦大学中文系古典文学教研组选注,人民文学出版社,1977年。

4.《杜甫诗选注》,萧涤非选注,上海古籍出版社,1983年。

5.《白居易诗选》,顾学颉、周汝昌选注,人民文学出版社,1962年。

第二十五回　山重水复疑无路
　　　　　　柳暗花明又一村
　　　　——心灵的呼唤（下）

"苏东坡是一个无可救药的乐天派、一个伟大的人道主义者、一个百姓的朋友、一个大文豪、大书法家、创新的画家、造酒试验家……一个月夜徘徊者、一个诗人……"（林语堂）李清照"语尽而意不尽，意尽而情不尽"，"晚晴寒透"。"小李白"陆游，"其感激悲愤、忠君爱国之诚，一寓于诗，酒酣耳热，跌宕淋漓。至于渔舟樵径，茶碗炉熏，或雨或晴，一草一木，莫不著为歌咏，以寄其意。"陶渊明爱菊，周敦颐喜莲，陆游重梅。中国诗歌，唐代顶峰，宋代开拓。唐诗尚情，宋诗尚意。元代颓废，明代复古。清代学古，略有革新。

有唐一代，诗歌已达顶峰。李白已叹"眼前有景道不得，崔颢题诗在上头"。张若虚《春江花月夜》，"以孤篇压倒全唐"："春江潮水连海平，海上明月共潮生"，"江天一色无纤尘，皎皎空中孤月轮"，"此时相望不相闻，愿逐月华流照君"，"不知乘月几人归，落月摇情满江树"，似已写尽春、江、花、月、夜，成千古绝唱。进入又一大一统时代——宋。喜欢风花雪月之宋人，将诗歌引向何处？是否能"行到水穷处，坐看云起时"（王维）？

"苏仙"苏轼（1037—1101），宋代文学集大成者。诗、词、散文、书、画皆精通,堪称全才。

"欲把西湖比西子,淡妆浓抹总相宜。"(《饮湖上初晴后雨》)妙手偶得,神来之笔。

"天外黑风吹海立,浙东飞雨过江来。"(《有美堂暴雨》)暴雨突来,风起云涌。雄阔奔放,山河壮丽。

"竹外桃花三两枝,春江水暖鸭先知。"(《惠崇春江晚景》)题画诗,桃竹相衬,红绿掩映,春意生机,儿童欢喜。

"明月几时有,把酒问青天。"青天为友,把酒相问,李白"青天有月来几时?我今停杯一问之。"(《把酒问月》)

"人有悲欢离合,月有阴晴圆缺,此事古难全。但愿人长久,千里共婵娟。"(《水调歌头》)官场失意,不道凄凉,乐观开朗,千古离人,美好祝愿。

"十年生死两茫茫,不思量,自难忘。"(《江城子·乙卯正月二十日夜记梦》)抒胸臆,诉悲怀,真挚朴素,沉痛感人。

"人生到处知何似,应似飞鸿踏雪泥。泥上偶然留指爪,鸿飞那复计东西!"(《和子由渑池怀旧》)雪泥鸿爪,意境恣逸,耐人寻味。

"竹杖芒鞋轻胜马,谁怕? 一蓑烟雨任平生。"(《定风波·莫听穿林打叶声》)宠辱不惊,履险如夷,啸傲人生。(莫砺锋语)

"枝上柳绵吹又少,天涯何处无芳草!"(《蝶恋花·春景》)悲而不伤,物自无情,人自多情。

"大江东去,浪淘尽,千古风流人物。故垒西边,人道是:三国周郎赤壁。乱石穿空,惊涛拍岸,卷起千堆雪。江山如画,一时多少豪杰。"(《念奴娇·赤壁怀古》)壮志难酬,旷达之心,怀古抒情。

豪放上承范仲淹,下接辛弃疾。范仲淹"将军白发征夫泪"(《渔家傲·秋思》),苏东坡"老夫聊发少年狂"(《江城子·密州出猎》),辛弃疾"醉里挑灯看剑"(《破阵子·为陈同甫赋壮词以寄之》),千百年来,感动无数志士仁人,岳飞壮志未酬,"三十功名尘与土,八千里路云和月。莫等

第二十五回　山重水复疑无路　柳暗花明又一村

闲,白了少年头,空悲切!"孙逸仙大声疾呼,"革命尚未成功,同志仍须努力!"毛润之指点江山,"多少事,从来急;天地转,光阴迫。一万年太久,只争朝夕!"女儿辈须倍加勤奋努力矣!

"苏东坡是一个无可救药的乐天派、一个伟大的人道主义者、一个百姓的朋友、一个大文豪、大书法家、创新的画家、造酒试验家、一个工程师、一个憎恨清教徒主义的人、一位瑜伽修行者佛教徒、巨儒政治家、一个皇帝的秘书、酒仙、厚道的法官、一位在政治上专唱反调的人。一个月夜徘徊者、一个诗人、一个小丑。但是这还不足以道出苏东坡的全部……归根结底,我们只能知道自己真正了解的人,我们只能完全了解我们真正喜欢的人。我认为我完全知道苏东坡,因为我了解他。我了解他,是因为我喜欢他。"(林语堂《苏东坡传》)

苏东坡光辉一生,"三苏"同登"唐宋八大家",家学渊源矣。

"苏老泉,二十七。始发愤,读书籍。彼既老,犹悔迟。尔小生,宜早思。"(《三字经》)苏老泉,即苏洵,史本传皆言:"年二十七,始发愤读书。"与程夫人(苏母,苏轼、苏辙母亲,与孟母、岳母并称"三大贤母")一起,付出时间、精力,引导、陪伴苏轼、苏辙,共同努力,风雨同舟,成就自己,成就孩子。"一门父子三词客,千古文章四大家",与近代梁启超"一门三院士",同为天下父母之楷模矣!

"千古第一才女"李清照(1084—1155),婉约派"宗主"。李清照词,独步一时,以寻常言语入词,委婉清新。用浅欲之语,发清新之思。

"蹴罢秋千,起来慵整纤纤手。露浓花瘦,薄汗轻衣透。见客入来,袜划金钗溜。和羞走,倚门回首,却把青梅嗅。"或许,这客人,便是赵明诚,也未可知。

"牵牛织女,莫是离中,甚霎儿晴,霎儿雨,霎儿风"(《行香子·七夕》),全是口语,甚至儿语,信手拈来。

"昨夜雨疏风骤,浓睡不消残酒。试问卷帘人,却道海棠依旧。知否,知否?应是绿肥红瘦。"(《如梦令·昨夜雨疏风骤》)此词一出,"天下称之"。"'绿肥红瘦','宠柳娇花',人工天巧,可称绝唱。"(王士禛《花草蒙拾》)

"一种相思,两处闲愁。此情无计可消除,才下眉头,却上心头。"(《一剪梅》)灵思奇想,以寻常语度入音律。

"莫道不销魂,帘卷西风,人比黄花瘦。"(《醉花阴·薄雾浓云愁永昼》)以瘦暗示相思之深,言有尽而意无穷。

"寻寻觅觅,冷冷清清,凄凄惨惨戚戚","梧桐更兼细雨,到黄昏、点点滴滴。这次第,怎一个愁字了得!"(《声声慢》)。叠字精妙,顿挫凄绝。通俗典雅,自然朴素,一气贯注,一字一泪。

"风住尘香花已尽,日晚倦梳头。物是人非事事休,欲语泪先流。闻说双溪春尚好,也拟泛轻舟。只恐双溪舴艋舟,载不动许多愁。"(《武陵春·春晚》)又是一个"愁"字,想象惊人。

易安词作,率性而至,荣辱不惊,是谓清照,也是"一番洗清秋"。暮年的苍劲,早年的娇羞,皆性情也,是谓上乘,"晚晴寒透"!(李劼)

"亘古男儿一放翁"陆游(1125—1210),南宋爱国诗人最杰出代表。一生笔耕不辍,今存九千四百多首,入选世界纪录协会中国诗歌作品存世量最多诗人。

吾谓女儿曰:陆游二十岁写下"上马击狂胡,下马草军书"。爱国情怀,终生不渝。卧病之时,"夜阑卧听风吹雨,铁马冰河入梦来"。临终示儿,名垂千古,"死去元知万事空,但悲不见九州同。王师北定中原日,家祭无忘告乃翁!"

"三万里河东入海,五千仞岳上摩天。遗民泪尽胡尘里,南望王师又一年!"(《秋夜将晓出篱门迎凉有感》)遥望南天,岁岁期盼,出师北伐,年年落空。统治集团,醉生梦死,西子湖畔,心死久矣!

"和戎诏下十五年,将军不战空临边。朱门沉沉按歌舞,厩马肥死弓断弦。戍楼刁斗催落月,三十从军今白发。笛里谁知壮士心,沙头空照征人骨。中原干戈古亦闻,岂有逆胡传子孙?遗民忍死望恢复,几处今宵垂泪痕!"(《关山月》)沉郁苍茫,悲凉激越。满腔悲愤,时代精神。抒发戍边战士怀乡之情,牵动亡国遗民故国之思。

"早岁那知世事艰,中原北望气如山。楼船夜雪瓜洲渡,铁马秋风大散关。塞上长城空自许,镜中衰鬓已先斑。《出师》一表真名世,千载谁堪伯仲间?"(《书愤》)吾叹曰:此情此景,不禁令人联想其好友"人中之杰,词中之龙"辛弃疾之《破阵子》——"醉里挑灯看剑,梦回吹角连营。八百里分麾下炙,五十弦翻塞外声。沙场秋点兵。马作的卢飞快,弓如霹雳弦惊。了却君王天下事,赢得生前身后名。可怜白发生!"

"驿外断桥边,寂寞开无主。已是黄昏独自愁,更著风和雨。无意苦争春,一任群芳妒。零落成泥碾作尘,只有香如故。"(《卜算子·咏梅》)身处逆境,矢志不渝。借梅言志,感叹人生,失意坎坷,赞梅精神,青春无悔。吾人更喜领袖反其意而用之:"风雨送春归,飞雪迎春到。已是悬崖百丈冰,犹有花枝俏。俏也不争春,只把春来报。待到山花烂漫时,她在丛中笑。"(毛泽东《卜算子·咏梅》)

陶渊明爱菊,"采菊东篱下,悠然见南山。"周敦颐喜莲,"出淤泥而不染,濯清涟而不妖。"陆游重梅,"雪虐风饕愈凛然,花中气节最高坚。"(《落梅》)"何方可化身千亿,一树梅花一放翁。"(《梅花绝句》)

"山重水复疑无路,柳暗花明又一村。"(《游山西村》)锲而不舍,豁然开朗,道出世间事物消长变化。钱锺书评:"陆游这一联才把它写得'题无剩义'。"(《宋诗选注》)

"衣上征尘杂酒痕,远游无处不消魂。此身合是诗人未?细雨骑驴入剑门。"(《剑门道中遇微雨》)诗人"百无聊赖以诗鸣"(梁启超),抑郁中自嘲,沉痛中调侃。

"当年万里觅封侯,匹马戍梁州,关河梦断何处,尘暗旧貂裘。胡未灭,鬓先秋,泪空流,此生谁料,心在天山,身老沧洲。"(《诉衷情》)人生秋意,时代风雨,英雄本色,如叹如诉。

"家庭盛弦诵,父子相师友。"(《东斋杂书》)"父子更兼师友分,夜深常共短檠灯。"(《示子聿》)"自怜未废诗中业,父子蓬窗共一灯。"(《白发》)父子亲情,幸福温馨,相伴成长,堪称模范。

"红酥手,黄縢酒,满城春色宫墙柳。东风恶,欢情薄。一怀愁绪,几年离索。错、错、错。春如旧,人空瘦,泪痕红浥鲛绡透。桃花落,闲池阁。山盟虽在,锦书难托。莫、莫、莫!"(《钗头凤·红酥手》)有爱,有恨,有痛,有怨。节奏急促,声情凄紧,"错、错、错",荡气回肠,恸不忍言、恸不能言。旧园重逢,深于情,深于言。"莫,莫,莫!"事已至此,无可补救、无法挽回,言犹未尽,意犹未了,情犹未终。直抒胸臆,激愤感情,江河奔泻,一气呵成。

梁启超赞曰:"诗界千年靡靡风,兵魂销尽国魂空。集中十九从军乐,亘古男儿一放翁!"(《读陆放翁集》之二,《饮冰室文集》卷四五)

女儿摘抄:中国诗歌,唐代顶峰,宋代开拓。唐诗尚情,宋诗尚意。元代颓废,明代复古……清代诗歌,学古革新。(钱仲联《明清诗精选》)

吾谓女儿:"李杜诗篇万口传,至今已觉不新鲜。江山代有才人出,各领风骚数百年。"(赵翼《论诗五首·其二》)至此,强弩之末矣!正如龚自珍诗云:"九州生气恃风雷,万马齐喑究可哀。我劝天公重抖擞,不拘一格降人才。"(《己亥杂诗》)写于己亥年,即清道光十九年(1839),两年后诗人逝世时(1841),中国进入另一个时代。

目光投向西方。

经典推荐

1.《唐宋词选释》,俞平伯选注,人民文学出版社,1979年。
2.《唐宋词选》,夏承焘、盛弢青选注,中国青年出版社,1981年。

3.《宋词选》,胡云翼选注,上海古籍出版社,1997年。

4.《唐宋词鉴赏辞典》,唐圭璋主编,江苏古籍出版社,1986年。

5.《宋诗选注》,钱锺书辑注,人民文学出版社,1982年。

6.《明清诗精选》,钱仲联编选,江苏古籍出版社,1992年。

7.《苏东坡传》,林语堂著,宋碧云译,三苏故里建设学会翻印台湾远景出版事业公司版,1987年。

8.《The Gay Genius The Life and Times of Su Tungpo 苏东坡传》,林语堂著,外语教学与研究出版社,2009年。

9.《苏轼诗词选注》,王水照、王宜瑗选注,上海古籍出版社,1990年。

10.《李清照诗词选注》,刘忆萱选注,上海古籍出版社,1981年。

11.《陆游诗选》,游国恩、李易选注,人民文学出版社,1957年。

第二十六回　荷马高歌　迎接曙光之鸟
　　　　　一个剧本　现在过去未来
——西方诗歌掠影

"世界诞生,荷马高歌,迎接曙光之鸟"。穿越时空三千年,令女儿激情无限,超越自我,勇往直前。但丁,文艺复兴之桥梁,新时代第一诗人。《地狱》苦刑之地,《炼狱》忏悔之所,《天堂》幸福之处。莎士比亚,西方"文学奥林匹斯山上宙斯"。理想主义、浪漫主义、现实主义。天才降临,艺术科学,照亮世界。"哈姆雷特",横空出世,巴尔扎克、狄更斯、普希金,应运而生。英语诗歌嘉年华。"湖畔诗人",华兹华斯、拜伦、雪莱、济慈……灿烂辉煌。"冬将至今春将还,风兮! 听兮! 噫!"歌德,"狂飙突进",永远追求。"凡是自强不息者,到头我辈均能救"。

公元前 9 世纪至 19 世纪,两千八百年。四大诗人,荷马、但丁、莎士比亚、歌德。四大名著,《荷马史诗》《神曲》《哈姆雷特》《浮士德》,引领西方古典文学圣坛。

"荷马高歌,迎接曙光之鸟"——荷马(Homer,生于公元前 873 年),古希腊盲诗人,四大诗人之首。公元前 9 世纪,人类童年,神话时代。《荷马史诗》(《伊利亚特》《奥德赛》),"荷马时代","英雄时代",特洛伊战争,

第二十六回　荷马高歌　迎接曙光之鸟　一个剧本　现在过去未来

"世界诞生,荷马高歌,迎接曙光之鸟"(雨果)。

英雄有死。无论多么显赫之英雄,皆"有死的"凡人,而非"不死的"神明。《伊利亚特》特洛伊少年英雄唱到:"正如树叶的枯荣,人类的世代也是如此。秋风将树叶吹落到地上,春天来临,林中又会萌发,长出新的绿叶,人类也是一代出生,一代凋零。"(罗念生、王焕生译)人类悲剧命运,死亡与毁灭,自然规律。尽管如此,希腊人仍然要做"世上最勇敢最杰出之人"。

阿喀琉斯(拉丁语:Achilles),"希腊第一勇士"。神谕其命运:或默默无闻而长寿,或沙场光荣地死亡。他走上战场,以勇敢为最高荣誉,怯弱者是"人间无价值的赘物"。犹如屈子笔下之将士:"带长剑兮挟秦弓,首身离兮心不惩。诚既勇兮又以武,终刚强兮不可凌!"(屈原《国殇》)阿喀琉斯,天真固执,英勇善战,忠于朋友。温厚善良,浑然一体。热爱生活:"我宁愿在人间当奴隶,也不愿意在阴间当君王。"

吾谓女儿:今日之西方文化,个人英雄主义盛行,阿喀琉斯、加勒比海盗、超人、蜘蛛侠一脉相承。

"当太阳渐渐升起,离开绚丽的海面,腾向紫铜色天空,照耀不死的天神和有死的凡人,高悬于丰饶的天野之上。"(《奥德赛》)"惟仁德才能永远屹立不摇"。"为国捐躯,虽死犹荣"。"莫辜负你一片聪明美质,你须抖擞精神,留个芳名在青史"。阿喀琉斯选择战死沙场而非颐养天年,奥德修斯选择归返家园,实现自己既定命运。屈原之"亦余心之所善兮,虽九死其犹未悔","身既死兮神以灵,子魂魄兮为鬼雄",文天祥之"人生自古谁无死?留取丹心照汗青",东西方"志士仁人"交相辉映!穿越时空三千年,依然令女儿激情无限,超越自我,勇往直前。

于是,维吉尔、但丁、弥尔顿相继登场,光耀人间。"路漫漫其艰辛兮,一出地狱即光明"(Long is the way and hard, that out of hell leads up to light.——弥尔顿《失乐园》),与"路漫漫其修远兮,吾将上下而求索""前途是光明的,道路是曲折的"遥相呼应,殊途而同归。

《失乐园》,史诗传统。英文拉丁文,成就"庄严崇高之文体"。"他们(亚当和夏娃)在青草地上,丛林荫下,一道清澈的泉水旁边坐下来……他们并坐,斜倚在花团锦簇的柔软的堤上,顺手采摘枝头鲜果"。纯洁无瑕之生活,浑然天成之真情,如梦如幻。终于,人类之源踏上忠于自我之途,享有自由与平等,日出而作,日落而息,开辟属于自己天地。吾告知女儿:天上乐园失去之时,地上乐园开始之日。"世界摆在眼前,选择去哪儿安身是好,神意是他们的向导。他们手挽手漫步向前,以踯躅缓慢的步履穿过伊甸园,走向孤寂的征途……"英雄孤独。

诗歌如此神奇。"上帝作品:将最伟大诗人变瞎,使最伟大音乐家耳聋。"(木心)

"中世纪最后诗人、新时代第一诗人"——但丁(Dante,1265—1321),意大利诗人,文艺复兴之桥梁。

《神曲》,"是爱也,感太阳而动群星",爱之伟大。

《地狱》苦刑之地,罪有应得;《炼狱》忏悔之所,苦难历程;《天堂》幸福之处,理想境界。群星指引人类,地狱通向天堂,低贱攀登高尚。

但丁地狱之旅。迷失黑暗森林,忽遭遇豹、狮、狼,淫欲、强暴、贪婪。贝娅特丽丝嘱托,维吉尔指点迷津,"我是幽灵。穿过悲惨之城,我落荒而逃。穿过永世凄苦,我远走高飞。""从我,是进入悲惨之城的道路;从我,是进入永恒的痛苦的道路;从我,是走进永劫的人群的道路。"(《地狱篇》)

女儿摘记:但丁说,"你为什么要停下来呢,人们的窃窃私语与你何干? 你要跟紧我的步伐,让他们去谈论吧! 你要坚定自己的信念如一座高塔,不因暴风雨而倾斜才对,一个人若因他人的想法而偏离自己所追求的目标是最可惜的。""我从那至为神圣的水波中返回,像一些新生的树木那样得到再生,那些树木重又长出新的叶丛,我身心纯净,准备好登天去会繁星。"(《炼狱篇》)"走自己的路,让别人说去吧!"

第二十六回　荷马高歌　迎接曙光之鸟　一个剧本　现在过去未来

天堂。月球天、水星天、金星天、日球天、火星天、木星天、土星天、恒星天、原动天（水晶天）。九重天中，诗人将幸福之灵魂得以安居，使幸福之灵魂归宿天堂。

吾谓女儿：

月球天，女精灵风姿与睿智，不若我中华之嫦娥矣！

水星天，领袖、将帅，誓约、自由意志，强于四大天王矣！

金星天，预言信仰基督教者即得救。中华道教，无论太白金星、李白转世，或太上老君、人间老子，悬壶济世，侠义天下，救万民于水火之中矣！

日球天，圣托马斯·阿奎纳（Thomas Aquinas，约1225—1274，中世纪经院哲学集大成者、"神学界之王"）、圣菩那文图、所罗门……圣哲之星环。"东方之圣托马斯"朱熹（1130—1200）理学"本质上是科学性的，伴随而来的是（宋代）纯粹科学和应用科学本身的各种活动的史无前例的繁盛"（李约瑟语），（窃以为）胜过圣托马斯矣！

火星天，佛罗伦萨英雄时代，屈原之《离骚》，放逐天涯，不平则鸣！

木星天，正义之化身。

土星天，圣徒圣诲，信心希望，爱之真谛，"荣誉属于圣父、归于子、归于圣灵"。

恒星天，天使们，"天上的蔷薇"。

原动天，最后之幻象，但丁得见上帝之面，但上帝之形象如同闪电一般一晃而逝，迅速消失。于是，幻想与《神曲》戛然而止。

中西神曲，同工异曲。东方之"九"，代天代地。道教之九天：天有九霄（神霄、青霄、碧霄、丹霄、景霄、玉霄、振霄、紫霄、太霄），九霄云外。《吕氏春秋》曰："天有九野，何谓九野，中央曰钧天，东方曰苍天，东北曰变天，北方曰玄天，西北曰幽天，西方曰皓天，西南曰朱天，南方曰炎天，东南曰阳天。"天有九层。《淮南子》："天有九重。"《楚辞·天问》："九天之际，安放安属？"李白："疑是银河落九天"。"愁云直上九重天，一派败兵随地拥"

《封神演义》），"一封朝奏九重天，夕贬潮阳路八千"（韩愈），则指人间朝廷。天高，"九天""九霄""九重天"；地大，"九洲""九垓"。《易经》"九五之尊"，皇帝"九鼎"，人生灾难，"九死一生"，"含笑九泉"，则地狱矣。

"结局。如同一位几何学家倾注全部心血，来把那圆形测定，他百般思忖，也无法把他所需要的那个原理探寻，我此刻面对那新奇的景象也是这种情形：我想看清，那人形如何与那光圈相适应，又如何把自身安放其中；但是，我自己的羽翼对此却力不胜任；除非我的心灵被一道闪光所击中，也只有在这闪光中，我心灵的夙愿才得以完成。谈到这里，在运用那高度的想象力方面，已是力尽词穷；但是，那爱却早已把我的欲望和意愿移转，犹如车轮被均匀地推动，正是这爱推动太阳和其他群星。"（《天堂篇》，黄文捷译）神系图谱，理想实现。

吾叹曰：《神曲》三部，哲学神学，军事伦理。木心说得妙，《神曲》是立体《离骚》，《离骚》是平面《神曲》。《神曲》是一场噩梦，是但丁伟大徒劳。

西方"文学奥林匹斯山上宙斯"——莎士比亚（William Shakespeare，1564—1616），英国戏剧家、诗人。地狱、人间、天堂，一览无余。自然主宰，灵感天眼，看到宇宙脉搏跳动。

一个剧本，一个世界缩影，现在过去未来。（别林斯基《文学的幻想》）十四行诗，四大悲剧，四大喜剧，千秋万代，"时代灵魂"。"通天之心，人物激情。"理想主义、浪漫主义、现实主义，集于一身。莎士比亚"使我看到光明……感谢赐我智慧神灵"（歌德）。天才降临，艺术科学，哲学社会，焕然一新，"照亮全人类"（雨果）。

"To be or not to be"（"生存还是毁灭"，朱生豪译）。生存还是毁灭，这是一个值得考虑的问题；默然忍受命运暴虐的毒箭，或是挺身反抗人世无涯的苦难，通过斗争把它们扫个干净，这两种行为，哪一种更加高尚？死了；睡着了；什么都完了；要是在这一种睡眠之中，我们心头的创痛，以及其他无数血肉之躯所不能避免的打击，都可以从此消失，那正是我们求

第二十六回　荷马高歌　迎接曙光之鸟　一个剧本　现在过去未来 | 201

之不得的结局。死了；睡着了；睡着了也许还会做梦；嗯，阻碍就在这儿：因为当我们摆脱了这一具朽腐的皮囊以后，在那死的睡眠里，究竟将要做些什么梦，那不能不使我们踌躇顾虑。人们甘心久困于患难之中，也就是为了这个缘故；谁愿意忍受人世的鞭挞和讥嘲、压迫者的凌辱、傲慢者的冷眼、被轻蔑的爱情的惨痛、法律的迁延、官吏的横暴和费尽辛勤所换来的小人的鄙视？要是他只要用一柄小小的刀子，就可以清算他自己的一生，谁愿意负着这样的重担，在烦劳的生命的压迫下呻吟流汗？倘不是因为惧怕不可知的死后，惧怕那从来不曾有一个旅人回来过的神秘之国，是它迷惑了我们的意志，使我们宁愿忍受目前的磨折，不敢向我们所不知道的痛苦飞去？这样，重重的顾虑使我们全变成了懦夫，决心的赤热的光彩，被审慎的思维盖上了一层灰色，伟大的事业在这一种考虑之下，也会逆流而退，失去了行动的意义。(《哈姆雷特(*Hamlet*)》)

"To be or not to be(生存还是毁灭)"，《圣经》以外，西方文学最著名之六字。哈姆雷特表达善于思考者之思想。是生存还是毁灭，是生活得丰富、充实而热切，还是生活得单调、平庸而贫乏？

吾语女儿：庄周思考，"梦为蝴蝶，栩栩然蝴蝶也。自喻适志与！"(《庄子·齐物论》)盗梦空间矣！大鹏"水击三千里，抟扶摇而上者九万里"，《逍遥游》矣！李商隐"庄生晓梦迷蝴蝶，望帝春心托杜鹃"，凤凰涅槃矣！笛卡尔思考，"我思故我在"(法：Je pense, donc je suis. 英：I think, therefore I am.)矣！

《哈姆雷特》，横空出世。巴尔扎克、狄更斯、普希金、屠格涅夫，应运而生。于是，英语诗歌嘉年华。"湖畔诗人"，华兹华斯、柯勒律治、骚塞、拜伦、雪莱、济慈，灿烂辉煌。"冬将至兮春将还，风兮！听兮！噫！"即"Oh Wind, If Winter comes , can Spring be far behind?"

"最伟大的德国人"——歌德(Goethe, 1749—1832)，文学家。"天才时期""狂飙突进"领袖，崇尚自然，歌颂生命，歌颂自由，《少年维特之烦恼》，一夜成名天下闻。"'歌德以前无文艺'之德意志，随之一跃而成为欧罗巴十八世纪的宠儿。"（郭沫若《〈少年维特之烦恼〉序引》）

创作六十载，成就《浮士德》。书斋宫廷，恐怖征程。宁静和谐，美女海伦，子死妻离，一件薄衣。知识、爱情、政治、艺术，悲剧迭生。无可奈何花落去，悲哀空幻本虚无。"我要纵身跳入时代的奔走，我要纵身跳入时代的年轮；苦痛，欢乐，失败，成功，我都不问，男儿的事业本来就要昼夜不停。""请飞升到更高境地，你们暗暗地在那里成长，按照永远纯洁方式，天主会赐给你们力量，这是在自由大气里所具备精灵养分，这是永恒爱的启示，通往至高天福之境。""凡是自强不息者，到头我辈均能救。"

歌德让天使打败魔鬼，上天解救浮士德。

现实主义，浪漫主义，神话传说幻想，18 世纪海伦主义席卷欧洲。《浮士德》，启蒙主义文学压卷之作，欧洲文学传统汇集，开启"世界文学"时代。歌德说："我愈来愈深信，诗是人类的共同财产。世界文学的时代已快来临了。"

19 世纪中叶，全球开始另一时代。

经典推荐

1.《荷马史诗》，〔古希腊〕荷马著，罗念生、王焕生译，人民文学出版社，1994 年。

2.《神曲》，〔意〕但丁著，黄文捷译，花城出版社，2000 年。

3.《失乐园》，〔英〕弥尔顿著，朱维之译，上海译文出版社，1984 年。

4.《哈姆雷特》，〔英〕莎士比亚著，见《莎士比亚全集》，朱生豪译，人民文学出版社，1994 年。（梁实秋、方平莎剧中译本亦佳。）

5.《浮士德》，〔德〕歌德著，钱春绮译，上海译文出版社，1999 年。

6.《少年维特之烦恼》，〔德〕歌德著，郭沫若译，人民文学出版社，1955 年。

第二十七回　是生存还是死亡
　　　　　英汉世界两重天
——悲喜剧的力量

　　中国经典,悲剧悲哀,伤心欲绝。西方经典,悲剧悲壮,悲而不伤。西方喜剧,讽刺批判。中国喜剧,贬恶扬善,畅想"团圆",微言刺上。《红楼梦》,盛世王朝"忽喇喇似大厦倾,昏惨惨似灯将尽"。《飘》,南方风雨飘摇,废墟中崛起,困境中昂扬。《红楼梦》,纯情男女,以泪悲泣,无力回天。《飘》,枪林弹雨,美丽任性,不折不挠,没有什么为之已晚,一切皆会过去。

　　艺术规律,征服世界,跨越国度,跨越文化,超越时空。"红楼大厦",宇宙杰作,气势磅礴,自然主义,巧夺天工,登峰造极。《乱世佳人》,"恢弘巨制",遐想万里,精明灵性,无限魅力,永无止境……

汉英经典作品(爱情悲喜剧为上)同时进行。不同文化撞击,激发无限想象力、创造力。意外收获:勿担心孩子早恋矣!

以莎士比亚《哈姆雷特》为代表西方悲剧,珍爱生命,英雄悲剧("悲剧是伟大人物的写照"——《悲喜混杂剧体诗的纲领》,《世界文学》1961年9月号),参天大树,伟岸崇高,人人仰敬。

古希腊"悲剧之父"埃斯库罗斯(约公元前525—前456)震古烁今之

名剧《被缚的普罗米修斯》:"啊,晴朗的天空,快翅膀的风,江河的流水,万顷海波的欢笑,养育万物的大地和普照的太阳的光轮,我向你们呼吁;请看我这个神怎样受了众神迫害。请看我忍受什么痛苦,要经过万年的挣扎。这就是众神的新王想出来的对付我的有伤我的体面的束缚。""仇敌忍受仇敌的迫害算不得耻辱。让电火的分叉鬈须射到我身上吧,让雷霆和狂风的震动扰乱天空吧!让飓风吹得大地根基动摇,吹得海上的波浪向上猛冲,紊乱了天上星辰的轨道吧,让宙斯用严厉的定数的旋风把我的身体吹起来,使我落进幽暗的塔耳塔洛斯吧。总之,他弄不死我。""大地在动摇,雷声在地底下作响,闪电的火红的鬈须在闪烁,旋风卷起了尘土,各处的狂风在奔腾,彼此冲突,互相斗殴;天和海已经混淆了!这风暴分明是从宙斯那里吹来吓唬我的。我的神圣的母亲啊,推动那普照的阳光的天空啊,他们看见我遭受什么样的迫害啊!"(罗念生译)《俄狄浦斯王》(索福克勒斯)、《美狄亚》(欧里庇得斯)亦是如此("希腊三大悲剧家"埃斯库罗斯、索福克勒斯、欧里庇得斯的"三大悲剧"),且一悲到底,严峻残酷,不可调和,彻底毁灭,人本主义,悲壮令人惊叹!

以关汉卿《窦娥冤》为代表之中国悲剧,平民悲剧,苦乐相错、悲欢离合、善恶惩报。悲剧人物娇艳鲜花,纯洁美好,风雨摧残,凄凄惨惨,不屈于厄运,寄托于抗争,悲哀令人伤怀。

"你道是暑气暄,不是那下雪天;岂不闻飞霜六月因邹衍?若果有一腔怨气喷如火,定要感得六出冰花滚似绵,免着我尸骸现;要什么素车白马,断送出古陌荒阡?浮云为我明,悲风为我旋,三桩儿誓愿明提遍。婆婆也,直等到雪飞六月,亢旱三年呵,那其间才把你个屈死的冤魂这窦娥显。"(《窦娥冤》)

以莎氏《威尼斯商人》为代表之西方喜剧讽刺批判装腔作势、道貌岸然、精神猥琐、庸碌无为等人性扭曲、生活畸变之现象。

"任何彰明昭著的罪恶,都可以在外表上装出一副道貌岸然的样子。"

"在法律上,哪一件卑鄙邪恶的陈诉不可以用娓娓动听的言词掩饰它的罪状?在宗教上,哪一桩罪大恶极的过失不可以引经据典,文过饰非,证明它的确上合天心?""有的人终身向幻影追逐,只好在幻影里寻求满足。""难道犹太人没有眼睛吗?难道犹太人没有五官四肢、没有知觉、没有感情、没有血气吗?他不是吃着同样的食物,同样的武器可以伤害他,同样的医药可以疗治他,冬天同样会冷,夏天同样会热,就像一个基督徒一样吗?你们要是用刀剑刺我们,我们不是也会出血的吗?你们要是搔我们的痒,我们不是也会笑起来的吗?你们要是用毒药谋害我们,我们不是也会死的吗?那么要是你们欺侮了我们,我们难道不会复仇吗?要是在别的地方我们都跟你们一样,那么在这一点上也是彼此相同的。要是一个犹太人欺侮了一个基督徒,那基督徒怎样表现他的谦逊?报仇。要是一个基督徒欺侮了一个犹太人,那么照着基督徒的榜样,那犹太人应该怎样表现他的宽容?报仇。"

以王实甫《西厢记》为代表之中国传统喜剧贬恶扬善,畅想"团圆",微言刺上。《西厢记》,规模宏伟、曲词优美。同时代人已赞美:"新杂剧,旧传奇,《西厢记》天下夺魁。"(贾仲明《凌波仙》)

第一本第一折:"这黄河有九曲,此正古河内之地,你看好形势也呵!……雪浪拍长空,天际秋云卷;竹索缆浮桥,水上苍龙偃;东西溃九州,南北串百川。归舟紧不紧如何见?却便似弩箭乍离弦。只疑是银河落九天;渊泉、云外悬,人东洋不离此径穿。滋洛阳千种花,润梁园万顷田,也曾泛浮槎到日月边。""雪浪拍长空,天际秋云卷"之气势不输"黄河之水天上来"矣!金圣叹评"便是曹公乱世奸雄语"。第四本第三折《端正好》:"碧云天,黄花地,西风紧。北雁南飞。晓来谁染霜林醉?总是离人泪。"吾谓女儿曰,莺莺化用范仲淹词句矣,"碧云天,黄叶地,秋色连波,波上寒烟翠。山映斜阳天接水,芳草无情,更在斜阳外。黯乡魂,追旅思,夜夜除非,好梦留人睡。明月楼高休独倚,酒入愁肠,化作相思泪。"(《苏幕

遮·怀旧》)

"暗想小生萤窗雪案,刮垢磨光,学成满腹文章,尚在湖海飘零,何日得遂大志也呵!万金宝剑藏秋水,满马春愁压绣鞍。""投至得云路鹏程九万里,先受了雪窗萤火二十年。""东风摇曳垂杨线,游丝牵惹桃花片,珠帘掩映芙蓉面。"

"学得来'一天星斗焕文章',不枉了'十年窗下无人问'。""莫负月华明,且怜花影重。""罗衣不奈五更寒,愁无限,寂寞泪阑干。"

"待月西厢下,迎风户半开。拂墙花影动,疑是玉人来。""花影重叠香风细,庭院深沉淡月明。""花有阴,月有阴,春宵一刻抵千金。""(当日个)月明才上柳梢头,(却早)人约黄昏后。"

"你元(原)来苗而不秀。呸!你是个银样蜡枪头。"

"悲欢聚散一杯酒,南北东西万里程。""这忧愁诉与谁?相思只自知,老天不管人憔悴。泪添九曲黄河溢,恨压三峰华岳低。到晚来闷把西楼倚,见了些夕阳古道,衰柳长堤。""泪随流水急,愁逐野云飞。""旧愁似太行山隐隐,新愁似天堑水悠悠。"

"永老无别离,万古常完聚,愿天下有情的都成了眷属。"

中国悲剧之终极关怀为生命忧虑,喜剧之终极关怀则为生命成长。喜剧否定丑恶,嘲笑落后,理想主义,憧憬美好,浪漫情调,象征未来曙光。善得善报,恶得恶报。

18世纪末诞生中国古典名著《红楼梦》与20世纪30年代美国现代畅销小说《飘》(*Gone with the Wind*)是为不同国度不同时代现实主义经典著作。同以社会历史急剧转型取材背景,叙述荡气回肠、感人肺腑的爱情悲剧。

《红楼梦》,"哲学的也,宇宙的也,文学的也","是唯一一部饱含悲剧精神的辉煌巨著"(王国维),是"自然主义杰作"(胡适)。才情超凡、品貌绝群才子佳人,想象幻觉、语言迷津太虚幻境,清纯无污、理想境界大观园,三位一体,拍案叫绝。红楼空间,如烟似锦,如梦如幻,悲金悼玉,"万境归空",世纪之音,叹为观止!

玛格丽特·米切尔风靡全球之畅销小说《飘》(或《乱世佳人》,Gone with the Wind),十年磨一剑,一生一佳作。隐喻空间,落花流水春去也,贵族情结,深深眷念。乱世佳人,光彩夺目,风情万种,淡淡惆怅,往事如烟,随风飘逝(gone with the wind),浪漫感伤。

《红楼梦》盛世王朝"忽喇喇似大厦倾,昏惨惨似灯将尽",贾宝玉弃绝家庭、仕途经济,"浮生着甚苦奔忙?盛席华筵终散场。悲喜千般同幻渺,古今一梦尽荒唐。"

《飘》,美国南方风雨飘摇、土崩瓦解,乱世佳人,废墟中崛起,困境中昂扬。

《红楼梦》,纯情男女,以泪悲泣,无力回天,磨难痛苦,遁入内心。"香魂一缕随风散,愁绪三更入梦遥",林黛玉痴情焚诗稿;"千红一窟(哭)、万艳同杯(悲)",贾宝玉魂飞遁空门。大观园倒塌,贾府败落之际,便是曹雪芹人生如梦之时,唱一曲凄哀悲凉"好了歌"。

吾叹曰:《飘》,飘荡随风飘逝之惆怅情结,面对残酷战争,枪林弹雨,美丽任性赫思嘉、桀骜不驯白瑞德绝无时间精力如宝黛沉沦,力挽狂澜,昂首挺胸,不折不挠,自我抗争,没有什么为之已晚,一切皆会过去,tomorrow is another day!岂不正是千万儿女辈之所急需?

艺术规律,征服世界,跨越国度,跨越文化,超越时空。若将创作与建筑相提并论,曹雪芹为文学领域杰出建筑师矣。其"披阅十载、增删五次",生命凝聚"红楼大厦",气势磅礴,宏伟壮观,巧夺天工,中华之瑰。《飘》:"塔拉在否?抑或它已随席卷佐治亚州风暴随风而去之矣?"(Was Tara still standing? Or was Tara also gone with the wind which had swept through Georgia?)流畅之语言,优美之画面,遐想万里,登峰造极矣。《乱世佳人》,品味人生,几许惆怅,几许欣喜,几许感慨,几许惊叹。

掩卷长思，心灵震撼！

好莱坞"第一巨片"《乱世佳人》，魅力 20 世纪。其诞生，于是乎，好莱坞"恢弘巨制"。种植园，英雄史诗，规模宏伟，色彩雄浑。男女主人，完美组合，天衣无缝。费雯丽，精明灵性，无限魅力，永无止境。

吾叹曰：读中国经典，悲剧悲哀，令人伤心欲绝。喜剧亦然，洞房花烛夜，金榜题名时，光明尾巴。西方经典，悲剧悲壮，悲而不伤。喜剧皆大欢喜。

故曰：对于儿童，应中西方文化交替进行，方能共鸣，方能思辨也。

阅读比较中西方悲喜剧，悲壮与悲哀、讽刺与憧憬皆人类情感之最高境界！创造力与想象力之源泉！同时阅读中西方经典，鱼与熊掌兼得矣！

女儿读爱情经典花絮。

女儿三年级开始阅读《红楼梦》《哈姆雷特》，起初，吾妻强烈反对之，并发怒：若女儿早恋，吾誓不饶汝！吾唯唯诺诺，表面应之，唆使女儿阳奉阴违，约莫一年时光，女儿已得经典精华之一二矣！

四年级，或一日，周末，中餐伊始，女儿意味深长盯住爸爸几眼，或失声而笑，推开碗筷，与妈妈耳语一番，然后母女齐声哈哈大笑，"不足为爸爸晓知也！"女儿边笑边喷饭。

晚上，吾妻悄悄告余曰：女儿说，爸爸亦俗不可耐也。经典中人物乃中西方智慧的结晶，非经过时间之千锤百炼，何以寻之？阅读经典之女儿认知力与辨识力迅速提高，观察周边人事亦同样成熟。设想之，父母乃儿女心中第一高大形象，若父母已走下神坛，何患儿女因思辨不成熟而早恋？

经典推荐

1.《红楼梦》(上、中、下)，曹雪芹著，人民文学出版社，1982 年。

《红楼梦》是"宇宙性杰作"。据西南交通大学外语学院唐均博士统计,《红楼梦》已被翻译成英文、俄文、德文、日文、法文、韩文、意大利文等三十多种语言,有一百多个译本。1981 年,法文版《红楼梦》正式出版,法国《快报》周刊:"现在出版这部巨著的完整译本,填补了长达两个世纪令人痛心的空白。这样一来,人们好像突然发现了塞万提斯和莎士比亚。我们似乎发现,法国古典作家普鲁斯特、马里沃和司汤达,由于厌倦于各自苦心运笔,决定合力创作,完成了这样一部天才的鸿篇巨制。""曹雪芹具有普鲁斯特的敏锐目光,托尔斯泰的同情心,缪西尔的才智和幽默,有巴尔扎克的洞察和再现整个社会自下而上的各阶层的能力。"(《〈红楼梦〉走向世界》,人民日报海外版,2015 年 5 月 8 日)

2.《莎士比亚悲剧喜剧集》,见《莎士比亚全集》,朱生豪译,人民文学出版社,1994 年。

四大悲剧:《李尔王》(*King Lear*)、《哈姆雷特》(*Hamlet*)、《麦克白》(*Macbeth*)、《奥赛罗》(*Othello*)。四大喜剧:《威尼斯商人》(*The Merchant of Venice*)、《仲夏夜之梦》(*A Midsummer Night's Dream*)、《皆大欢喜》(*As You Like It*)、《第十二夜》(*Twelfth Night*)。

莎士比亚丛书:《四大悲剧》《四大喜剧》(中英对照),(英)莎士比亚著,梁实秋译,中国广播电视出版社,2002 年。

3.《古希腊悲剧经典》(上、下),(古希腊)埃斯库罗斯等著,作家出版社,1998 年 12 月。

4.《中国十大古典悲剧集》《中国十大古典喜剧集》,王季思主编,上海文艺出版社,1982 年。

"中国十大古典悲剧""中国十大古典喜剧"由王季思(1906—1996 年,当代中国最有影响的戏曲专家之一)先生提出。中国十大古典悲剧:《窦娥冤》(〔元〕关汉卿)、《汉宫秋》(〔元〕马致远)、《赵氏孤儿》(〔元〕纪君祥)、《琵琶记》(〔明〕高则诚)、《精忠旗》(〔明〕冯梦龙)、《娇红记》(〔明〕孟称舜)、《清忠谱》(〔清〕李玉)、《长生殿》(〔清〕洪升)、《桃花扇》(〔清〕孔尚任),《雷峰塔》(〔清〕方成培)。中国十大古典喜剧:《救风尘》(〔元〕关汉卿),《墙头马上》(〔元〕白朴),《西厢记》(〔元〕王实甫),《李逵负荆》(〔元〕康进之),《看钱奴》(〔元〕郑廷玉),《幽闺记》(〔元〕施惠),《中山狼》(〔明〕康海),《玉簪记》(〔明〕高濂),《绿牡丹》(〔明〕吴炳),《风筝误》(〔清〕李渔)。

5. *Gone with the Wind*, Margaret Mitchell Grand Central Pub, 1993(麦克米伦公司1936年初版);《飘》,〔美〕玛格丽特·米切尔著,傅东华译,浙江文艺出版社,1988年;电影《乱世佳人》(*Gone with the Wind*),费雯·丽主演,1939年上映。

第二十八回　泰山不让土壤　故能成其大
河海不择细流　故能就其深
——多元文化之魅力

"儒家治世、佛教治心、道教治身"。三教合一文化,思想智慧之光。"古之学者为己",不断充实提高自己,才能达到理想彼岸。保持童心,心无杂念,才能执着,才能如一。

中华大地凭借儒释道三教合力,各民族共同奋斗成就昔日之汉唐;北美大陆凭借基督教强大凝聚力,人民团结起来建立今日之美利坚。1636年哈佛牧师号召建立大学,"以确保在恶劣生存环境下依然能追随上帝理想,不为残酷的生活泯灭向主的精神"。先有哈佛,后有美利坚。

儒家"仁爱",佛教"慈爱",道家"大爱",基督"博爱",相伴成长,女儿思想之基础、行为之准则、行动之指南。

女儿至今犹记:奶奶为人师表,一生好施乐善,以慈悲之心宽容世间之不平,宽容遭遇之不公,宽容他人之误会,故一生平安,总能逢凶化吉(见前文)。

爷爷为人师表,博学多才,信奉儒家文化,生命不息,追求不止,"知其不可为而为之",深深感染孙女矣(见前文)。

自吾孩提时代记事起,每逢中秋佳节、春节及 1985 年 9 月 10 日开始之教师节,吾家门庭若市,全国各地、四面八方探望恩师(吾父母)者,络绎不绝。父母高尚之品德言传身教无数优秀弟子,更是恩泽儿孙矣!

吾妻为人师表,率先垂范,师范、小学、中学、职教、大学,一路走来,风风雨雨三十余载。追求舞蹈艺术之梦,崇尚多元文化之髓,带领女儿共泛舞蹈人生之舟矣!

故吾在传授女儿经典文化进行启蒙教育时,尽平生之所学,汇聚民族文化之智慧,汲取世界文化之精华,念念不忘父母教导,时刻牢记家风家训,着意于信仰与品德之培育,并不断尝试应用于实践之中。

公元前 550 年左右,东方出现启迪人类智慧之伟人:孔子(前 551—前 479)、老子(约前 571—前 471)、释迦牟尼(前 565—前 486)。

先秦百家争鸣奠定中华文明灿烂辉煌,汉代虽"独尊儒术",然从未"罢黜百家",中经魏晋玄学、唐朝佛学、宋明理学,明清儒释道三教合一文化确立。

女儿出生那年(阴历 1990 年冬),吾在新华书店购得一书,名曰《三圣会谈》。孔夫子乘车,太上老君坐青牛,释迦牟尼骑白象……儒、道、佛三圣齐聚庐山五老峰。作者为日本汉学家诸桥辙次,以通俗流畅之语言、诙谐幽默之笔法,勾勒出栩栩如生"三教之圣"形象,介绍孔子、老子、释迦牟尼,即儒、道、佛东方哲学之思想精要。实为学习中华传统文化不可多得儿童启蒙读物也。

"三教合一":"儒家治世、佛教治心、道教治身"。传统中国佛教道教没有绝对与神圣,没有西方中世纪宗教辩论,更没有血流成河的宗教战争。三教合一文化,思想智慧之光。"三教圣人,同出一源",三教虽殊,同归于善。海纳百川,有容乃大。

"一切佛心慈悲也,一切慈悲观音也。"(《三圣会谈》)女儿问道:心怀苍生,济世救人。人性乎?人情乎?吾曰:二者皆具。

第二十八回　泰山不让土壤　故能成其大　河海不择细流　故能就其深

"难行能行、难忍能忍"。佛教毅力曰忍。逆境忍耐；顺境，受人颂扬恭敬，亦能忍，直至"利衰毁誉称讥苦乐""八风不动"之境界（心不为利衰毁誉称讥苦乐所催破，是为八风不动——《佛经》）。心有目标，迎风屹立，逆流而上。子曰"小不忍则乱大谋"（《论语·卫灵公》），孟子曰"有不虞之誉，有求全之毁（意料不到的赞扬，过于苛求的诋毁）"（《孟子·离娄上》）。"不戚戚于贫贱，不汲汲于富贵"。若心有所系，则宠辱不惊，"不以物喜，不以己悲"矣！

仁者风采，仁者乐山。孔子"登东山而小鲁国，登泰山而小天下"，太史公赞曰："《诗》有之：'高山仰止，景行行止。'虽不能至，然心向往之。"（《史记·孔子世家》）山岳挺立，万古不变。志存高远，高山景行，积极向上。

"仁者爱人"。"忠恕之道"，"己欲立而立人，己欲达而达人"。"志士仁人"（《论语》），"大道之行，天下为公"（《礼记·礼运》），"格物，致知，正心，诚意，修身，齐家，治国，平天下"（《礼记·大学》）。以仁为本，忠恕至上，臻天下太平境界。

仁者好学。子曰："好仁不好学，其蔽（通'弊'，弊病）也愚（愚蠢）；好知（智）不好学，其蔽也荡（放荡）；好信不好学，其蔽也贼（危害）；好直不好学，其蔽也绞（说话尖刻）；好勇不好学，其蔽也乱（闯祸）；好刚不好学，其蔽也狂（狂傲）。"（《论语·阳货篇》）

"知之者不如好之者，好之者不如乐之者。"（《论语·雍也》）"博学之，审问之，慎思之，明辨之，笃行之。"（《中庸·第二十章》）爱好"仁、智、信、直、勇、刚"六种品德（六言）是一个人气质外在表现，只有致学，方能克服弊病（六蔽），即"愚、荡、贼、绞、乱、狂"。

吾谓女儿曰：具有高尚品德及远大目标，不足以克服缺点，唯有脚踏实地、勤奋学习，"古之学者为己"（《论语·宪问》），不断充实提高自己，才能达到理想彼岸。

智者风采，智者乐水。低谷之地，万物根源。"涓滴通岩"，滴水穿石，

"天下莫柔弱于水,而攻坚强者莫之能胜","天下之至柔,驰骋天下之至坚","柔弱胜刚强"也(《道德经》)。

"子在川上曰:'逝者如斯夫!不舍昼夜。'"(《论语·子罕》)孟子曰:"原(源)泉混混,不舍昼夜,盈科而后进,放乎四海。"(《孟子·离娄下》)

君子以此为楷模,自强不息,努力奋进!

"上善若水。水善利万物而不争,处众人之所恶,故几(接近)于道。""江海所以能为百谷王者,以其善下之。"(《道德经》)

水朴实自然,最为谦虚,与物无争。吾语于女儿曰:"女儿是水,水位于低处,低调也,包容天下之大。水之伟大,在于此矣。"

老子曰:"我有三宝,持而保之。一曰慈,二曰俭,三曰不敢为天下先。慈故能勇;俭故能广;不敢为天下先,故能成器长。"慈为宽容与忍让,俭为节制与收敛,"不敢为天下先"似儒家之"先天下之忧而忧,后天下之乐而乐"欤?"天将救之,以慈卫之"。一个人慈心充沛,上天自然保佑之。吾告知女儿:道家虽清静无为,谦虚谨慎,然以慈悲怀天下。柔慈之德合乎天地之道,"得道多助,失道寡助"矣!

"仁者必有勇。"(《论语·宪问》)"抗兵相加,哀者胜矣。""民不畏死,奈何以死惧之?"(《道德经》)

吾曰:儒道开始便趋同。此所谓"知(智)者不惑,仁者不忧,勇者不惧"(《论语·子罕》)也!

返璞归真。"含德之厚者(大凡道德涵养深厚者),比于赤子(刚生婴儿)。""我独泊(淡泊宁静)兮其未兆(征兆),如婴儿之未孩(未长成小孩的婴儿)。"(《道德经》)孟子道:"大人者(能成大事之人),不失其赤子之心者也。"(《孟子·离娄下》)

保持童心,心无杂念,才能执着,才能如一。

天人合一。

"大方无隅(四方的角落或棱角)","大音希声,大象无形"(《道德经》)。道法自然、崇尚自然、顺乎自然,"无为而无不为"。

"莫春者,春服既成,冠者五六人,童子六七人,浴乎沂,风乎舞雩,咏而归。"此情此景,淳风美德。

历史学家吕思勉先生说:"大同时代的境界,永存于人类记忆之中。不但孔子,即先秦诸子,亦无不如此。"

老子理想"小国寡民"。"甘美食,美其服,安其居,乐其俗,邻国相望,鸡犬之声相闻,民至老死不相往来。"(《道德经》)陶渊明《桃花源记》"土地平旷,屋舍俨然,有良田美池桑竹之属。阡陌交通,鸡犬相闻。其中往来种作,男女衣着,悉如外人。黄发垂髫,并怡然自乐"即此意。

吾语于女儿曰:柏拉图之《理想国》(*The Republic*)与托马斯·莫尔之《乌托邦》(*Utopia*)亦如是,回归自然,世界大同,构建理想国度矣。

耶稣基督(公元元年/前4年至约公元30年)诞生于东方,发扬光大于西方。据《马太福音》,耶稣诞生之时,有东方三贤士(或译三博士、Magi)随伯利恒之星朝拜基督之传说。

耶稣爱人如己,赎人救世。

清末民初,西学东渐。基督传入,科学民主。华夏文明再现兼容并包、开放与宽容。"新文化运动",中国之"文艺复兴"与"启蒙运动"。当是时也,科技教育,思想文化,清华、燕京、北大、西南联大,群星灿烂。窃以为,中华大地,儒释道三教及后来者,从相互尊重到相互斗争,到相互借鉴与吸收,再到相互包容和融合,形成三教合一中国主流文化、基督文化及其他。

吾授之女儿曰:"Love is patient; love is kind; love is not envious or boastful or arrogant or rude. It does not insist on its own way; it is not irritable or resentful; it does not rejoice in wrongdoing, but rejoices in the truth. It bears all things, hopes all things, endures all things. Love never ends. (爱是恒久忍耐,又有恩慈;爱是不嫉妒,爱是不自夸,不张狂,不做害羞事,不求自己益处,不轻易发怒,不计算人之恶,不喜欢不义,只喜欢真理;凡事包容,

凡事相信,凡事盼望,凡事忍耐;爱是永不止息。)"(《新约》)

基督教,美国建国之本。两百多年前,凭借基督教强大凝聚力,北美大陆人民团结起来建立今日之美利坚,犹如中华大地凭借儒释道三教合力,各民族共同奋斗成就昔日之汉唐。从1620年11月11日乘坐"五月花号",欧洲清教徒怀着"彰显神的荣耀和推广基督教的信仰",上岸之前签订《五月花号公约》(May flower Compact),到1776年7月4日《独立宣言》(The Declaration of Independence),基督教思想贯穿立国之中,深深植入国家制度。1636年哈佛牧师号召建立大学,"以确保在恶劣生存环境下依然能追随上帝理想,不为残酷的生活泯灭向主的精神"。于是,哈佛大学诞生。美国开国元勋大都是毕业于哈佛的虔诚基督徒。故曰:先有哈佛,后有美国。

《独立宣言》将平等、自由、生存、追求幸福解释为造物主赋予人类之权利("凡人生而平等,秉造物者之赐,拥诸不可剥夺之权利,包含生命权、自由权与追寻幸福之权利")。"民无信不立"(《论语·颜渊》),国家无信仰不立。基督教为美国血脉之源、国之灵魂。

吾叹曰:儒释道、基督教,异曲同工之妙！现代基督文明,借鉴并创新中华文明及其他优秀文明之精华。

欧洲16世纪,基督教自上而下宗教改革思潮,譬如宇宙观,乃现代科学兴起之重要思想基础。"现代科学拓荒者"中,有如此之多笃信上帝基督徒,并非偶然。

吾谓女儿曰:孔子为世界思想巨人,老子举世公认古代哲人,释迦牟尼亦闻名遐迩圣哲矣。

儒家为核心之"三教文化"屹立于世界文明之林数千年而不衰,根本在于其"海纳百川,有容乃大"之文化道统为世界人民所接受。纵观全球基督文明之国,无论欧美、韩国、日本、东南亚,甚至非洲,儒教皆有一席之地也。

被称为"美国精神先知"、"美国孔子"(林肯语)、"美国模式"奠基人、

第二十八回　泰山不让土壤　故能成其大　河海不择细流　故能就其深

思想家、文学家、基督徒爱默生（Emerson，1803—1882）认为"孔子是全世界各民族之光荣"。（Emerson said, Confucius should be regarded as a glory for all nations in the world.）

吾授女儿以渔：同时进行儒家传统文化与现代基督文化教育，领悟佛教思索无限憧憬未知及慈悲之真谛，回归老庄返璞归真之人类童心矣。

女儿学堂伊始，多元文化经典金丹妙语已沁入心扉，广泛应用于学校学习校园生活之中。诸如"学而时习之，不亦说乎""敏而好学，不耻下问""见贤思齐焉，见不贤而内自省也""三人行，必有我师焉。择其善者而从之，其不善者而改之""君子坦荡荡，小人长戚戚""老吾老，以及人之老，幼吾幼，以及人之幼""天时不如地利，地利不如人和""生于忧患，死于安乐""士不可以不弘毅，任重而道远。仁以为己任，不亦重乎？死而后已，不亦远乎？""柔弱胜刚强""上善若水""知人者智，自知者明""清心寡欲""随遇而安""乐善好施""济世利人""有容乃大""宁静致远""正心诚意""当一扇门为你关闭时，一定有一扇窗为你打开""不忘初心，方得始终"等等，已成其文章之思想、行动之指南，且不知不觉中成为同学及小伙伴们学习甚至模仿之榜样。妈妈说，"有心栽花花不开，无心插柳柳成荫"乎？吾则道：一分耕耘，一分收获，"天道酬勤"矣！

于是乎，儒家之"仁爱"、基督之"博爱"、佛教之"慈爱"及道家之"大爱"不知不觉伴随女儿成长，成为女儿思想之基础、行为之准则、行动之指南矣。

故曰："泰山不让土壤，故能成其大；河海不择细流，故能就其深。"

经典推荐

1.《三圣会谈》（孔子·老子·释迦牟尼），〔日〕诸桥辙次著，中国广播电视出版社，1990年。

2. *The Declaration of Independence: A Global History*, David Armitage, Harvard University Press, 2008.

第二十九回　哪里有数　哪里就有美
——数学之美丽

"五岁儿童都是天生数学家。""在深邃的数学领域里,既散魂而荡目,迷不知其所之。"阅读报告文学《哥德巴赫猜想》,亲历数学之美。数学家陈景润荡气回肠之事迹曾经感动与激励着一代人为"科学的春天"而奋斗,亦开启女儿美丽数学之浪漫历程。

人有十指,"屈指可数","珠动,心动,十指连心"。十进位制,中国于世界之伟大发明。"没有十进位制,就没有现在这个记数统一的世界。"

如前叙述,吾一介书生,青年时悠悠不得志,本欲潜心教书,效前人息交绝游,"悦亲戚之情话,乐琴书以消忧"。忽遇上帝垂恩,赐予聪慧顽皮女儿,遂唤醒深藏已久之童心,重新燃起希望奋斗之火焰。自女儿两岁读书识字算起至小学毕业(十三岁),过五关斩六将,通过文史哲系统学习,十年基本达学校教育普通大学生阅读水平。有好事者曰:摈弃学校教育,走终南捷径也!吾笑而答曰:否!从未如此也。与诸君无异,"择其善者而从之,其不善者而改之"而已!文史哲叙述备矣,略举配合学校数学启蒙教育二三例,与爱好者共享。

学龄前女儿已具备坚实语言基础、逻辑思维能力及与生俱来之好奇心。于是进入数学天堂之初,便充满惊异,充满好奇。

众所周知,我国中小学数学教材长期忽视数学美感、数学直觉,一味强调逻辑推演,学生便将数学与逻辑等同划一,注重数学之逻辑性,忽视数学本身之美,因而学生学习过程备感枯燥无味。吾与吾妻借鉴古今中外数学之优教优学,配合学校课程,探索女儿数学天赋(据印度媒体报道,美国哈佛大学的心理学家公布了一个惊人的研究,发现五岁的儿童都是天生的数学家),努力满足女儿数学之好奇心,引领女儿经历奇异多彩"美的历程"——从"数字之美"到"数学之美"矣。

古希腊数学家普洛克拉斯说:"哪里有数,哪里就有美。"

犹太人数学家保罗·埃尔德什说:"为何数字美丽呢?这就像是在问贝多芬第九交响曲为什么会美丽一般。若你不知道为什么,其他人也没办法告诉你为什么。我知道数字是美丽的。且若它们不是美丽的话,世上也没有事物会是美丽的了。"

德国天体物理学家开普勒说:"数学是这个世界之美的源泉。"

伽利略说:"数学是上帝用来书写宇宙的文字。"

爱因斯坦说:"这个世界可以由音乐的音符组成,也可以由数学的公式组成。"

德国数学家克莱因说:"音乐能激发或抚慰情怀,绘画使人赏心悦目,诗歌能动人心弦,哲学使人获得智慧,科技可以改善物质生活,但数学却能提供以上一切。"

数学家华罗庚说:"就数学本身而言,是壮丽多彩、千姿百态、引人入胜的……认为数学枯燥乏味的人,只是看到了数学的严谨性,而没有体会出数学的内在美。"

美学家李泽厚说:"美感是尚待发现和解答的某种未知的数学方程式。"

英国哲学家、数学家伯特兰·罗素说:"Mathematics, rightly viewed, possesses not only truth, but supreme beauty — a beauty cold and austere, like that of sculpture, without appeal to any part of our weaker nature, without the gorgeous trappings of painting or music, yet sublimely pure, and capable of a stern perfection such as only the greatest art can show. The true spirit of delight, the exaltation, the sense of being more than Man, which is the touchstone of the highest excellence, is to be found in mathematics as surely as poetry. (数学,如果正确地看它,则具有……至高无上的美——正像雕刻的美,是一种冷而严肃的美,这种美不是投合我们天性的微弱的方面,这种美没有绘画或音乐的那些华丽的装饰,它可以纯净到崇高的地步,能够达到严格的只有最伟大的艺术才能显示的那种完美的境地。一种真实的喜悦的精神,一种精神上的亢奋,一种觉得高于人的意识——这些是至善至美的标准,能够在诗里得到,也能够在数学里得到。)"

1997年9月某日,与女儿阅读经典报告文学《哥德巴赫猜想》,诗人徐迟这样描述数学之美:"何等动人的一页又一页篇页!这些是人类思维的花朵。这些是空谷幽兰、高寒杜鹃、老林中的人参、冰山上的雪莲、绝顶上的灵芝、抽象思维的牡丹。……且让我们这样稍稍窥视一下彼岸彼土。那里似有美丽多姿的白鹤在飞翔舞蹈。你看那玉羽雪白,雪白得不沾一点尘土;而鹤顶鲜红,而且鹤眼也是鲜红的。它踯躅徘徊,一飞千里。还有乐园鸟飞翔,有鸾凤和鸣,姣妙、娟丽,变幻无穷。在深邃的数学领域里,既散魂而荡目,迷不知其所之。"震撼女儿心灵,久久不能平静。数学家陈景润荡气回肠之事迹曾经感动与激励着一代人为"科学的春天"而奋斗,亦开启女儿美丽数学之浪漫历程。

数字美丽从诗歌说起。一年级课本有"一去二三里,烟村四五家,亭台六七座,八九十枝花"(邵雍《山村咏怀》)。四句二十字,数字占据半边天。"数字真的美丽！真的神奇！"女儿赞叹不已。吾遂与之爬罗剔抉，发现流传千古之名句更是离不开数字，唐诗中数字妙用堪称一绝，李白、杜甫一马当先。

李白："花间一壶酒，独酌无相亲。举杯邀明月，对影成三人"（《月下独酌》）；"长安一片月，万户捣衣声"（《子夜吴歌》）；"金樽美酒斗十千，玉盘珍羞值万钱"（《行路难》）；"天姥连天向天横，势拔五岳掩赤城。天台四万八千丈，对此欲倒东南倾"（《梦游天姥吟留别》）；"一夫当关，万夫莫开"（《蜀道难》）。

杜甫："两个黄鹂鸣翠柳，一行白鹭上青天。窗含西岭千秋雪，门泊东吴万里船"（《绝句》）；"吏呼一何怒，妇啼一何苦"（《石壕吏》）；"城中十万户，此地两三家"（《水槛遣心》）；"万里悲秋常作客，百年多病独登台"（《登高》）；"烽火连三月，家书抵万金"（《春望》）；"功盖三分国，名成八阵图"（《八阵图》）；"三顾频烦天下计，两朝开济老臣心"（《蜀相》）。

流传《一字诗》巧吟四大美人：

《西施吟》："一笑一颦一捧心，一国倾废一霎间。一船一桨一生伴，一日归来一湖烟。"巧用十个"一"，西施传奇一生。

《昭君吟》："一车一马一路尘，一鸣秋鸿一缕魂。一曲一唱一声怨，一月空照一丘坟。"巧用十个"一"，昭君孤苦命运。

《貂蝉吟》："一计一献一连环，一朝兴亡一欷款。一笔一纸一方砚，一段风流一段书。"巧用十个"一"，貂蝉胆量智慧。

《玉环吟》："一喜一悲一相对，一串荔枝一串泪。一诗一吟一梦里，一朝酒醒一朝醉。"与"一骑红尘妃子笑，无人知是荔枝来"（杜牧）相得益彰。巧用十个"一"，玉环哀乐人生。

佛曰："一花一世界，一木一浮生，一草一天堂，一叶一如来，一砂一极乐，一方一净土，一笑一尘缘，一念一清静。"（《佛典》）

毛主席诗句："四海翻腾云水怒，五洲震荡风雷激。"（《满江红·和郭沫若同志》)"四海""五洲",世界形势尽收眼底。

数字之神奇,再以"三""四"为例。

天有"三光"(日、月、星),人有"三宝"(精、气、神),物有"三态"(气、液、固),中国有"三教"(儒、释、道)合一,基督教"三位(圣父、圣子、圣灵)一体",军队有"三军"(海、陆、空),上古有"三皇五帝",古籍有"三坟五典"等。

天有"四时"(春、夏、秋、冬),地有"四方"(东、西、南、北),人有"四肢"(双手双脚)等。

如此玩数字,儿童岂能无趣?

美,数之和谐,即比例。数学海洋中,毕达哥拉斯发现一朵美丽浪花曰"0.618女神",柏拉图誉为"黄金分割律",又称为"黄金律"或"黄金比"。黄金分割(Golden Section)之严格比例性、艺术性、和谐性,蕴藏丰富美学价值。应用时取0.618,如同圆周率取3.14。

维纳斯"美神"身体各部分之间比例,满足黄金分割。古埃及人黄金分割用于大金字塔之建造;古希腊数学家欧几理德首次用几何方法给出黄金分割率计算,米开朗琪罗、达·芬奇将黄金分割融会于绘画与雕塑,微笑中《蒙娜丽莎》黄金分割比例协调,贝多芬、莫扎特、巴赫音乐流动黄金分割完美和谐。

数学历程点滴,激发女儿好奇。

女儿问,为何通常"逢十进一"?

吾答曰:十进位制,中国于世界伟大发明。起源于殷商时代甲骨文字。人有十指,"屈指可数",手指,计数最方便之工具。十指数毕,进位便产生矣!从古到今,大都十进位制统治数学运算之世界。

"没有十进位制,就没有现在这个记数统一的世界"(李约瑟)。"逢十进一位,逢百进二位,逢千进三位",当今数学之基础,亦为人类文明之基础。商周之际,中国计数法遵循十进制。战国时期,十进制算筹计数法与今日世界通用十进制计数法相差无几。

中国数学与儒释道、唐诗宋词、琴棋书画、武术兵法一样博大精深,与欧氏几何、非欧几何、代数、微积分相比肩。

自春秋时期"运筹"到筹算极盛时宋元,两千年数学及天文学、地理学、农学(农田水利)、土木工程、军事等领域令世人惊叹之杰出成就,均受益于算筹运用。南北朝数学家祖冲之计算圆周率即用算筹完成。

出谋划策为"运筹"。楚汉战争时张良"运筹帷幄之中,决胜千里之外"。现代数学"运筹学",其名称来源于中国古代筹算。

算筹发展为算盘。

元末明初之后,再令世人惊叹,算盘应运而生。如今虽进入信息时代,电子计算机以其超强之计算能力将算筹与算盘远远抛进历史尘埃,然算筹算盘、筹算与珠算之精深数学思想与方法仍然具有应用价值,不会随时间之流逝而泯灭。常言道,"珠动,心动,十指连心"。珠心算(珠算式心算)仍是当今世界最好一种计算技术。

数学产生之日,便是世界文明诞生之时。吾语重心长告知女儿:中国人擅长数学源远流长,我辈更需努力!

一分耕耘,一分收获。女儿八岁迷上几何,疑问之多,吾与吾妻招架不住,一边窃喜(孺子可教也),一边深感责任重大。遂决定另请高明,不过有异于常人做法,力避进行奥数题海战术矣!

吾老舅(母亲弟弟)熊化柏为江苏省宿迁中学名牌数学教师。曾获得20世纪50年代徐淮地区(包括现今徐州市、淮安市、连云港市大部分地区)数学联赛冠军。1977年冬天在宿迁中学为吾姐成为77级高考泗阳县理科第二名立下汗马功劳。2000年寒假(女儿三年级),吾与吾妻携女儿赴宿迁游玩之时,恰逢老舅退休赋闲在家,听说此事,欣然允诺。依据女儿兴趣所在及名校宿迁中学多年适当超前优秀学生教学经验,仅用半个月时间,因势利导,不按常规出牌,从几何到代数,跳跃式学习了

江苏省宿迁中学（图片来源：江苏省宿迁中学）

初中数学精华课程！了却"满足女儿数学好奇心"之心愿矣。女儿感恩舅爷！

故曰：小学期间，只要具备坚实文史哲基础，所谓逻辑思维能力相伴相随。家长因势利导，数学兴趣自然而生，此时再适当超前跳跃式学习（并非揠苗助长），必然事半功倍。此乃吾每每去女儿学校时，获得所谓"双百分爸爸"（数学语文期中期末考试皆满分）美称之缘由，亦乃真正之"运筹帷幄之中，决胜千里之外"矣。

不仅如此，进入中学后，此经历亦受益匪浅。初中阶段，便自学高中课本，于是中考数学轻松获得近乎满分不足为奇矣！同时轻松通向物理世界（物理中考亦近满分），曾获南京市初中物理竞赛二等奖，牛顿有言"物理即几何"也！诸君会意乎？此是后话不表。

经典推荐

1. 报告文学《哥德巴赫猜想》,徐迟著,《人民文学》1978年第1期,载于1978年2月17日《人民日报》。

2.《数学之美》(第二版),吴军著,人民邮电出版社,2014年。

3.《唐诗三百首详析》,喻守真编著,中华书局,1957年。

第三十回　蓦然回首　那人却在灯火阑珊处
——自然之回归

柏拉图"寓学习于游戏";卢梭"发现了儿童","归于自然",十五岁以前教育应在大自然中进行;叶圣陶说,"教育是农业而不是工业";陶行知说:"教育没有农业,便成为空洞的教育,分利的教育,消耗的教育。"

暑期,女儿"荒废学业"。观天地,生万物之心;事农桑,惜自然赐予。"登泰山而小天下",观黄山云海看日出,知"海到无边天作岸,山登绝顶我为峰",听庐山"三教三源流,三人三笑语",历三峡,悟郦道元神来之笔,叹都江堰世界奇迹,溯长江、黄河之源,仰"民之魂,国之魂"。纵情山水,采风写意。读主席诗词,重温长征路,"问苍茫大地,谁主沉浮?"理想在何处?理想在征途。众里寻他千百度,那人却在灯火阑珊处……

柏拉图《理想国》中提倡"寓学习于游戏"。

卢梭《爱弥儿》"发现了儿童",提出自然主义教育,开启儿童教育新视野,完成教育儿童观革命。"让我们回归自然"(back to nature),"在万物的秩序中,人类有它的地位;在人生的秩序中,童年有它的地位"。

少年卢梭,远足旅行,漫游天地,寄情山水,自然奇伟、田园之美,使之陶醉,使之神迷,形成伟大教育自然主义。"当我跟天地融为一体,当我跟整个大自然打成一片时,我感到心醉神迷,欣喜若狂,非语言所能形容。""教育随生命的开始而开始,孩子生下来的时候就已经是一个学生,不过他不是老师的学生,而是大自然的学生罢了,老师只是在大自然的安排下进行研究,防止阻碍它对孩子的关心。"(《爱弥儿》)只有"归于自然"之教育,远离喧嚣城市之教育,才能保持人之善良天性,十五岁以前教育应在乡村大自然中进行。

从柏拉图到卢梭,从老子到李贽,回归童年,"复归于婴儿","复归于朴",回归童心,中西方教育"回归自然"矣。

《西游记》孙悟空,淘气精灵,天马行空成就天真烂漫,英勇童心成就伟大行者。

现代作家、教育家叶圣陶(1894—1988)说,"教育是农业而不是工业"。农业有季节、有时令、有成长规律,需要土壤、水分、阳光,一句话——需要大自然。

当代学者刘再复说:"回归童心,你启迪我两个向度:一是回到从母腹中诞生下来的那一刻,回到刚降临人间时那一脉黎明似的柔和的目光;二是回到故国文化的精神家乡,回到《山海经》那一片蓝苍苍与绿茫茫,还有苍苍茫茫所负载的最本真、最本然的故事。"(《童心百说》)

吾辈东施效颦。女儿初等教育期间(即卢梭所言十五岁以前),每每暑假到来之际,为人父者便狂喜不已!暂别正统,"荒废学业"之暑期便成为实践伟大教育家们谆谆教导之最佳时期。

教育学者张文质说:"不得不悲观地看到,孩子的假期,除了完成那些各个学科都怕孩子在假期里荒废下来而布置的作业,他所剩时间不是很多。我们的教育好像特别怕孩子闲下来。其实有一些时间是需要用来荒废的。人生的很多乐趣就在于,做一些你认为没有意义的事情,这些反而很有意义。如果一个孩子没有独特的体验，没有美妙的经历，没有丰富的生活，他怎么可能热爱这个世界，怎么可能热爱自己。"

暑期者，万物生长之期。观天地生万物之心，"静后见万物，自然皆有春意"（程颐《近思录》），回归农业矣！回归婴儿矣！回归童心矣！回归自然矣！

于是乎，女儿学堂伊始，每年暑假，或从事农桑，或远足旅行，游弋于天地，探索于自然。小小世界观、人生观、价值观便形成于"荒废学业"时期矣！何以言之？

其一，暑假作业。

暑期各种诱人之兴趣班、辅导班、天才班、地才班、鬼才班、神童班……如前叙述，吾人皆一笑置之。

如何搬去"拦路虎"——暑假作业？最简单不过矣！

每每暑假接近尾声，女儿便悄然问曰，暑假作业尚未做，只有三日矣！奈何奈何！吾每每笑而答曰：莫惧莫惧！爸妈在此也！于是乎，通常最后两三日，在吾唆使下，举家狂补作业开始矣！通常女儿做愿意或喜欢者，爸爸语文，妈妈数学，一日便完成！至今犹忆，女儿班主任语文罗老师特别宽容，明知女儿作业乃父母所为，亦假装不知，网开一面，蒙混过关，数年之间，从不过问。私下，罗老师美其名曰，因材施教也！女儿感恩老师！

其二，走进农业。

诚如开篇所言，哈佛精神起源于农业。美国农业高速发展，诞生赠地学院之奇迹，成就美国教育之辉煌。

我国民国时期教育家晏阳初、梁漱溟、陶行知等无不深受影响，他们几乎同时将平民教育实验运动从大城市转向广阔农村，至 20 世纪 30 年代，形成声势浩大乡村教育运动。金陵大学农学院（今日南京农业大学）、南京晓庄师范（晓庄学院）随之举世闻名，且留下宝贵精神财富。"教育是农业""教育与农业携手""教育没有农业，便成为空洞的教育、分利的教

第三十回 蓦然回首 那人却在灯火阑珊处

中国农业科学院南京农业大学农业遗产研究室。"二十年前,爸爸带我走进中华传统文明、走进农业、走进自然之起点。"女儿如是说。(摄影:胡锋)

育、消耗的教育"(陶行知1926年12月12日演讲词,原载于1928年4月《中国教育改造》)等实践更是在世界教育界传为佳话,时至今日,仍让今人感慨万分!

吾辈认真领会先辈之语。教育是农业,是大自然,离开自然,教育便是无本之木。昨日吾人少年毕业于乡间学校,实践于农村劳动,得经验于"三机一泵",今日女儿自然生活更是五彩缤纷、多姿浪漫!不是吗?

共享自然。看官已知矣!女儿语言、文学、剪纸、绘画、舞蹈、数学……一以贯之,有意无意,皆从大农业、大自然贪婪获取之,大自然亦未曾吝啬

陶行知先生说:"晓庄是一部永远不会完稿的诗集。"1927年陶行知先生研究西方教育思想,结合中国国情,用平民教育"为中国教育寻觅新的曙光",建"一个有生命的学校",于1927年3月创办"晓庄试验乡村师范"(他将南京神策门外老山脚下的"小庄"改为"晓庄",取日出而作之意,南京城外的这块荒郊野地由此成了"天亮的地方"),成为近代乡村教育运动最早发源地和试验场。先生名扬四海的"生活即教育""社会即学校""教学做合一"教育理念与实践发轫于此;蔡元培、陈鹤琴等著名教育家曾执教于此;现时南京小学校长、幼儿园园长,近80%毕业于此;吾妻现执教于此,先进育女教育理念得益于此矣!感谢晓庄!(图片来源:南京晓庄学院官网)

拒绝矣！诚如苏子云："惟江上之清风，与山间之明月，耳得之而为声，目遇之而成色，取之无禁，用之不竭。是造物者之无尽藏也，而吾与子之所共适。"感恩大自然！

亲事农桑。暑期一至，农忙开始。女儿追寻爷爷奶奶爸爸妈妈当年农村生活之足迹，住在乡下，学事农桑。唱着"田家少闲月，五月人倍忙"，惊异"夜来南风起，小麦覆陇黄"，效仿"妇姑荷箪食，童稚携壶浆"，与之"相随饷田去，丁壮在南冈"，感受"足蒸暑土气，背灼炎天光，力尽不知热，但惜夏日长"（白居易《观刈麦》），体验"赤日炎炎似火烧，野田禾稻半枯焦"，感叹"农夫心内如汤煮，公子王孙把扇摇"（《水浒传》）。或是伙同小伙伴，"昼出耘田夜绩麻，村庄儿女各当家。童孙未解供耕织，也傍桑阴学种瓜。"（范成大《夏日田园杂兴·其七》）若逢夏雨绵绵，便组成美丽插秧图："田夫抛秧田妇接，小儿拔秧大儿插。笠是兜鍪蓑是甲，雨从头上湿到胛。唤渠朝餐歇半霎，低头折腰只不答。秧根未牢莳未匝，照管鹅儿与雏鸭。"（杨万里《插秧歌》）珍惜自然赐予，"春种一粒粟，秋收万颗子"；沉思人间悲剧，"四海无闲田，农夫犹饿死"；亲历农桑艰辛，"锄禾日当午，汗滴禾下土"；铭记伟大格言，"谁知盘中餐，粒粒皆辛苦"（李绅《悯农二首》）。

融入现代农业。携女儿走进吾敬爱的母校——南京农业大学，无论当年校园内星罗棋布之试验田、苗圃、果树、花卉基地，还是历史悠久之江浦农场，如花似锦之溧水傅家边农业生态园、教学与科研基地、土壤改良基地，还是闻名遐迩之江宁菊花基地，无一不是女儿假日永久之纪念、流连忘返之家园、想象创作之源泉。

当年随姑姑（吾姐——现代作物遗传育种学家、大豆专家马育华先生第一位女博士生）田间大豆试验、大豆根瘤菌接种试验，着迷祖国传统大豆迷人之传说、农业微生物之奇迹，今日吾亦常携女儿走进田野，感慨水稻净化空气之伟大职能、生物固氮技术之奇妙，嗟叹外来物种之侵入、本

南京江宁湖熟菊花园——南京农业大学菊花研发基地,是目前世界上最大的菊花基因库。(图片来源:中国新闻网)

土大豆之式微、化肥农药之泛滥、土壤地力之枯竭、某些转基因品种使用之无奈矣!

女儿着迷傅家边丘陵山区果树农业之色彩斑斓、婀娜多姿,展开理想之翅膀矣!每每沉浸于"南农绿芍药""南农晨霞"等花卉海洋之时,才知"四时有不谢之花,八节有长青之草"(李汝珍《镜花缘》)百花仙子已在南农近百年矣!"同一梅花,有绿萼、朱砂之异;同一莲花,有重台、并蒂之奇。牡丹、芍药,佳号极繁;秋菊、春兰,芳名更伙。一枝一朵,悉遵定数而开。或后或先,俱待临期而放。"多年后,女儿回忆:真正"一睹芳容"矣!

一时间,屈原之兰、陶渊明之菊、白居易之桃、周敦颐之莲、李清照之梅……仿佛如梦境,女儿精神之家园矣!

于是乎,现代生态农业,自然农业,昨日重现矣!诚如开篇浪漫之问,给我一粒种子,即可撬动地球矣!此真矣!非梦矣!亦非戏言矣!农业乃人类社会衣食之源、生存之本、立国之本,唯有人类文明之源——农业、生态与生命科学,方能诞生一切奇迹。

其三,远足旅行。踏寻前人之足迹,发志士仁人之忧思,依托山水之间,寄情江湖之上。

诸君皆知《盘古开天》矣!

"鸿蒙初开,天地混沌。中有巨人,盘古是名。神斧铿锵,劈开阴阳。浊者为地,清者为天。天地寂寂,亘古一神。意兴萧索,自解全身。神之呼吸,风云叱咤。神之怒吼,霹雳雷霆。神之双眸,日升月浮。神之须发,不灭星辰。神之躯干,山川五岳。神之血脉,湖海江河。神之骨骼,金银铜铁。神之汗津,雨露甘霖。"

盘古头成东岳,腹成中岳,左臂南岳,右臂北岳,两脚西岳,眼睛日月,毛发草木,汗水江河。自古泰山"五岳独尊""五岳之首""天下第一山"也。吾携女儿名山大川旅行,自泰山起,首登东岳,即开天辟地盘古之首也!

"孔子登东山而小鲁,登泰山而小天下","泰山岩岩,鲁邦所瞻"。学习礼乐,得窥封禅大典全豹,圣人超然之心境观世间之风云变幻。历代文人名士竞起仿效,遂成"孔子圣中之泰山,泰山岳中之孔子"(严云霄《咏孔子庙》)矣。

三代以来,"国之大事,在祀与戎"。秦始皇大一统,欲"稳如泰山","二世三世至于万世,传之无穷",遂封禅泰山,兴废继绝,一代巨典。"皇皇哉斯事!天下之壮举,王者之丕业"(司马相如)。千古独步,封禅文化。自此,齐鲁文化,儒家文化,融会道墨法阴阳,进军华夏,为大一统立下汗马功劳,亦成为中国"大一统"文化象征矣。

吾携女儿登临孔子小天下处、孔子庙、瞻鲁台,学唱"登彼邱陵,峛崺(同'逦迤',曲折连绵)其阪。仁道在迩,求之若远"(孔子《邱陵歌》)以抒情言志,体会"泰山其颓乎!梁柱摧乎!哲人萎乎"圣哲之意。赞叹始皇帝"振长策而御宇内,吞二周而亡诸侯,履至尊而制六合",领悟亚圣"观于海者难为水,游于圣人之门者难为言"微言大义,坚定屈平"路漫漫其修远兮,吾将上下求索"矢志不渝之信念,立鸿鹄之志,"读万卷书,行万里路"矣!

然真正亲历"登高壮观天地间,大江茫茫去不还"(李白)之深刻内涵莫过于女儿二年级(1999年)黄山之行矣!

七月某日,清晨四时许,黄山风景区某旅馆,吾忍心叫醒入睡不久之女儿:"光明顶观云海看日出矣!"女儿一跃而起,睡眼惺忪,小手拉大手,紧随吾身后,进入"黎明前黑暗"之中。

黄山日出之美,贵在机会难得。这人间胜景要天气与地点双佳才有机会使人大饱眼福。天时地利人和,缺一不可!听说每年不知多少游子,乘兴而来,抱憾而归。不想我们女儿第一次便可享受"群峰拱日""云海抱日"矣!妈妈如是说。

"妈妈认真备课矣!"女儿悄悄耳语。

于是,满天星斗之中,树影婆娑松涛呼啸之中,崎岖山路之中,我们一步一个脚印,与朋友们一起,向令人敬畏大自然之奥秘深处寻踪。

途经一处清泉,女儿捧着泉水洗洗脸,顿时睡意全无,精神焕发。

地平线上,一点白色,异常闪亮。女儿问道,启明星乎?

然矣!启明星者,顾名思义,黎明象征。"东有启明,西有长庚。"(《诗经·小雅·大东》)东方欲晓,晓星明星也;西方日暮,长庚黄昏也,想象之星、梦幻之星矣!道教之太白金星,童颜鹤发。太白、金星,名二实一,太白即金星。女儿悟之,《西游记》太白金星李长庚乎?抑或诗仙太白乎?

约莫五时,抬头远望,视野之中,山顶朦胧。东南西北,天海云雾,时而狂风暴雨,时而万马奔腾,浩浩荡荡,向西奔涌。忽然,远方天际,由青变蓝,红晕浸染,淡黄淡红……吾谓女儿,大事不妙,太阳欲先我等矣!未及回答,吾便拉起小手,开始奔跑,女儿毕竟幼小,跌跌撞撞,眼看落伍,吾索性抱起女儿,驮到背上,称好汉不减当年勇,女儿嘴里喊"不要",却又享受背上之颠簸,一路狂奔,顶峰就在面前!果然,女儿尚未站稳,一轮光芒,一弯金钩,透过云层,犹如婴儿诞生,说时迟那时快,欢乐而出,跃上天际!红日脚下,浩浩云海,轻柔云朵,色彩斑斓,金色光柱,直插云霄。远近山峰,淹没其中,恰似"小荷才露尖尖角"……光明顶迎来光明!千山万壑欢呼光明!正是:"太阳初出光赫赫,千山万山如火发。一轮顷刻上天衢,逐退群星与残月。"(宋太祖)"忽见明霞吐海东,天鸡初唱五更中。"(乾隆)真正"日出江花红胜火",胜似"春来江水绿如蓝"(白居易)矣!女儿身处忘我境界,惊叹不已!

啊!"尽美矣,又尽善也!"(《论语·八佾》)女儿不禁脱口而出。

吾谓女儿:黄山,"黄帝之山"也,轩辕帝得道升天之地也!薄海内外,无如徽之黄山。"登黄山,天下无山,观止矣!"(徐霞客)"五岳归来不看山,黄山归来不看岳"矣!

女儿道:吾今日乃知"会当凌绝顶,一览众山小""海到无边天作岸,山登绝顶我为峰"(林则徐《出老》)之大道矣!

于是,攀西岳华山,感悟"孝治天下"之大义,寻觅"中华""华夏"之源矣!

登庐山,临"虎溪三笑","三教三源流,三人三笑语"(释慧远、陶渊明、陆修静),感悟"大肚能容,容天下难容之事;笑口常开,笑世上可笑之人""不识庐山真面目,只缘身在此山中"之哲理矣。于是,周敦颐之爱莲池,朱熹之白鹿洞书院,李四光"第四纪冰川"学说,毛泽东"天生一个仙人洞,无限风光在险峰"之伟大意境,无一不影响女儿成长之历程,撞击幼小之心灵,引发好奇之思维,产生情感之共鸣。

武夷山访朱子理学摇篮——"武夷书院",悟天下学子"为天地立心,为生民立命,为往圣继绝学,为万世开太平"(张载)之至高追求。至五台山文殊道场,晓得"文殊在五台",圣僧取经之艰辛、得正果之艰难,"难于上青天"矣!临峨眉山、访眉山三苏故居,感受"峨眉山月半轮秋,影入平羌江水流"清朗优美之意境,探秘"一门父子三词客,千古文章四大家"之源泉矣!

夏日南游"彩云之南"云南,惊玉龙雪山之突兀,"终年雪与天齐。云不恋峰,岭岭若洗;巉岩如剑,疑是风劈"(志岁)。冬日则北上,叹长白山之洁白,观烟波浩渺原始森林,溯松花江、图们江、鸭绿江三江之源,登如诗如画世上最深高山湖泊火山湖天池,听神话演义女娲为民福祉,远古传奇天庭之水沃人间,"青埂峰下补天石,悲金悼玉红楼梦"。经零下四十度"天庭"之冰冷,赞"千年积雪万年松,直上人间第一峰"满族"圣地"之魂矣!

长江三峡,泛舟而下。探大峡深谷,三国古战场。重温郦道元神来之笔:"自三峡七百里中,两岸连山,略无阙处。重岩叠嶂,隐天蔽日。自非亭午夜分,不见曦月。……故渔者歌曰:'巴东三峡巫峡长,猿鸣三声泪沾裳!'"千五百年来,无人出其右者。惊异人间奇迹都江堰,改善生态,调节气候,故四川盆地,沃野千里,"水旱从人,不知饥馑,时无荒年,谓之天府"。李冰父子,造福千秋。观当今世上最大水利枢纽三峡工程,"千秋功罪,谁人曾与评说"?

至"人间仙境""童话世界"九寨沟,"人间瑶池""中华象征"黄龙沟,女儿悟之,此处设宴,开宝阁,做"蟠桃盛会",果真"不是玄都凡俗种,瑶池王母自栽培"(《西游记》),晓得孙行者何故大闹天宫梦幻奇境矣! 始信"九寨归来不看水"矣!

行青海,溯长江、黄河之源,颂文成公主日月宝镜青海湖,歌万山之祖脊柱昆仑"西王母",领悟领袖"安得倚天抽宝剑,把汝裁为三截? 一截遗欧,一截赠美,一截还东国。太平世界,环球同此凉热"(毛泽东《念奴娇·昆仑》)坦荡胸襟。沱沱河,长江源独特魅力,令人荡气回肠,各拉丹冬雪峰,银装素裹、亭亭玉立于原始粗犷草原。"长江源"纪念碑(1999年6月5日,"世界环境日"),一片洁白之中,庄严圣洁:"…浩浩汤汤;由亘古至长今,不择溪流,会九派烟云,坦坦荡荡。如此大江精神,民之魂也,国之魂也。……治理长江环境,保护长江生态。玉洁冰清,还诸天才;青山碧水,留以子孙。"气势磅礴,容滔滔长江亘古奔流之豪气,纳中华民族生生不息之英魂,文之精品矣!黄河,母亲河,孕育古老华夏文明。《山海经》为"河水",《水经注》为"上河",《汉书·西域传》为"中国河",《尚书》之"九河",《史记》之"大河"。千年沧桑,乱砍滥伐,黄土高原,环境恶化,水土流失,泥沙俱下,至宋代成就"黄河"之名矣!

至此,女儿领悟圣人"智者乐水,仁者乐山"大道理矣!回归自然,沉醉诗词;纵情山水,采风写意。蓦然回首,艺术灵感油然而生矣!正是"纸上得来终觉浅,绝知此事要躬行"(陆游)也!

其四,读毛主席诗词,重温长征路。

六年级,小学毕业,如愿以偿进入赫赫有名南京外国语学校,遂告知女儿:此乃"万里长征第一步"也!为戒骄戒躁,体会"红军不怕远征难,万水千山只等闲"之哲学思想,百尺竿头更进一步,吾怀揣《毛主席诗词三十六首》,按当年父亲指导吾姊弟,重温长征路,或亲临其境,或"按图索骥""纸上谈兵"。诸位,曾记否?

长沙,橘子洲。1925年,三十二岁毛泽东"指点江山,激扬文字","怅寥廓,问苍茫大地,谁主沉浮?"当此时也,青年毛泽东畅谈人生国事,价值观世界观逐步形成,"到中流击水,浪遏飞舟!"(《沁园春·长沙》)"自信人生二百年,会当水击三千里",主宰国之命运者,必以天下为己任之青少年矣!

井冈山,黄洋界。"敌军围困万千重,我自岿然不动。早已森严壁垒,更加众志成城。黄洋界上炮声隆,报道敌军宵遁。"(《西江月·井冈山》)从容不迫,以不变应万变。吾谓女儿,以少胜多、以弱胜强,黄洋界保卫战闻名天下,"长勺之战"重演矣!

"一年一度秋风劲,不似春光,胜似春光,寥廓江天万里霜。"(《采桑子·重阳》)脱尽"悲哉,秋之为气也"之窠臼矣!一扫"萧瑟兮,草木摇落而变衰"之传统矣!海阔天空、气度恢宏者矣!

白云山,江西吉安。运筹帷幄,决胜千里:"白云山头云欲立,白云山下呼声急……横扫千军如卷席。有人泣,为营步步嗟何及!"(《渔家傲·反第二次大"围剿"》)化用杜工部"词源倒流三峡水,笔阵独扫千人军"之"笔阵"为实战矣!吾谓女儿:领袖革命激情,正确军事思想,必胜矣!今日"召之即来、来之能战、战之必胜"强军梦之源矣!

大柏地,江西瑞金,"赤橙黄绿青蓝紫,谁持彩练当空舞?雨后复斜阳,关山阵阵苍"(《菩萨蛮·大柏地》);江西会昌,"踏遍青山人未老,风景这边独好"(《清平乐·会昌》)。作者道:"1934年,形势危急,准备长征。"如此气势雄浑、从容不迫描绘战地风景,吾谓女儿曰:舍毛主席其谁也?

1934年10月始,翻山越岭,长征途中,"山,快马加鞭未下鞍。惊回首,离天三尺三"(《十六字令》);1935年1月,激战娄山关(贵州遵义,黔北第一要塞),"雄关漫道真如铁,而今迈步从头越。从头越,苍山如海,残阳如血"(《忆秦娥·娄山关》);1935年10月到达陕北,"五岭逶迤腾细浪,乌蒙磅礴走泥丸"(《七律·长征》);冬日,登六盘山(宁夏固原),"天高云淡,望断南飞雁。不到长城非好汉,屈指行程二万"(《清平乐·六盘山》)。

1936年2月,东渡黄河奔赴前线,途中创作留名青史《沁园春·雪》:"……江山如此多娇,引无数英雄竞折腰。"抒情感叹,纵论历代英雄人物,抒发伟人伟大胸怀。《沁园春·雪》"俱往矣,数风流人物,还看今朝"与十年前《沁园春·长沙》"怅寥廓,问苍茫大地,谁主沉浮",遥相呼应,词牌

女儿母校南京外国语学校

(图片来源:南京外国语学校官网)

同,结构似,主旨连,一问一答。十年磨一剑,如此壮阔,如此锋锐!再九年(1945年),重庆谈判,爱国者爱好者传抄发表,轰动山城,一时"洛阳纸贵"矣!

开国领袖们在那硝烟弥漫、战火纷飞岁月,理想像嘹亮之号角、振奋人心之金鼓,鼓舞人们乘风破浪、锐意进取、创造奇迹。毛泽东、朱德、周恩来、陈毅马背上吟诵,高瞻远瞩之眼光、纵横环宇之气势、浪漫主义之激情,永久震撼女儿辈心灵矣!

2004年秋,女儿完成基础文史哲学习、初中数学学习、祖国大好河山旅行,通过大学英语四级考试,告别难忘赤小,来到五彩缤纷南京外国语学校,开启浪漫中学时代。

正是：理想在何处？理想在征途。众里寻他千百度，那人却在灯火阑珊处。

经典推荐

1.《毛泽东诗词讲解》，臧克家讲解，周振甫注释，中国青年出版社，1990年。

2.《爱弥儿(全两册)》，〔法〕卢梭著，李平沤译，商务印书馆，1978年。

尾声　寄语家长

　　感谢女儿给我们带来相伴成长、辛苦快乐之时光。回忆女儿蒙学历程,幸福温馨,溢满身心。二十余年,弹指一挥间!最忆"家庭盛弦诵,父子相师友",更惜"自怜未废诗中业,父子蓬窗共一灯"。若非躬身亲历,难以体悟个中乐趣矣!窃以为,此欢乐,乃为人父母者最幸福之时光矣!恰似陈年佳酿,馥郁醇香,媚了时光,醉了心田!天下年轻家长,好好珍惜与孩子朝夕相伴、风雨同行之蒙学时光,尽情享受这一生命相互滋养之独特过程,错过一时,也许错过一世!机不可失,时不再来!

致　谢

　　值本书完成之际，笔者衷心感谢南京农业大学副校长胡锋教授，江苏省生态环境厅副厅长（南京大学）于红霞教授，国务院参事室办公室副主任（北京大学）曹敏博士，上海市环境监测中心副主任（复旦大学）伏晴艳教授，南京晓庄学院党委副书记华春教授，南京航空航天大学思想政治教育研究中心副主任朱进东教授，南京农业大学资环学院党委书记李辉信教授，人文与社会发展学院院长姚兆余教授、李群教授，政治学院院长付坚强教授，南京大学生命科学学院杨永华教授，华南农业大学（广东省农村政策研究中心主任）赖作卿教授，上海大学环境与化学工程学院曹亚丽博士，南京师范大学外国语学院（美国北卡州立大学孔子学院院长）丁建宁教授，文学院副院长王晓斌副教授，江苏省委政法委政策研究室主任周和林，江苏省淮安环境监测中心王成伟（东南大学艺术学院研究生）主任，江苏省中国科学院植物研究所李亚研究员，南京晓庄学院音乐学院（南京农业大学人文学院博士生）李秋萍老师，深圳市人民政府督学王黎，南京市赤壁路小学陆燕校长、罗向群主任，南京外国语学校（河西外国语学校副校长）戚建平老师、顾西兰老师、李彦老师，南京外国语学校仙林分校发展中心主任（原南京市教科所副所长、江苏省特级教师）陈静波教授，南京沱沱河文化教育传播李玲老师，南京信息职业技术学院徐俊老师，淮阴师范学院(原外语系主任)张秀国教授,外国语学院院长陈霞教授,音乐学院丁昕春教授,美术学院刘筱湄副教授、钱敏老师,淮阴工学院外国语学院副院长胡庭树副教授,泰州职业技术学院(泰州市人大常委)封立群副教授,淮阴师范学院附属中学于扬书老师、李汉香老师、杨铭老师,淮安市正华英文书院周薇薇老师、郭军老师,美国英格索兰亚太工程技术中心(上海)行政总监熊原瑗,复旦大学 MFA 硕士研究生张馨月,在女儿的成长过程中及本书的策划和编写过程中给予的许许多多热情的关怀与真诚的帮助。笔者也要感谢江苏省生态环境厅、南京晓庄学院各位同仁,给予我们充分的信任和极大的支持。还要感谢使本书得以付梓的河海大学出版社,在本书规模、体例、封面设计及文字校对、出版安排等方面,给作者带来很大的帮助与启发。本书在写作过程中查阅了大量文献资料,在此向所有文献资料的作者表示崇高的敬意。

后　记

在孩童教育上,目前存在着国学和西学二元对立的偏激现象。对教育的焦虑亦阻碍了人们的思考,或者即使思考了,但是深度和眼界不够,一叶障目,不见泰山。一位神奇的作者,一位伟大的父亲,酷爱国学和英文,熟悉中国文化的博大精深,也了解西方文化的璀璨辉煌,二者融会贯通,包容并蓄,把国学和英文作为教育女儿的语言,以一种更大的气度和格局,培养女儿进了哈佛。由此可见,在当今社会,国学不仅没有失去其生命力,而且能以一种奇妙的方式促进"世界语言"英语的掌握,"美好的事物都是相通的",不得不让我们重新思考我们的国学和育儿理念。

未见吴老师,已闻其十分博学,遂感自卑,竟又抬举我写后记,更是诚惶诚恐。《筑梦者——哈佛女生蒙学记》,一一回答了广大家长最关心的教育问题,用他自己的方式娓娓道来,是对迷茫父母的一种治愈,让人豁然开朗——原来,这才是教育本来的样子。

中西合璧与二元对立。现在社会,人们对教育非常重视,但又十分武断,想从一种模式中获得极大的成功,崇尚国学者不喜西学,热衷西学者摒弃国学的现象比比皆是,国学和西学甚至呈现二元对立的局面。很少有人学贯中西,吴老师实乃当代奇人,自己深刻理解了中西方文化的精髓,并将这种优秀的理念用于教书育人。事实证明,中西方文化不存在孰优孰劣,运用之妙,存乎一心,这全源于吴老师深厚的中西方文学功底。中西合璧也对当今国学的推广提供了一种新思路。

快乐童年与教育焦虑。当今社会,功利的、短视的、焦虑的教育,自然是难以快乐的。吴老师的教育,是田园牧歌式的快乐和自由。生活中的点点滴滴,阳光、雨露、霞光、树木、花草,全成为他们的诗、他们的画,潜移默化地融于教育之中。他带女儿阅读、听歌、看动画片、旅行,女儿的学习过程并不艰苦,反而是妙趣横生。这样培养出来的人,是自然的人、生动的人、健全的人。这样的人,与天地、与万物紧密地联系在一起,她的想象力、创造力是无穷的。在吴老师的教育中,体现了卢梭《爱弥儿》的理想。

父爱教育与"丧偶式"教育。人们调侃"父爱如山",形容父亲像山一样一动不动,教育孩子成了母亲的任务,"丧偶式"教育成了扎在人们心中的一根刺,甚至令很多女性直言"不敢生"。吴老师又用自己的行动践行了——育儿先育己,从书中可以看出,孩子的成长离不开吴老师的言传身教,而吴老师的学习、事业并没有因为教导孩子而停滞,反而因为"育儿"的责任,激流勇进,成为更好的自己。吴老师亲情、事业双丰收,向人们回答了如何平衡家庭和事业的问题,也向社会上千千万万的父亲展示了一个好父亲是孩子教育成功的基石,父亲的格局决定了家庭、子女可以走多远。

素质教育与应试教育。素质教育喊了很多年,却有学校"减负"、课后"增负"之嫌,林林总总的辅导班"乱花渐欲迷人眼",掏空了家长的腰包,也让家长和孩子失去了自我。吴老师却不随波逐流,用他自己的方式推行了素质教育,实现了对女儿人格发展和才能发展的双丰收,音乐、美术、舞蹈等无一不晓。吴老师的大智慧值得我们敬佩,吴老师的方法也值得我们学习。

前有《哈佛女孩刘亦婷》,后有《虎妈战歌》,"学霸"总是令我们感觉很遥远,学霸的父母又让我们觉得有些不近人情,毕竟不是人人都想做虎妈、鹰爸，而吴老师这位饱读诗书的中国式读书人，显得是那么"佛系"，那么"接地气"，与众不同。在我看来，吴老师的育儿方法是最适合普通大众的，即使我们的目标不是培养哈佛学子，用他的思路培养"一个纯粹的人，一个有道德的人，一个脱离了低级趣味的人"确是绰绰有余的。

吴老师崇尚经典又活用经典，运用数千年传统智慧培养了符合现代社会要求的人才，实现了智慧的"穿越"，这与吴老师思想新颖、不落俗套大有关系。与某些不求甚解、全盘接受的做法相比，他虽然热爱国学，但是又有所取舍，对《弟子规》甚至持批判态度；他也不认同"开卷有益"，一向主张"并不是开卷都是有益的"，这其中奥秘，还请大家从书中寻找答案。

河海大学出版社编辑　江娜

2019 年 3 月